邹祖尧 著

抗倭英雄汤克宽

黄山书社

目　录

前　言

有明一代，倭患频发；中华民族，英雄辈出。明代倭患以嘉靖一朝为甚，明代抗倭英雄亦以嘉靖一朝为众。俞大猷、戚继光、王忬、张经、朱纨、谭纶、卢镗、胡宗宪，包括瓦氏夫人等一众抗倭英雄，尽可谓众星闪烁，光耀万世。然而，不可否认的是，在这闪烁众星之中，有一颗星星却被后人日渐遗忘了。他，就是大明王朝开国勋臣“东瓯王”汤和的七世从孙汤克宽。迄今为止，笔者尚未亲见哪怕是一篇公开发表的专述汤克宽事迹的文字。毋庸讳言，汤克宽是被历史有意无意忽略了的一位抗倭大英雄。不言其他，仅就抗倭功绩而论，汤克宽实在是不愧为嘉靖一朝抗倭的名将，《明史》赞誉其“名亚俞、戚”，而历史事实是，放诸嘉靖一朝众多抗倭名将之中，汤克宽的抗倭成就亦罕有其匹者。本书依据大量史实，竭力还原明代嘉靖一朝抗倭英雄汤克宽的抗倭历程，客观叙述汤克宽在明代抗倭事业中的光辉业绩，重点突出汤克宽虽屡遭贬谪却百折不挠的顽强精神，着力讴歌汤克宽抛家舍业、为国抗倭，虽九死一生却无怨无悔的优秀品质，同时，本书也不惜笔墨，记叙了汤克宽与俞大猷等抗倭将领之间的深厚情谊。

邹祖尧

2018 年 11 月 14 日 于自消斋

引　子

嘉靖十九年（公元1540年），秋冬交替的时节，一向国事多艰的朱明王朝发生了一起不大不小的事情。通州（今江苏省南通市境内）有一个土豪叫秦璠，与常熟（今江苏省常熟市）一个叫王艮的商人暗中勾结，秘密纠集了一干党羽，于一天深夜，突然占据了崇明（今上海市崇明区）南沙小岛，喧嚣起事，做起了海盗的勾当，不仅霸占了当地的盐业，肆意拦截海上过往商船，还时不时地窜入内地江河，剽掠两岸居民。一时间群情汹汹，民怨沸腾。南京各路言官纷纷上书，敦请北京朝廷速速派员领兵讨伐这股海盗。

言官的话语还是很有分量的。所谓言官，是指在古代封建官僚结构中主要负责监督百官与上谏皇帝的那么一批人。相比较而言，明朝的言官制度从形式上看极为完善，并由此形成了一个十分独特的言官群体。按照明制，这个群体总人数一般保持在二百人左右，为历代之最。明朝的言官主要由都察院监察御史和六科给事中组成（都察院是明朝最高监察机关，长官为左都御史、右都御史，下设副都御史、佥都御史和监察御史等；给事中在秦汉时期为列侯和将军等人的加官，晋朝以后方为正式官职，明代给事中分吏、户、礼、兵、刑、工六科，辅助皇帝处理政务，并监察六部，纠弹官吏，六科的掌印长官称都给事中），大部分人员品秩不高，甚至很低，低至从七品，但其政治地位却极为突出。明朝从明太祖朱元璋开始，便从制度上赋予了言官广泛而重大的职权，从中央到地方的各级衙门，从皇帝到百官，从国家大事到社会生活，都在言官的监察和言事范围。所以，明朝的言官身份独特，职权特殊，并以群体的面貌在整个社会中形成了一股极大的威慑力量。只不过，到了明朝的中后期，随着政治环境的日益恶化，秉公直言的言官越来越少，大部分言官都卷入各自的利益纷争中去了。

南京各路言官的上书终究是起了作用。朝廷果真派人来剿寇了，朝廷敕令兵备副使（兵备即兵备道，是明代于各省重要地方设置的整饬兵备的官员，副使是从四品官或者是五品官）王仪专职负责此次平寇事宜。王仪为人很尽责，动作也很快，刚一上任，就亲自带领靖江崇明军讨伐秦璠。只是王仪立功心切，在既不知己也不知彼的情况下，就率着一百多艘战船包围了南沙小岛，并随即下令弃舟登岸，上阵杀敌。谁知那秦璠早有防范，就在明军拥挤在滩涂之际，秦璠一声令下，那王艮领着千余海盗从四面八方冲向了明军。每个海盗的手中都握有一支长矛，这些长矛将正在泥涂中苦苦挣扎的明军刺了个正着。这些明军本来就久疏阵仗，加上号令不一，各自为战，见着海盗张牙舞爪之势，一个个早就被吓破了胆。所以在海盗的凶猛冲击之下，明军只能四处奔逃，几无招架之力。那秦璠又十分狡诈，偷偷着人攀上明军的战船纵火焚烧。一时间，烈焰升腾，遮天蔽日。这样一来，明军就更加恐慌，进而慌不择路、自相践踏，死伤枕藉，其状惨不忍睹。只是苦了那王仪，真是欲哭不得，欲喊不能，只得眼睁睁地看着一个又一个明军官兵惨死在海盗的长矛之下。亏得王仪身旁的一干护卫还算勇敢，拼命地保护着他，最终摆脱了海盗的追击，逃出生天。

经此一战过后，自然而然地就产生了两个互为表里的后果。一个后果是，当地的明军官兵闻盗色变、见盗即逃；另一个后果是，海盗的气焰更为嚣张、熏天赫地。举例说明，此战过后不久，秦璠与王艮竟各领一股海盗于一天深夜分别攻击了明军的吴淞所和青浦所（吴淞所在今上海市宝山区境内，青浦所在今上海市青浦区境内），且还攻进了二所，一边凶残地杀戮明军官兵，一边贪婪地将所内粮草器物洗掠一空，然后扬长而去。

要知道，卫所制度是明朝最主要的军事制度，为明太祖朱元璋所创立。大抵五千六百名军人为一卫，一千一百二十名军人为一所。即便当时明军江防、海防非常空虚，吴淞、青浦二所里驻扎的军人不足额，似也不该如此轻易地就被一股海盗攻袭得逞。如此一来，在那段时间里，吴中一带可谓是风声鹤唳，人人自危。

兵备副使王仪不敢隐瞒，将海盗猖獗横行的情形据实上报。朝廷震怒，一边严厉斥责王仪无能，一边又同意了王仪的请求，敕令吴淞总兵（明代遣将出征，别设总兵官、副总兵官以统领军务，后来总兵官镇守一方，渐成常驻武官，简称“总兵”）汤庆火速回军清剿海盗。那汤庆得令后不敢耽搁，急率三千兵马从金山（今上海市金山区境内）向东北开来。

汤庆为人，本该名垂青史的，然而官修《明史》上却没有他的传略。他的六世祖汤忠，乃是大明王朝最主要的开国元勋之一汤和的胞弟。汤和生前封“公”，死后封“王”，汤忠虽然没有乃兄那样名动古今，却也跟在汤和的身边为明王朝的建立立下了诸多的功劳。明王朝建立后，汤忠奉命离开家乡濠州（今安徽省凤阳县），迁至邳州

（今江苏省睢宁县境内）做了本卫的指挥使（邳州汤氏一族由此而来）。一个地方卫所的指挥使虽然算不上太显赫，但按照明代军官世袭制度的规定，指挥使是一个世袭的职位，代代相传。传至汤庆一辈，情况有了明显的变化。汤庆依仗累积的军功，由一个地方卫所的指挥使逐步升迁为一方总兵官。

那秦璠和王艮占据崇明南沙岛依海为盗的时候，汤庆正奉朝廷指令在金山一带练兵备倭。所谓备倭，就是防备倭寇的侵扰。（倭寇是一种普通的称呼，明朝人一般将日本国称为倭国，称日本人为倭人，而在抗倭将领的口中，那些侵略明朝的倭人无疑就是倭寇了。）当时的明王朝，就外部环境而言，一直深受两大势力的威胁。北边，蒙古各部落动辄南犯，明朝人称之为“虏患”；南边，倭国的一些浪人甚至军队经常侵扰，明朝人呼之为“倭患”。有明一朝，“南倭北虏”始终是明廷的心头大患。只不过，在嘉靖三十年（公元 1551 年）之前，倭患还算不上很严重。

汤庆的动作很迅速。嘉靖十九年（公元 1540 年）的十月底，他已经领军赶到了太仓镇。太仓镇也许籍籍无名，但那太仓港可谓是闻名遐迩。太仓港（今江苏省太仓市境内），古称刘家港。想当年，郑和七下西洋，庞大的舰队就是从这里拔锚启航的。

吃了败仗的兵备副使王仪，特地在太仓镇设宴为汤庆洗尘壮行。陪同汤庆赴宴的人不多，只有一人，他就是本书的主人公，汤庆的长子汤克宽。汤庆一生育有三子，名曰克宽、克勤、克俭。汤庆将二子和三子留在邳州，只把汤克宽一直带在身边从军，其中用意当是不言自明的。

汤庆那天的话语不多。汤克宽自然也不便多言。汤庆在宴席上对着众人所说的最后一句话是："我等父子不灭此贼，誓不生与诸公面！"

汤庆在发毒誓了。他的意思是，如果不能克期灭掉秦璠、王艮一伙海盗，他与儿子汤克宽就不打算活在这个世上了。见着父亲有如此豪情，那汤克宽也默默地在心中嘀咕了一句道："父亲，孩儿为朝廷效力的机会到了！"

可是，令汤庆和汤克宽都没有想到的事情发生了。许是慑于汤庆已有的威名，那秦璠并没有和明军正面交锋，待汤庆率军刚刚开到南沙岛附近，还没有发起进攻时，秦璠和王艮就领着海盗乘船窜进了吴淞江，继而又窜到了横泾（今江苏省苏州市吴中区境内）、刘家河（河口处即刘家港，即今太仓港）等处。

一连数日，狡猾的秦璠领着手下只顾在附近的江河里与明军兜着圈子。秦璠的手下有大半本来就是在这一带打家劫舍的惯盗，路径很熟悉，警惕性也高，想捕到他们，也着实不是容易的事情。不仅如此，汤庆一直被动地跟在秦璠的后面追，几日之后，汤庆手下的官兵已然显出了疲惫之态。

汤克宽见状，便把家丁黄猛和刘黑虎叫到身边，吩咐二人各领一支队伍，在秦璠可能去的江河湖汊处大张旗鼓地布下疑阵。汤克宽这样做的目的，当然是要把秦璠逼赶到便于明军堵截的某个河道里。

汤克宽的计策成功了。当秦璠和王艮领着海盗趁着夜色再次窜入刘家河之后不久，秦璠突然惊觉，他的前面，已被汤克宽截住了去路；而他的后面，也就是刘家河的河口处，又早已被汤庆堵住。自己已经陷入明军的两面夹击之中了。

天色渐渐放亮。秦璠和王艮商量，决定孤注一掷地朝着河口的方向冲，只要冲过了河口，就可以下海，而下海之后，回旋的余地就大大地增加了。于是乎，秦璠只留下十余只小船拦截汤克宽，尽量拖延时间，其他千余海盗随着他一起张牙舞爪地向着汤庆杀来。

汤庆久经沙场，眼见着海盗的船只已经冲到了近前，近到汤庆似乎都已经看得清那秦璠的嘴脸了，才拔出长剑大呼一声道："弓箭手，放箭！"

说来也有点奇怪，虽然嘉靖朝时期各种火器已经十分常见了，但当年的那场水战，双方都没有什么火器。既然没有火器，那弓弩就是最有力的远距离杀伤武器了。

而当时的明军,弓箭手的数量要远远地多于海盗。

然而,战事的进程却多少有些出乎汤庆的意料。汤庆的部下一向训练有素,弓箭手的箭术基本上都达到了稳、准、狠的要求。一支支利箭如死神般准确地射向了海盗,一个个海盗如僵尸般直直地掉落进河中。可是,尽管如此,海盗的冲锋队形却并没有混乱。那秦璠不只是一个土豪,他更是一个亡命之徒。他挺立在一只大船的船头,面对飞来的如雨箭矢不躲不避,只顾挥舞着一柄大刀,声嘶力竭地大喊大叫着,径向汤庆的坐船冲来。秦璠如此,那些海盗便也越发地疯狂,不顾生死,不管其他明军,只管随着秦璠一起狂叫着朝汤庆杀来。秦璠和海盗的意图很明确,只要杀了汤庆,便能夺路而逃。

一小股海盗终于攀上了汤庆的坐船。短兵相接,弓弩就失去了作用。汤庆自然不是吃素的,他手起剑落,几个海盗的头颅便滚进了船舱之中。然而,陷于绝境中的海盗异常凶猛,一批海盗被打下去,另一批海盗又不要命似的爬了上来。汤庆的指挥船上本有明军将士数十人,一番厮杀之后,连汤庆在内,已然不足十人了。而就在不远处,那王艮领着几船海盗正一步步地逼近。尽管遭到了其他船只上明军的不断截杀,但王艮还是带着二十多个海盗划到了汤庆的船下,准备往上爬。此时此刻,汤庆可谓是命在旦夕了。

就在这紧要关头，有一只小船飞也似的插到了盗首秦璠的船舷附近，小船上昂首挺立着一人，不是别人，正是汤克宽。再看汤克宽，也不言语，迅疾地抽出弓箭，只嗖的一箭，便射在了秦璠的右肩之上。秦璠毫无防备，一个趔趄，手中的大刀掉落，正自惊愕不已呢，却见自己的面前不知何时已立着一位英气逼人的青年。这青年一身戎装，一双清澈透亮的眼睛此时一如他手中的长剑，寒气逼人。秦璠惊呼道："你是何人？"那青年回道："某乃汤克宽！"秦璠再问道："你意欲何为？"汤克宽笑道："取你项上人头！"

秦璠一时竟然害怕起来，掉头就跑。只是秦璠的脚步远没有汤克宽手中的长剑来得快。那长剑画了一道漂亮的弧线，秦璠的人头就攥在了汤克宽的手中。汤克宽的动作也太快了，一旁的几个海盗根本来不及作出反应，只愣愣地站在原地，似乎在引颈受戮。汤克宽自然不会客气，咔嚓咔嚓几声，砍瓜切菜似的，便将那几个海盗砍得身首异处了。

秦璠一死，战况立变。余下的海盗，纷纷缴械投降。刚刚还血雨腥风的战场，渐渐地平静了下来。那当口，正是夕阳在山时候。

大局已定，汤克宽与众将一起赶到了汤庆的指挥船上。再看汤庆，俨然成了一个血人，好在那血大都是从海盗身上喷溅出来的。汤克宽刚想对父亲表示祝贺，汤庆却抢先摆了摆手道:“宽儿，此战并非完美，那王艮适才逃脱了……”

王艮很滑头，秦璠一死，情知战局难以挽回，就不再与汤庆缠斗，而是趁着混乱带着三只小船找着一个缝隙逃向了刘家河口。只是人算不如天算，约莫半个时辰之后，那侥幸逃脱的三只小船又划回来主动向汤庆投降了。却原来，有一个叫宋文盛的海盗小头目，眼见大事不妙，为着性命考量，趁王艮不备，一刀将王艮宰了，然后提着王艮的首级回头向汤庆献降。这一天，是嘉靖十九年的十一月四日。

很快地，嘉靖皇帝颁下旨令:擢升汤庆为南京右军都督同知(明初于中央设大都督府，在大都督和左右都督之下设同知都督，位从二品，自洪武十三年即公元1380年起，各都督府设置左右都督，左右都督之下设置都督同知，位从一品)，赐蟒玉。汤庆一时可谓风光无限。

汤克宽呢?虽然没有获得朝廷的什么嘉奖，但经此一役，其英勇善战的名声却不胫而走。也正是因为有了这样的名声，才使得他后来有机会走上抗倭的前线，为时人及后人上演了一出极其慷慨又极其悲壮的人生大戏。这一年，汤克宽二十八岁。

两年之后，即嘉靖二十一年(公元1542年)的时候，国事蜩螗的朱明王朝又发生了一起事件。这可是一起惊天动地的大事件，而且这起事件还颇具有开创性。事件的主角又是谁人呢？并非别人，就是那个朱厚熜。

朱厚熜何许人也？他是明王朝的第十一位皇帝，庙号“世宗”，因为在位时间很长，前后四十五年，只用过“嘉靖”这么一个年号，所以一般人都称之为“嘉靖皇帝”。

嘉靖皇帝是如何登上的帝位，登基后又做了哪些乱七八糟的事情，这里就不必详说了。简而言之，待嘉靖皇帝终于坐稳了龙椅之后，他便渐渐地迷上了道教。个中的原因当然是很复杂的，其中一个最为直接、最为明显的原因就是，道士可以炼出丹药，吃丹药则可以长命百岁、长生不老。于是乎，偌大的明朝皇宫内，玄冠簇簇，青褐飘飘，一眼看过去，嘉靖皇帝的皇宫简直就像是一座宏伟的道观了。

一开始，许多大臣是极力反对嘉靖皇帝吃丹药的。他们举出了很多理由，试图劝谏嘉靖皇帝改变初衷。但是，自从太仆寺卿（太仆寺卿即太仆寺长官，简称“太仆”，太仆寺的主要职责是掌管国家马政，负责饲养、训练马匹等）杨最“谏丹药，予杖死”之后，朝廷中就再也没有什么反对的声音了。想想也是，一个堂堂的太仆寺卿，从三品的朝廷命官，竟然被嘉靖皇帝用棍棒活活打死了，谁还愿意再去走这条不归路呢？这样一来，明朝皇宫里，依旧是丹炉闪烁，乌烟瘴气。

据说，道家炼丹药是要有药引子的。那么，什么药引子最好呢？嘉靖皇帝就去征询道士陶仲文的意见。宫中那么多的方家术士，嘉靖皇帝只偏爱陶仲文一人。陶仲文告诉嘉靖皇帝，药引子有千百种，而处女的经血是其中最为高级的。于是嘉靖皇帝大手一挥，上千名十三四岁的民间小姑娘就陆陆续续地被送进了宫里，成为嘉靖皇帝的小宫女。这些小宫女与别的宫女不尽相同，除了担负其他宫女所要担负的一应差事外，她们最大的功用就是献出自己的经血供嘉靖皇帝享用。皇帝享用的东西当然应该是最干净、最纯净的。所以，为了能够让这些小宫女保证身体的洁净，在她们经期到来的前后那段时间里，她们是不能随便吃喝的，顶多只能吃点桑叶，喝点甘露（露水）之类。有些小宫女抵抗力不行，就那么活活被饿死了。再加上嘉靖皇帝的脾气不太好，经常无端殴打她们，所以有些小宫女就被活活打死了。据不完全统计，这批千余名小宫女中，大约有二百来人就是这么不明不白地夭折的。

有一个小宫女实在是受不了了，她要反抗。她叫杨金英。还有一个小宫女也受不了了，也要反抗。她叫苏川药。两个人的力量太小，她们就秘密地去串联。没想到，不几天工夫，她们竟然找到了十来个志同道合的人。

这十几位小宫女，也因此得以很幸运地在明朝的历史上留下了自己的姓名，她们是杨玉香、邢翠莲、姚淑翠、杨翠英、关梅秀、刘妙莲、陈菊花、王秀兰、王槐香，还有一个叫张金莲。

人手找到了，剩下的就是等待合适的机会了。那一天，机会终于到来了。于是，中国历史上绝无仅有的一起宫女起义便爆发了。

那一天，是嘉靖二十一年(公元1542年)十月二十一日。晚上，嘉靖皇帝在吃了术士陶仲文炼制的奇妙丹药之后，一时兴致大发，就来到了端妃曹氏的翊坤宫里。嘉靖皇帝的后宫内自然是佳丽三千，不过在那一段时间里，他似乎只宠爱两个嫔妃，一个是端妃曹氏，另一个是宁嫔王氏。隔三岔五的，他不是往端妃曹氏那儿跑，就是往宁嫔王氏那儿跑。这样跑来跑去的，就惹得那皇后方氏醋意连连，进而十分不满。方皇后经常咬牙切齿地暗自发誓：待有那么一天，我一定要将尔等二人千刀万剐。

端妃曹氏的翊坤宫与方皇后的坤宁宫很近。嘉靖皇帝那晚去往翊坤宫的时候，方皇后是亲眼看见的。方皇后亲眼看见，那端妃曹氏笑眯眯地将嘉靖皇帝迎进了自己的寝宫之内。曹氏的前后左右，簇拥着一干小宫女，这些小宫女，正是以杨金英为首的那十二个人。

这并非是什么巧合。杨金英和苏川药本来就在翊坤宫里当差，两人串联的人手也都是翊坤宫里当差的小宫女。她们都知道，嘉靖皇帝肯定是会到翊坤宫里来的。只要他来了，她们就有机会下手。所以，在嘉靖皇帝此番到来之前，小宫女杨玉香就已经偷偷地找了一条细料仪仗花绳藏在了身上。她们已经商量好了，要趁着嘉靖皇帝熟睡的当口，用绳子将他勒死。因为她们知道，嘉靖皇帝在后半夜的时候，往往是单独就寝的，而一旁伺候的小宫女，正是她们。

一开始，事情的进程似乎真的就是按照杨金英她们预想的那样发展的。那个晚上，嘉靖皇帝带着丹药的亢奋在端妃曹氏的床上盘桓了足足有两个时辰。两个时辰之后，嘉靖皇帝果真又如以往一样，独自就寝。嘉靖皇帝的身体看起来很不错，先前盘桓得十分尽兴，现在又睡得十分安稳。杨金英试探地叫了两声“皇上”，嘉靖皇帝充耳不闻，兀自鼾声雷动。

杨金英示意同伴们动手。小宫女们开始动手了。只不过，虽说她们蓄谋已久，但事情真的到了眼前，她们的内心依然还是有些慌乱。杨玉香将花绳拿出来递给了杨金英，杨金英看了看花绳，又将绳子递与了苏川药，苏川药看了看，又把绳子递给了杨金英，最后，杨金英一咬牙，将绳子打了一个结，小心翼翼地套在了嘉靖皇帝的脖子上。按照事前的分工，姚淑翠和关梅秀二人一边一个扯着绳套儿，杨金英和苏川药掐着嘉靖皇帝的脖子，王秀兰堵着嘉靖皇帝的眼，杨翠英捂住嘉靖皇帝的嘴，邢翠莲按着嘉靖皇帝的胸，王槐香摁着嘉靖皇帝的腹，杨玉香和张金莲抓着嘉靖皇帝的左右手，刘妙莲和陈菊花抱着嘉靖皇帝的左右腿。众人虽然瘦小体弱，但一时奋起，却也把那个嘉靖皇帝牢牢地按在了床上，嘉靖皇帝惊醒之后虽拼死挣扎，却终也动弹不得。眼见着，呜呜不已的嘉靖皇帝，其气息是越来越弱了。

若照此情形下去，史上恐从此就再也没有什么嘉靖皇帝了。然而，也许是嘉靖皇帝命不该绝吧，那杨金英太过心急，见嘉靖皇帝一时还没有被勒死，便又在花绳上打了一个结，殊不知，就是这个结打坏了事——这个结和原来的那个结越拉越紧，连在了一起，变成了一个死结，怎么拽也勒不死嘉靖皇帝。

杨金英见状更急，大呼了一声道："我们戳他，把他戳死！"众人闻言，忙着拔下自己头上的金钗、银簪等，一起朝着嘉靖皇帝的身上一顿乱刺。真是好一顿乱刺，把个嘉靖皇帝刺得就像是从血水里捞出来的似的。

如果照着这种情况发展下去，嘉靖皇帝也依然是性命难保的。可就在这个生死关头，事情却突然发生了变故。还不是什么小变故，是那种足以改变一切的巨大的变故。有一个小宫女心里发慌了，心底害怕了。她就是那个张金莲。张金莲眼睁睁地看见，都勒了这么长的时间了，可嘉靖皇帝就是勒不死，既如此，那嘉靖皇帝他还是个人吗？他不是人啊，是“真龙”啊，是“真命天子”啊！既是真龙，既是真命天子，又怎么能够杀死他呢？这么一想，张金莲就撇开同伴，鬼使神差地跑出了翊坤宫，而且一直跑到了方皇后住的坤宁宫里。张金莲居然向方皇后自首了。方皇后听说有一群宫女正在谋杀嘉靖皇帝，大为震惊，震惊之下，她连忙大呼小叫地带着一帮人冲向了翊坤宫。

杨金英等一干小宫女悉数被抓了。那个嘉靖皇帝，虽然没有被勒死，却也被吓得昏厥了过去，且昏厥得还很严重，怎么弄也弄不醒。其实呢，就身上的伤势而言，嘉靖皇帝并不算很严重，小宫女们因为心里慌张，只顾挥舞着钗、簪等在嘉靖皇帝的身上乱戳，却无一戳中要害部位，只把嘉靖皇帝戳得浑身是血而已。

有意思的是，待方皇后将太医院的御医们召来，为嘉靖皇帝疗伤的时候，见着嘉靖皇帝一副气息奄奄、昏迷不醒的模样，几十名御医因为惧怕治不好皇上会给自己招来杀身之祸，竟然没有一个人敢给嘉靖皇帝开药方。不用药，如果嘉靖皇帝一口气出不来，那就算是玩完了。方皇后当然急眼了，指着御医们大吼大叫，吼着要治他们的罪，叫着要砍他们的头。最终，实在是没法子了，太医院院使许绅只得冒死为嘉靖皇帝开了药方、下了药。辰时下的药，到了未时，前后经历了足足四个时辰，再看嘉靖皇帝，悠悠地睁开了一只眼，接着，又睁开了另一只眼，再接着，连吐了数升紫血，最终，奇迹般地活了下来。

嘉靖皇帝活了，那个许绅却死了。许绅救活了皇上，自然得到了许多的赏赐，而且，听方皇后的话音，许绅大有取提点而代之之势。太医院的最高长官叫提点，其次为院使，再次为副使。对许绅而言，既发了财又要升官，这应该是件天大的好事啊，然而，许绅好像无福享受这一切，他突然生病了，病得很迅速，也很蹊跷，怎么瞧也瞧不好。不多久，许绅便病死了。关于许绅的病因，并无权威的说明。坊间有一种说法，说是许绅因为冒死给嘉靖皇帝下药，心理压力太过巨大。换句话说就是，许绅不是病死的，他是被自己活活给吓死的。

许绅的下场不太好，而以杨金英为代表的一干小宫女，她们的下场自然就更加地悲惨。她们十二个人，包括向方皇后自首的那个张金莲，还有那晚上虽然没有直接参与谋杀嘉靖皇帝的行动，却在翊坤宫里当值的四个小宫女，徐秋花、邓金香、张春景、黄玉莲等，都被冠以“同谋”之罪，一共十六名小宫女，一同被绑赴市曹，“依律凌迟处死，锉尸枭首”。先是凌迟，再锉尸（锉尸是古代酷刑的一种，指割剐犯人的尸体），再枭首，惨不惨？还不只如此,她们还连累了各自的家人和族人。嘉靖皇帝颁布的谕旨中明确说道:“各该族属,不限籍之同异,逐一查出,著锦衣卫拏送法司,依律处决,财产抄没交官。”十六名小宫女,该有多少位族属亲人?这么多人,几乎是一眨眼的工夫,全都死了。真是天子一言,血流成河啊!

那个端妃曹氏和宁嫔王氏的结局也很凄惨。方皇后命司礼监(官署名,明代始设置,是明代宦官二十四衙门中的首席衙门,也是整个宦官系统中权势地位最高者)太监张佐、高忠等审讯被捕的宫女,然后将审讯结果奏报给嘉靖皇帝,其奏有云:“宁嫔王氏首谋,端妃曹氏时虽不与,然始亦有谋。”意思是,此次谋逆弑上之举,宁嫔王氏是主谋者,端妃曹氏是共谋者。嘉靖皇帝劫后余生,当时正自心有余悸,还没有完全清醒,所以也没多想,立即下旨处决王氏和曹氏。也不知道那王氏和曹氏是否真的就是“首谋”和“有谋”,反正,王、曹二人最终是死了,因为身份特殊,她们是在紫禁城内被秘密处死的,而且,是遭活剐而死的。

然而,那个方皇后最终也没有落下什么好结果。此事过去后不多久,嘉靖皇帝身体渐渐地痊愈了,大脑也渐渐地清楚起来了。他开始不由自主地思念那个端妃曹氏了。万般思念之下,嘉靖皇帝突然得出这么一个结论,他的爱妃曹氏是断然不会参与谋害他的行动的。这么一想，嘉靖皇帝就对方皇后心生不满甚至心衔仇恨了，而且，这种不满和仇恨最终还被嘉靖皇帝付诸了实践。五年之后，也就是嘉靖二十六年（公元1547年），十一月的一天，皇宫内突然失火了，尤其是方皇后的住处坤宁宫，火势最大，烈焰熏天，中宫太监请求去救方皇后，但嘉靖皇帝就是不准，最终，方皇后被活活烧死了。方皇后一死，嘉靖皇帝很快就立康妃杜氏为后。算起来，杜氏是嘉靖皇帝的第四任皇后了，也是嘉靖皇帝的最后一任皇后。

据说，杨金英等十六名宫女被处死的那天，北京城区及周边地区，本来天色透亮明朗，却突然间就变了天，变得阴气沉沉、大雾漫天，伸手不见五指，而且，在以后的几天里，一直都是如此。所以善良的老百姓便以为，这是上天在可怜这些命运悲惨的小宫女。今天，在大明十三陵帝王宫蜡像馆内，有一组宫女勒杀皇帝的蜡像，就是当年小宫女们奋而起义场景的再现。这也可以算得上是后人对杨金英等一干小宫女的某种纪念吧。

因为勒杀嘉靖皇帝一事发生的时间是在嘉靖二十一年，按天干地支计算，这一年属于壬寅年，所以此事就被许多史家称为“壬寅宫变”。

壬寅宫变带来的后果是多种多样的，这里只说一种。据《明史》记载，宫变之后，嘉靖皇帝便“移居西内，日求长生，郊庙不亲，朝讲尽废，君臣不相接”。意思是说，嘉靖皇帝自宫变之后就躲进内宫去了，什么政事也不再问，什么正事也不再干，只专心致志地、一门心思地跟着那个术士陶仲文“日求长生”。长生需要炼丹药，炼丹药需要药引子，尽管壬寅宫变着实让嘉靖皇帝受惊不小，但比起长生不老来，这种受惊的感觉也就未免等而下之了。所以，在陶仲文的一再建议下，自宫变后不久，至嘉靖三十一年（公元1552年）的冬天止，嘉靖皇帝陆陆续续地又挑选了三百余名民女入宫。后来，仅嘉靖三十四年（公元1555年）九月那一次，嘉靖皇帝就命京师内外选十八岁以下少女一百六十人入宫。

看起来，嘉靖皇帝真的是潜心修道了，再也不去过问朝中之事。可问题是，正是多事之秋的朱明王朝，究竟要靠谁来打理处置呢？尤其是那个“南倭北虏”的问题，事关朱明王朝江山社稷的安危，又要靠谁来谋划应付呢？

许多朝臣对此都忧心如焚，然而，嘉靖皇帝却一点也不着急。因为他心中有数。他有理想的替代人选。他在“归隐”之前曾颁下了一道旨令，旨中有云：以后朝中事体，无论大小，一律交由严爱卿全权处置！

嘉靖皇帝口中的那个严爱卿是谁？他就是中国历史上臭名昭著的大权臣之一，严嵩。严嵩时年六十二岁，不久前刚刚成为内阁首辅。内阁首辅又是什么官职呢？简而言之，就是一个封建王朝里一人之下万人之上的那个人物，相当于过往朝代中的丞相。

丞相俗称为“百官之长”，是替皇帝统领文武百官的人。自秦朝至明朝，丞相一职是断断续续存在的。有的朝代设置，有的朝代则不设，因为有的朝代设了丞相之后，相权过大，皇权削弱，这就造成了皇权和相权之间的重大矛盾。

第一个将皇权和相权之间的矛盾完全消解的人，是明太祖朱元璋。朱元璋或许是觉得有那么一个丞相在朝，做什么事情都不能得心应手，于是就在洪武十三年（公元1380年）的时候，给中国历史上的最后一任丞相胡惟庸的身上冠以“谋反”“通倭”等一大串罪名，将胡惟庸及其九族全都处死了，还借机杀死了许许多多的大明王朝的开国功臣，并同时彻底废除了中国历史上的丞相制度。清朝建立后，也没再恢复丞相制。

朱元璋本以为，朝中没有了丞相，权力都集中到他一个人的手里了，干什么事情都可以随心所欲，然而，纵使朱元璋废寝忘食、日理万机，硬是把自己锻炼成为中国历史上最为勤奋的皇帝之一，可大明天下那么多事情，即使朱元璋天天不睡觉也实难全部亲自处理。于是朱元璋就想办法了，终于，在洪武十五年（公元1382年）的时候，朱元璋决定仿照宋代的制度设立殿阁大学士，作为皇帝的顾问。这就是明代“四殿二阁”的由来。所谓“四殿”，即中极殿(又称华盖殿)、建极殿(又称谨身殿)、文华殿和武英殿;所谓“二阁”,即文渊阁和东阁。入四殿二阁者即为大学士,这些大学士一开始只是以皇帝顾问的身份出现的,不但品级不高,一般为正五品,而且也没有什么实权,主要替皇帝票拟批答、上传下达等,相当于现在的秘书行当。然而,随着明朝社会的发展,像朱元璋那样的勤政的皇帝越来越少,慵懒怠政的皇帝一个接着一个出现,这样一来,内阁的权力就越来越大,品级也越来越高,最后能够进殿入阁的人都是堂堂的一品大员了。内阁大学士(或称殿阁大学士)本来没有定员,少则数人,多则数十人,最终到底谁说了算呢?于是“内阁首辅”就应运而生了。当然,能够担任内阁首辅的人,都是皇上最为信任的人。

严嵩本来也许当不上首辅,甚至都有可能进不了内阁。他于明宪宗成化十六年(公元 1480 年)正月二十二日生于江西袁州府分宜县介桥村(今江西省分宜县分宜镇介桥村),父亲严淮热衷于地位,醉心于权力,但却怎么也考不中进士,于是就把一切的希望都寄托在了儿子的身上,悉心栽培、教导严嵩。严嵩倒也争气,九岁入了县学,十岁过了县试,十九岁中了举人,二十五岁时,即明孝宗弘治十八年(公元 1505 年),严嵩考中了进士,为二甲第二名,被选为庶吉士(庶吉士本是明朝初年的官名,后来专属翰林院，入院后的庶吉士满三年须参加考试，成绩优良者授以编修、检讨等职，其余则为给事中、御史或出为州县官。再后来，有了一条不成文的规定，非庶吉士不得入阁，所以但凡成为庶吉士之人便常常被视之为未来的内阁大臣），后被授予翰林院编修。就在严嵩的仕途看起来一帆风顺的当口，严嵩突然得了一场大病，病得还很严重，病得在京城都没法待下去了，只得退官回原籍休养。这一休养竟然休了整整十年。

没承想，严嵩因此躲过了一劫。严嵩退官的这十年，正是大宦官刘瑾权倾天下的时间段。刘瑾是正德皇帝朱厚照（朱厚照是明朝第十位皇帝，年号正德，庙号武宗）所宠信的大太监，坏事干尽，杀人如麻，如果严嵩一直留在京城的话，能不能活过十年还真是一个未知数。现在好了，十年过去后，严嵩的身体完全养好了，那个刘瑾也下了地狱，大明王朝也换了皇帝，正德皇帝朱厚照驾崩，嘉靖皇帝朱厚熜上台了。严嵩便开始再谋官职，可是，严嵩蹦跶了好一阵子，只在南京谋到了一个翰林院侍读（翰林院侍读为翰林院学士之一，职责是为皇帝及太子讲读经史，备皇帝及太子顾问应对）的职位。乍看起来，翰林院侍读也算是皇帝身边的人了，而实际上，在南京做这个官，距离皇帝的身边，当真是不啻十万八千里了。自从明成祖朱棣发起“靖难之役”一举夺得皇位，迁都北京之后，明朝就开始实行“二京制”了，北京有一套机构建制，比如六部、都察院等，南京也有相同的一套机构，而且两地官员的品级也都一样。但是，二者之间最大的不同在于，南京六部、都察院等衙门里的官职其实是一种虚职，没有什么实权。换句话说，严嵩年岁渐大，如果只在南京一带厮混，那是混不出什么高官厚禄的。

也许命运注定要严嵩在历史中留名。一个偶然的机会，严嵩结识了一个人，这个人可了不得，他叫夏言，贵为当朝的内阁首辅，更主要的是，严嵩打听清楚了，夏言是江西广信府贵溪人（贵溪即今江西省贵溪市），算得上是他的老乡。于是严嵩就开始拼命地讨好夏言。而那个时候的夏言，恰恰很喜欢别人的奉承。夏言被严嵩奉承得都有些分不清东南西北了。这样一来，严嵩的仕途就走向了快车道。嘉靖十一年（公元 1532 年），严嵩晋升为南京礼部尚书，两年后，又改任南京吏部尚书。到了嘉靖十五年（公元 1536 年），五十六岁的严嵩赴京朝觐，在夏言的建议下，严嵩被嘉靖皇帝留在了北京，任礼部尚书兼翰林院学士。也就是从这个时候起，严嵩逐渐地取得了嘉靖皇帝的信任。有时候，嘉靖皇帝专找严嵩一人入宫畅谈；有时候，嘉靖皇帝一天要召严嵩三四次。

严嵩何以能够获得嘉靖皇帝如此青睐呢？原因当然有很多，其中一个非常重要的原因是，严嵩的“青词”写得非常好,嘉靖皇帝非常地欣赏。

什么是青词呢?嘉靖皇帝信奉道教,喜好长生之术,宫中每有斋醮(俗称道场,也称法事),就命朝臣起草祭祀的文章,因为这些文章是用朱笔写在青藤纸上的,所以谓之“青词”。嘉靖年间,许多大臣都是以青词邀宠而成功地进入内阁的,被当时的人戏称为“青词宰相”。据说,嘉靖朝最好的一首青词是写成这个样子的:“洛水玄龟初献瑞,阴数九,阳数九,九九八十一数,数通乎道,道合元始天尊,一诚有感;岐山丹凤两呈祥,雄鸣六,雌鸣六,六六三十六声,声闻于天。天生嘉靖皇帝,万寿无疆。”这显然是一派奉承马屁之言,但嘉靖皇帝却特别喜欢。写这首青词的人叫袁炜,正是倚仗着这一首青词,袁炜于嘉靖四十三年(公元1564年)晋升为建极殿大学士,成了内阁的一员。只不过,仅仅过了一年,袁炜就病逝在致仕(旧时指官员向朝廷交还官职,意即辞官退休)的途中。

嘉靖皇帝如此亲近严嵩,自然也就渐渐地疏远那个夏言了。夏言本是一个自视甚高的人,而那严嵩又是自己一手提拔上来的,为杜绝后患计,夏言便开始处处刁难严嵩。只是此时的严嵩已经不是彼时的严嵩了。严嵩的羽翼已经丰满,他要彻底扳倒夏言了。他串通术士陶仲文,让陶仲文在嘉靖皇帝面前讲夏言的坏话。嘉靖皇帝当然听陶仲文的话,有些不大理睬夏言了。夏言不甘心,指使十多个御史言官上奏弹劾严嵩。严嵩找了个机会，在嘉靖皇帝的面前痛哭，一边痛哭一边历数夏言的种种罪过。嘉靖皇帝龙颜大怒，一连贬谪、降职了十三个言官，又下令将夏言革职，同时旨令严嵩入阁取代夏言。这是嘉靖二十一年（公元 1542 年）八月间的事情，两个月之后，便发生了那起震惊朝野的“壬寅宫变”。

换句话说，“壬寅宫变”之后，大明王朝的偌大权柄就从嘉靖皇帝朱厚熜的手上移交到了老而未朽的严嵩手中。这一移交，便在很大程度上影响了明朝的抗倭大业，也在很大程度上决定了汤克宽的悲剧人生。

第一章　遂了平生抗倭志

嘉靖三十一年（公元1552年），清明时节雨纷纷的时候，汤克宽接到了朝廷的调令。那当口，汤克宽正在拜山扫墓。

汤克宽拜的不是半戈山，扫的也不是父亲的墓。他的父亲汤庆于嘉靖二十五年（公元1546年）八月二十八日仙逝之后，与其列祖列宗一样，被葬在了家乡邳州北面数里的一座小山之上。因为那座小山形同半戈，所以当地人便称之为"半戈山"。

汤克宽当时祭拜的山叫曹山，山并不大，一个大土堆而已，但是，山下有一条河，河很宽广，名字也好听，谓之"龙子河"。前有河，后有山，这就是一块风水宝地了。这样的宝地似乎最适宜建造坟茔。大明开国元勋汤和的墓地就建在这里,是明太祖朱元璋赐葬于此的。汤克宽当时拜扫的正是汤和的墓。

汤和是汤克宽的七世从祖。汤庆去世后,汤克宽袭承了邳州卫指挥使一职,然而不到数年,汤克宽就被调职了,调到了明王朝的龙兴之地、明太祖朱元璋的老家,当然也是邳州汤氏一族的老家——凤阳,担任中都留守司(中都即凤阳,中都留守司执掌中都城守御防护之事)都指挥佥事(明初设置都指挥使司,简称“都司”,中都留守司即此,属于行省三司之一,为地方最高军事领导机构,内设都指挥使一人,正三品,都指挥同知二人,从三品,都指挥佥事四人,正四品)。逢年过节的,汤克宽便总要去汤和的墓地祭扫一番。这不仅仅是因为汤和乃邳州汤氏一族的老祖宗,是朱明王朝最重要的开国功臣之一,更主要的原因是,在汤克宽的心中,那汤和堪称朱明王朝最早也最著名的一位抗倭大英雄。

朱元璋洪武年间(洪武是朱元璋的年号,自公元 1368 年起至公元 1398 年止,共使用了三十一年),倭寇便开始在明朝的东南沿海一带蠢蠢欲动。为了防御倭寇,朱元璋一边下达“片帆寸板不许下海”的禁海严令,一边命令汤和去巡视东南防御倭寇。汤和当时已然暮年,即将致仕归田,但得到朱元璋的旨令后,二话没说就去东南巡视了。他曾先后两次到沿海巡察,组织、武装当地百姓与倭寇抗战，建造、修葺数十座堡垒以抵御倭寇侵扰。因为汤和的一系列措施十分得当，所以在相当长的一段时间内，穷凶极恶的倭寇再也不敢对明朝的东南沿海地区轻举妄动了。当地官府尤其是当地的老百姓对此感激不已，纷纷修建汤和庙，把汤和比作守护一方的“城隍爷”。

汤和抗倭如此，汤克宽自然钦仰万分。因为在汤克宽的心里，有着一股很强烈的抗倭情结。他永远都不会忘记，父亲汤庆弥留之时，曾拉着他的手断断续续地言道：“为父一生，了无憾事，如若真有什么缺憾，当是为父戎马一生，未得与那倭贼阵前厮杀耳！”汤克宽听了，心里酸涩，十分难受。

而这一回，汤克宽在汤和的墓前，非常意外地接到了朝廷的调令。看过调令之后，汤克宽立马就兴奋起来了。兴奋的理由是，他苦苦等待的上阵杀倭的机会终于来到了。因为，朝廷的调令上讲得清清楚楚、明明白白：着即速速起程，赶往定海，听候王忬大人的差遣。

定海（今浙江省宁波市镇海区），当时隶属于宁波府管辖，只相当于现在的一个县级单位，但是，因为它是明代唯一的一个可以连通京杭大运河的不冻港，且又是东亚、东南亚各国来明朝进贡的第一站，所以地理位置十分重要。《日本考略》一书中有云：“凡贡献必由于定（海），次于宁（波）郡（城），以及杭（州）省（城），然后达于京师。

故定为喉舌所也。”既是喉舌之地，自然要严加防范。所以明朝中期以后，浙江的那些督抚大员，一般不住在杭州，也很少住在宁波，而往往驻扎在定海。

汤克宽已经知道，王忬大人当时的职务，正是提督浙江军务兼管福建福、兴、漳、泉四府（简称“浙江提督”，提督在明代多为一省或一地的最高武官）。这样的一个职位，不是去抗倭又能去干什么呢？朝廷令我汤克宽前去接受王忬大人的节制差遣，不是去抗倭又能去干什么呢？

关于王忬大人的为人经历，汤克宽多少是有些耳闻的。王忬出身于官宦之家，他的父亲王倬曾任兵都右侍郎，他在嘉靖二十年（公元 1541 年），也就是他三十四岁的那一年，考中了进士，后累迁至御史，曾巡按（巡按是朝廷临时派遣的一种官职，明代自永乐元年即公元 1403 年之后，以一省为一道，派监察御史分赴各道巡视，考察吏治，称为巡按御史，大事奏请皇帝裁决，小事即时处理，事权颇重。湖广为明代地名，即今湖南和湖北两地；顺天即明代北京地区，称为顺天府）湖广和顺天等地。有一回，蒙古一部落南下进犯，王忬奉旨前往抗击，立下军功，擢为都察院右佥都御史，嘉靖三十一年（公元 1552 年），巡抚（明代一省或一地的最高长官谓之巡抚）山东，不过数月，便改为浙江提督。

而事实也正如汤克宽所料想的那样，王忬很快由山东巡抚改为浙江提督的原因，正是与东南沿海日渐严重的倭患相关。自嘉靖三十年（公元 1551 年）的年末至第二年的年初，倭寇在沿海地区的侵扰有变本加厉之势，尤其是浙江沿海一带，更是屡屡受到倭寇的侵略。当地的官府和军队，虽然在抗倭的历程中确也涌现出了一些可歌可泣的人与事，但总体而言却是屡战屡败，大批城镇沦入倭手，老百姓只能背井离乡，苦不堪言。报警、告急的奏折像雪片似的飞向了北京的朝廷，飞到了那个严嵩的手中。严嵩见状，多少也有些着急。严嵩想了想，然后把徐阶叫来商量。

徐阶是什么人？应该算得上是一个奇人了。他于明代弘治十六年（公元 1503 年）生于松江府华亭县（今上海市松江区），刚满周岁的那一天，他不小心坠入了一口枯井之中，昏死了过去，被人救出后三日方才苏醒。五岁时的一天，他随父亲路过括苍山（今浙江省东边的中南部），因为调皮，从山岭上摔了下去，其父以为，儿命定然休矣，有谁知，一棵树挂着了徐阶的衣服，徐阶神奇地活了下来。所谓大难不死必有后福，嘉靖二年（公元 1523 年），徐阶考中了探花，被授以翰林院编修。别看徐阶长得矮小白皙，言谈举止也很优雅，活脱脱就是一介书生模样，但实际上，徐阶的内心十分地高傲，几乎谁都不放在眼里。加上年少成名，他的这种高傲几近目空一切了。所以，有一次，当时的内阁首辅张璁向嘉靖皇帝上疏，建议去掉孔子的王号，同时降低朝廷祭祀孔子的标准。嘉靖皇帝一时有点犹豫，自己没做决定，而是让大臣们商议这件事情。众大臣因为惧怕张璁，一个个不是装聋就是作哑，只有徐阶明确表示反对这样做。张璁当场训斥徐阶，徐阶当面据理抗争。可抗争的结果是，徐阶被贬到了延平府（今福建省南平市）做了一个小小的推官（明朝的推官为各府衙的佐官，顺天府、应天府的推官品级高一些，为从六品，其他府的推官为正七品）。经此挫折之后，徐阶幡然醒悟，彻底认识到了官场的某种真谛。虽然徐阶心底里的那种博大的理想犹在，但自此以后谨言慎行，不再像过去那么锋芒毕露。也正因为如此，徐阶才逐渐博得了严嵩的赏识，一步步地走进了大明朝廷的内阁。

嘉靖三十一年（公元 1552 年）的时候，徐阶已经四十九岁了，而且终于爬到了内阁次辅的位置，贵为朝中的二把手，仅次于严嵩。但是，徐阶依然还是那么谦逊，没有半点的春风得意之气，因为徐阶深知，当今圣上依然专宠着严嵩，有皇上罩着严嵩，那谁也不可能是严嵩的对手，即使日后要翻盘，连做梦都想着要把严嵩扳倒，现在也不是时候。所以啊，徐阶就一直在告诫自己，一定要隐忍，万万不可让严嵩看出什么破绽来。究竟如何隐忍呢？小事小情当然不论，在所谓的大是大非面前，徐阶也总是唯严嵩马首是瞻。甭说是严嵩了，就是在严嵩的儿子严世蕃的面前，徐阶也表现得足够礼让。有一回，也不知道是为了什么事情，那严世蕃当着众位大臣的面将徐阶很是奚落了一顿。徐阶呢？冲着严世蕃笑了笑，就当是没有发生过这回事。徐阶的这种忍劲和度量，实非寻常之人可比。

严嵩把徐阶叫来之后，也没兜圈子，而是直截了当地对徐阶道："那倭国小儿，现在是越来越猖獗了，我等该如何是好呢？"徐阶轻轻地言道："徐某以为，那蕞尔倭国，当真是越发无礼了……当然，一切但凭严阁老决断。"严嵩微微一点头道："既如此，老夫以为，不能任由倭人胡闹。"徐阶跟着言道："徐某与严阁老所虑略同，不杀一杀倭人的锐气，倭人定会得寸进尺的。"严嵩盯着徐阶问道："老夫想叫那王忬去提督浙江军务，你可否同意啊？"徐阶当即回道："徐某自然同意，只不过，想那王忬，皇上刚刚命他去巡抚山东——"严嵩呵呵一笑道："这事还不简单？老夫请皇上再下一道圣旨给王忬，问题不就解决了吗？"徐阶也跟着笑道："既如此，甚好！想那王忬大人，实乃文武全才之人，放眼朝中上下，无出其右者，严阁老真是知人善任啊！"

徐阶当然清楚，就那个时候而言，王忬一家与严嵩一家的关系还算是融洽的，尤其是王忬的大儿子王世贞与严嵩的独子严世蕃，前者是闻名天下的“神童”，后者素有嘉靖朝“第一鬼才”之称，二人之间的关系似乎就更为亲密了。

于是严嵩便向嘉靖皇帝举荐王忬了，说是浙江沿海倭患告急，朝廷急需遣一得力之人前往平定，而王忬一向忠勇，足堪大任。嘉靖皇帝正忙着求长生呢，哪有时间管这等闲事，所以嘉靖皇帝就朱笔一挥道：“就按严爱卿的意思办理。”

汤克宽自然不知道这其中的原委，他接到朝廷的调令后没有一丝迟缓，带着家丁黄猛和刘黑虎就日夜兼程地赶往定海了。汤庆在世时，黄猛和刘黑虎就是其心腹爱将，现如今，二人更是汤克宽的左膀右臂。汤克宽无论走到哪儿，总是将他们两个带在身边。他们两人的长相与各自的名字非常相称。黄猛，面色微微泛黄，体格魁梧刚猛。刘黑虎，虎头虎脑，脸色稍稍泛黑。

许是汤克宽一行人跑得太快了，等他们跑到了定海之后，并未见着那个王忬大人的面，一打听才知道，那个王忬大人还在南下的路途中紧走慢走呢。

黄猛对汤克宽道：“少爷，我说在路上歇一歇，你就是不听，现在可好，马累坏了几匹，连王大人的影子也没见着。”刘黑虎笑对黄猛道：“猛子，少爷的心思你还不知？少爷恨不得今天就能上阵去杀倭贼呢！”

虽然没有立即见到王忬王大人,但汤克宽却在定海城里意外地见到了一个他一直想见但一直未能相见的人。这个人是谁?这个人姓俞,名大猷。

俞大猷在大明王朝的抗倭历史中可谓是大名鼎鼎的人物了。他同汤克宽一样,也是出身行伍之家,父亲殁后,荫袭了百户(百户为世袭军职,统兵一百二十人,位正六品)之职。百户这样的低级军官,当然满足不了志存高远的俞大猷。嘉靖十四年(公元1535年),俞大猷三十二岁的时候,得中武举人,被任命为千户(千户为一所之长官,驻重要府州,位正五品,统兵一千一百二十人,其下分为十个百户所),守御金门(今金门海岛,时属泉州府同安县),在军旅的路途中上了一个不大不小的台阶。可是,做了千户之后,俞大猷的军事生涯却屡遭坎坷。坎坷到什么程度?他一度辞职回家了。再后来,亏得兵部尚书毛伯温慧眼识人,起用俞大猷为汀州(今福建省长汀县)、漳州(今福建省漳州市)守备,俞大猷卓越的军事能力才得以逐渐显现。比如,他曾多次击败绰号"康老"的海贼,俘斩三百余人,官升署都指挥佥事,隶属广东都司。再比如,嘉靖二十六年(公元1547年),一个叫谭元清的人在新兴(今广东省新兴县)、恩平(今广东省恩平市)一带屡次叛乱,总督(总督与巡抚皆为地方军政大员,合称督抚,但总督权力比巡抚大,巡抚、总兵官俱听其节制)欧阳必进将此事交给俞大猷全权处理，俞大猷运用其聪明才智，最终不费一兵一卒就平定了叛乱。嘉靖二十八年（公元1549年），右副都御史朱纨巡视福建，推荐俞大猷为备倭都指挥（备倭即备倭都司，是明朝为抵御倭寇侵扰而在沿海地区设立的一个军事机构，都指挥名义上是其中的最高军事长官，其实也不尽然，有时候只是一个象征性的官阶而已）。不承想，俞大猷还未及上任呢，安南（今越南）发生了叛乱，总督欧阳必进上奏请朝廷命俞大猷平叛。俞大猷再一次不辱使命，很快地完成了任务。因为此事关涉国家领土完整问题，所以就有御史上书朝廷，以为俞大猷此次平叛功劳甚大，理应从优嘉奖。这封奏疏理所当然地交到了严嵩的手里。严嵩对徐阶等人言道："不过几个安南小贼作乱，那俞大猷又何来的大功劳？赏点银子也就是了。"严嵩既如此，徐阶等人也只能附和而已。最终，俞大猷得到了五十两的赏银。有人为俞大猷抱不平，而俞大猷对此好像并不怎么在意，只顾依旧发挥着自己的聪明才智。就在安南发生叛乱的同一年，琼州（今海南省，时为琼州府，隶属广东省，管辖整个海南岛及万里石塘、石星石塘、万里长沙、千里石塘等南海诸岛）、感恩（今海南省感恩县）、昌化（今海南省昌江黎族自治县昌化镇）发生叛乱，总督欧阳必进又调俞大猷讨伐，并任命俞大猷为崖州参将（明朝中后期崖州治所在感恩县，今为海南省三亚市辖区；参将是明代镇守边区的统兵官，无定员，位次于总兵和副总兵）。俞大猷拼尽全力，海南一带渐渐地得到了安定。

这样的一个俞大猷，为什么会成为汤克宽一直想见的人呢？俞大猷是泉州晋江（晋江即今福建省晋江市，时属泉州府管辖）人，汤克宽是邳州人，二者相距也算是比较遥远了，只不过，遥远的距离并不妨碍二人的生活曾经出现过一段交集。那还是在汤克宽的少年时代，汤克宽曾经跟着父亲汤庆南下福建，在泉州住过一段时间，而且还曾在泉州城外的清源山（清源山地处福建省东南部，晋江下游东北岸，与泉州市区三面接壤）读过书。无巧不成书的是，俞大猷当时也在清源山里学习，两人就这样成了同学。更重要的是，汤克宽和俞大猷均为理想远大之人，可谓志趣相投，所以在同学之外，二人又结下了深厚的友情。那清源山中，至今还保存着一块大石头，谓之“练胆石”，石上镌刻着“君恩山重”四个大字，据说就是当时的俞大猷书写的。当时，俞大猷在石上写字，汤克宽则在一旁默默地注视着。

能在定海城内见着俞大猷，汤克宽真的是又惊又喜。自打泉州分别之后，二人可谓天各一方，虽然彼此常常书信来往，对各自的情况也都大致了解，但面对面地如此重逢，这好像还是头一遭。而令汤克宽尤其感到惊喜的是，那俞大猷也是奉了朝廷之命来定海听从王忬王大人的调遣的。换句话说就是，他汤克宽和俞大猷，二人很快就要变成并肩杀倭的战友了。俞大猷呢？猛然得见汤克宽，自然也是喜出望外。喜出望外之下，两人便相对而坐、携手共饮，从城内饮到城外，从山边饮到水边。日暮时分，两人又挤在了汤克宽暂居的一间小屋里，同饮一壶清酒，共剪西窗之烛。

汤克宽喟然叹息道："五年前，兄长一举平定安南之乱，又凭一己之力，还琼州一方平安，立下不世之功勋，再看小弟我，这么许多年过去，几乎无所事事，仔细想来，真是有负朝廷多也！"

汤克宽时年四十岁，俞大猷与徐阶同年，比汤克宽大了九岁。自从二人在泉州邂逅时起，彼此便以兄弟相称了。俞大猷微微一笑言道："贤弟不必自责，所谓时势造英雄，时势未至，英雄不出，时势一至，英雄必出。为兄这里尽敢断言，假以时日，贤弟必为盖世之豪杰！"

二人相谈甚欢。不知不觉，二人早已酡颜微醺。俞大猷也不想走了，与汤克宽挤在了一张床上，继续畅谈。他们谈天谈地，谈军事，谈抗倭，谈文章，谈诗歌，几乎无所不谈。最后，他们无意中谈到了汤克宽的妻子。俞大猷问道："弟妹一向可好？"汤克宽回道："一向委屈她了……"

这二人之间的关系,其实还有一层内涵。汤克宽的妻子吴氏,广东新会(新会即今广东省江门市辖区)人,温柔贤淑,端庄大方。想当年,正是俞大猷从中牵线,汤克宽才得以和吴氏结为伉俪。这样一来,俞大猷算得上是汤克宽的红娘了。只不过,汤克宽常年在外带兵,家中还有一位孤独的老母亲需要吴氏照料,汤克宽和吴氏真可谓是聚少离多了。以至于汤克宽虽然年已不惑,膝下却一直没有子嗣。说没有子嗣似乎也不尽准确,汤克宽还在家乡做邳州卫指挥使的时候,他的妻子吴氏确曾为他生下过一个儿子,但是,这个儿子生下后没几个月便夭折了。俞大猷不禁摇头道:“贤弟与弟妹,当真是可惜了……”

汤克宽是在抵达定海之后的第二天中午得见俞大猷的。到了第三天的中午,汤克宽与俞大猷正在一家小酒馆里推杯换盏的当口,黄猛和刘黑虎来报,说是有一个四十多岁的男人,指名道姓要见俞大猷。俞大猷言道:“既点名于我,不妨让他进来说话。”

那个男人动作也真快,俞大猷话音未落,他就三步并作两步地跨进了小酒馆,双脚还没站稳呢,他又急忙冲着俞大猷抱拳施礼。俞大猷先是一愣,继而赶忙跑过去攀住那个男人的肩头道:“哎呀,这不是卢老弟吗?你,你如何也到了这里?”那男人显出一丝苦笑道:“俞兄,真是一言难尽啊！此番，多亏了王大人相助，不然，小弟还在狱中待决呢……”

和俞大猷称兄道弟的这个人姓卢，名镗，字子鸣，也是明朝的一位抗倭大英雄。只是在此之前，汤克宽只闻卢镗的声名，并未亲见。俞大猷不然，他与卢镗曾经一起共过事，而且比较能够谈得来，是以兄弟相称。俞大猷为兄，比卢镗大了两岁。

卢镗慢慢地坐下，与汤克宽寒暄。汤克宽一边为卢镗斟酒一边唏嘘不已："想当年，卢将军在双屿港，在走马溪，大败倭贼，连战连捷，谁料想，到最后，卢将军竟然身陷囹圄，竟至有性命之忧……"俞大猷也不禁叹息道："卢老弟遭遇，已属不堪，可是，那朱纨朱大人，又岂是一句不堪可以了得?"汤克宽长吁一声道："兄长所言极是，想那朱纨大人，性情也未免太过耿直，不然，又何至于此啊！"

俞大猷和汤克宽提到的那个朱纨，早已经死了。朱纨之死，在嘉靖一朝曾经轰动一时。朱纨，字子纯，号秋崖，时苏州府长洲（长洲即今江苏省苏州市相城区）县人，正德十六年（公元 1521 年）考中进士，累官景州知州（明代知州为各州行政长官，直隶州知州地位与知府平行，散州知州地位相当于知县）、开州知州、南京刑部员外郎、四川兵备副使、广东左布政使（左布政使是明时的官名，明朝初年，沿袭元制，于各地置行中书省衙门，朱元璋于洪武九年也即公元1376年撤销行中书省,在全国设立了十三个承宣布政使司,每司设左、右布政使各一人,与按察使同为一省的行政长官,位次于总督、巡抚等官)等,因为在四川兵备副使任上平息叛乱有功,于嘉靖二十五年(公元1546年)擢升为右副都御史,次年,任提督闽浙海防军务,巡抚浙江,防御倭寇。这是明王朝第一次在闽浙一带设立“提督”一职。

朱纨南下就任了。没有多久,朱纨就基本上把当地倭患频仍的事情搞清楚了。闽浙沿海,尤其是浙江沿海一带,近年来之所以祸乱不断、人心不稳,根源就在于走私。明朝历来实行海禁政策,但东南沿海的民间海上贸易却几乎一直不断。当地的老百姓大都主要以此为生,朝廷情知如此也就睁一只眼、闭一只眼。然而到了嘉靖时期,许多地主豪绅眼红于其中的巨大经济利益,纷纷建立起了自己的武装,甚至与倭寇互相勾结,拦截、打击正当的贸易活动,自己却从事走私的勾当。为了走私,他们几乎什么事情都敢干。举个例子,嘉靖二十六年(公元1547年)六月,有人向官府告发一些地主豪绅专营走私的行当,这些地主豪绅以为是当地谢家村的人所为,于是就不问青红皂白,联络盘踞在双屿港的倭寇,一起血洗了谢家村。殊不知,这谢家村里居住的人都出自一个家族,而这个家族中曾经出过一个叫作谢迁的人,谢迁可不是什么普通的百姓,他是明宪宗成化十一年(公元 1475 年)的状元,弘治十一年(公元 1498 年)加太子少保,升兵部尚书兼东阁大学士,与刘健、李东阳二人共同辅政,且政绩卓著,被时人称为“天下三贤相”之一,虽然在正德皇帝朱厚照时期因为宦官刘瑾专政,他被迫与刘健一起致仕归田。但到了嘉靖六年(公元 1527 年)的时候,他又二度入阁,直至嘉靖十年(公元 1531 年)去世,逝后赠太傅,谥号文正。这样的一个人,这样的一个家族,竟然遭到了那些土豪劣绅和倭寇的无情屠杀,朝野自然是无比震动的。也正是在这么一种情形之下,朝廷才首次设立了闽浙提督一职。

把基本情况弄清楚了之后,朱纨便雷厉风行地开始行动了。他本是一个爽直之人,很快就有针对性地做出了两个决定:第一,在闽浙一带实行官府监控下的对外贸易制度;第二,对那些武装走私的所有船只一律坚决打击。这样一来,那些既得利益者有些慌了,他们先是用重金去收买朱纨,见朱纨不加理睬,他们便又收买了一些地方上的官吏向朝廷上疏诬陷朱纨,但朱纨依旧不理,我行我素。

卢镗就是在这个时候和朱纨有了交集。卢镗也是世袭武官出身,嘉靖二十二年(公元 1543 年),三十八岁的卢镗嗣职福建镇海卫千户,后来官至福建都指挥佥事。

恰逢朱纨提督闽浙,卢镗就归属在了朱纨的麾下。在朱纨的信任和指挥下,卢镗打了一系列的漂亮仗。最为著名的是双屿港和走马溪两场。在双屿港,卢镗击毁倭船数十艘,击杀倭寇数百人,生擒倭寇首领稽天破和海盗头领许栋等人;在走马溪,卢镗击败了包括葡萄牙人在内的大批海盗,俘获海盗李光头等九十六人。朱纨一时兴奋不已,兴奋之下,他立刻下令,将李光头等九十六人一并就地处死。

朱纨处死李光头之举,可谓是彻底地激怒了那些走私的地主豪绅。说来你也许不敢相信,和李光头一起被处死的那九十多个人当中,竟然有十多个人是当地一些豪绅官吏的亲戚甚或家人。这恐怕就叫作官匪一家吧。这些豪绅和官吏就想,朱纨今天敢这么做,那明天岂不是就会把屠刀架在他们的脖子上了?于是他们就又向朝廷告状,告朱纨一意孤行、滥杀无辜,为了邀功,把九十六名寻常的百姓当作海盗和倭寇给杀了。他们还总结了以往的教训,不是自己向朝廷上疏,而是通过在朝廷的关系,找到了一个叫作陈九德的御史,请陈九德弹劾朱纨。陈九德是嘉靖二十年(公元1541年)的进士,素以敢讲真话著称,时有“真御史”的美誉。也不知道其中究竟发生了什么事情,陈九德还真的相信了那些土豪劣绅的鬼话,真的上疏弹劾朱纨了,还不仅仅只是弹劾朱纨一人,陈九德还将卢镗认定为朱纨的同谋和帮凶。

陈九德的奏疏最后落在了严嵩的手中。严嵩笑嘻嘻地又将这份奏疏递给了徐阶。徐阶明白,那个朱纨此番定然是在劫难逃了。本来,朝中或许还有人能够救朱纨一把,那个人就是夏言。嘉靖二十四年(公元1545年)的时候,许是嘉靖皇帝想起了夏言过往的好处,下旨恢复了夏言的内阁大臣的头衔,可是,就在朱纨提督浙闽的第二年,也就是嘉靖二十七年(公元1548年)的十月二日,严嵩终于对夏言祭出狠手了,找了一个"心怀不轨"的罪名将夏言推出西市门外斩首示众。一开始,还有几个朝臣曾委婉地劝说严嵩,说夏言毕竟是一个老臣,不一定非得将他置于死地,将他流放出去就是了,但严嵩高低不答应,坚决要处死夏言。后来徐阶才明白,严嵩本也打算放夏言一条生路的,毕竟是夏言一手提拔了他,然而,因为夏言被羁押于锦衣卫狱中的时候,偷偷地写了一封呈给嘉靖皇帝的疏状,疏状还很长,历数严嵩的几大罪状,可有谁知,夏言此举被锦衣卫都指挥使陆炳发现了,陆炳将此事告知了严嵩,严嵩自然大怒,大怒之下,夏言的结局也就不言而喻了。那一年,夏言六十七岁,他的妻子苏氏被流放到广西,侄儿夏克承、侄孙夏朝庆都被削职为民。而关键的问题在于,朱纨提督闽浙海防军务一职,正是夏言向嘉靖皇帝推荐的,夏言推荐朱纨,朱纨自然就与夏言是一党了,这就难怪在接到陈九德的奏疏之后,严嵩会有一副笑嘻嘻的样子。

朱纨的结局当然不出徐阶所料,嘉靖皇帝的旨意很快就下达了:着锦衣卫将朱纨、卢镗等人押解进京,入狱待勘。但是,包括徐阶在内的许多人都没有料到的事情突然发生了:朱纨在锦衣卫的狱中自杀身亡了。朱纨是服药而死的。许是他早就做好了这样的打算,在锦衣卫抓他之前,他就已经在身上备好了毒药。

朱纨显然是愤而自尽的。好在卢镗没有走极端,他被判了死刑,只是没有斩立决,而是被囿于狱中待决。亏得王忬爱惜卢镗才干,再三向严嵩求情,卢镗这才得以走出死路来到定海与俞大猷和汤克宽相见。如此一来,这仨人便一起成为王忬抗倭历程中的三大爱将。

王忬是在一天的早晨赶到定海城的。那天早晨的天气不大好,雾蒙蒙的,光线很暗。王忬也顾不上休息,立即着人将汤克宽、俞大猷和卢镗叫到了自己的身边。王忬时年四十五岁,正值精力旺盛、大干事业的好时候,虽然一路车马劳顿未免有些疲惫,但他那一双炯炯发光的眼睛,不仅异常地深邃,且似乎还能洞穿别人的心底。

"诸位将军,"王忬直面汤克宽、俞大猷和卢镗,声音十分洪亮,"你们都知道,整整三年了,朝廷一直没有在闽浙地区再设巡抚、提督之职,三年过去了,朝廷又令王某来此提督巡视，这是为什么呢？原因只有一个，那就是，倭贼越来越猖狂了，越来越不把我们大明当回事了。所以，王某来此的目的只有一个，那就是，狠狠打击倭贼的嚣张气焰，还我大明海晏河清，使我百姓安居乐业！”

王忬的讲话，可谓铿锵有力，同时也巧妙地避开了“朱纨”二字。而事实是，自朱纨死后，朝廷也真的没再派人到闽浙沿海一带去巡视抗倭，因为，朝中再也无人敢提什么抗倭之事了，以致东南沿海地区不仅倭寇肆意横行，就是一些本来还算本分的商人及百姓，也纷纷干起了海盗的勾当，更有一些不法分子，只为一些蝇头小利，居然做起了倭寇的向导和眼线，搅得东南沿海一带乌烟瘴气、民不聊生。

汤克宽等人屏气凝神，认真地聆听着王忬的训示。王忬见状，点点头，忽而高声言道：“诸位，形势迫人，王某也不多言，请三位将军听令！”

汤克宽、俞大猷和卢镗立即站得笔直，直得就像山坡上三株傲岸的松树。说来也有趣，汤克宽、俞大猷和卢镗这三个人，他们的个头很是相仿，但是他们的体形有着很明显的区别。汤克宽的名字里虽然有一个“宽”字，长得却一点也不宽，反而瘦瘦精精、利利落落的，似乎体内孕育着无尽的力量。俞大猷呢？“猷”字本是一种猴属的小兽之意，但他长得孔武壮硕，一看就有万夫不当之勇。只有卢镗的体格与名字较为相符,“镗”字本是钟鼓之声的意思,卢镗的身体浑圆而结实,真的犹如钟鼓一般,一旦响起,足以令人敬畏。

王忬郑重地发号施令了:原中都留守司都指挥佥事汤克宽,原琼崖参将署都指挥佥事俞大猷,皆授予浙直参将一职;原福建都指挥佥事卢镗,也授予参将一职。汤克宽分守福建的福、兴、泉、漳等州府,俞大猷分守浙江的温、台、宁、绍等州府,卢镗暂时留在王忬帐下听用。

“浙直”这个名称从表面上看,本来应该指的是两个地方,即浙江和南直隶(南直隶是区别于北京直隶的一种俗称,指的是以南京为中心的区域,即今天的安徽和江苏两省,今天的上海地区也当包含在内),但实际上,浙直的范围很大,最大的时候,它囊括了浙江省、山东省、南直隶、福建省、江西省、广东省和广西省等地,几乎包含了明王朝的半壁江山。

都指挥佥事(或曰指挥佥事)和参将这两个职位,都是明朝的中高级军事长官,但二者分属于不同的军事体系。指挥佥事属于卫所制体系的官职,而参将则属于营兵制体系的官职。卫所制体系里的士兵和军官都是世袭的,营兵制体系则不然。卫所制里的官兵大体上是由国家供养的,而营兵制里的士兵则大都是招募而来的。指挥佥事的级别相当于正四品,位次于指挥同知和指挥使。

参将的级别相当于正三品,位次于副总兵和总兵。也就是说,如果仅从品级的角度来考量,除了原本担任琼崖参将的俞大猷外,就汤克宽和卢镗而言,这一回由指挥佥事改任参将,应该是升职了。

汤克宽本来荫袭的是邳州卫指挥使一职,指挥使名义上的级别一般是正三品,汤克宽由邳州卫指挥使调任中都留守司都指挥佥事,这岂不是降职了吗?其实也不尽然。明朝的卫所制度到了明朝中期之后,已经非常混乱了,除了一些军机要地(如京师、凤阳等地)和边关重镇(如明朝著名的北方九镇等)之外,其他的地方卫所大都名不副实,卫所内几乎了无兵士,既无兵士,指挥使一职也就形同虚设了。而实际上,在明朝大部分时候,指挥使有点类似于一种军衔而非军职。所以,汤克宽当年由邳州卫指挥使调任中都留守司都指挥佥事,从严格意义上来说,并非是降职,而是重用了。

王忬行事雷厉风行,宣布命令完毕,一句话也不多说,转身就离开了。汤克宽和俞大猷二人则不禁相视而笑。他们笑的是,卢镗好歹已经和那倭寇交过手了,而现在,他汤克宽和俞大猷也算是正式走向了抗倭的第一线,要与那倭寇面对面地在阵前厮杀了。这是汤克宽的夙愿,也是俞大猷的夙愿。一个人的夙愿得以实现,岂不是最令人感到高兴的事情吗?

第二章　杀倭其实很简单

北宋时期，设置福建路（路是宋太宗赵光义时期设置的行政区划名称，开元代省制先河），包括一府五州二军，府、州、军实际上是同一级别的行政机构，共计八个，所以福建向有“八闽”之称。到了明朝洪武元年（公元 1368 年），福建全省改为福州、建宁、延平、邵武、兴化、泉州、漳州、汀州八府。王忬命令汤克宽分守的福、兴、泉、漳四府，就在这八府之中。

明代郑若曾所著的《筹海图编》中有以下记载：“福、兴、漳、泉四郡，皆滨于海。海船运米可以仰给，在南则资于广（东），在北则资于浙（江）。”由此可见福、兴、泉、漳四府的重要战略地位。洪武二十年（公元 1387 年）的时候，明太祖朱元璋命江夏侯周德兴到福建沿海经略海防，周德兴主要巡视的也就是福、兴、漳、泉四府。

按照王忬大人的指令，汤克宽的参将府设在福州。刚一到福州，汤克宽就接到了一桩万分紧急的军情。

福清县（时为福州府管辖，现为福州市下辖的一个县级市）有一个海盗叫邓文俊，自恃有倭寇撑腰，在当地为非作歹、无恶不作。是年（嘉靖三十一年）五月二十日，邓文俊导引着两千名倭寇北上攻破了黄岩县（今浙江台州市辖区）。五月二十八日，邓文俊又领着倭寇趁着海潮一举攻进了福清县城，捣毁县衙，烧杀抢掠，盘踞了整整七天方才大摇大摆地离去。未几，邓文俊再次领着倭寇北上，劫掠了余姚（今浙江省余姚市）、山阴（今浙江省绍兴市辖区）等地，杀戮居民甚众。六月，邓文俊和倭寇竟然去攻打明军的霩衢所（全称霩衢守御千户所，时位于浙江定海县东南一百三十里处），守御指挥（指挥是当时对明军中级指挥官的一种尊称，与指挥使不同）樊懋不惧寡不敌众，与倭寇殊死拼战，最终以身殉国。另一守御指挥魏英督兵夜战，战至天明，终于将邓文俊和倭寇从北门赶了出去。

汤克宽闻听军情不禁震怒道："那邓文俊如此，那倭贼如此，是可忍孰不可忍？"于是汤克宽就招来黄猛和刘黑虎吩咐道："尔等速速去侦察邓贼和倭贼的下落，尤其是那个邓贼，我要将他生擒献给王大人！"

黄猛和刘黑虎忙不迭地去侦察了。汤克宽当然不会闲着。当时他有两件事情急着要做：一是他对倭寇的习性及战法很不熟悉，他要抓紧时间去了解；二是他手下除了带来的千余名邳州兵值得信赖之外，其他一千多名新近招募的兵勇，能否上阵杀敌，他心里着实没底，所以他要抓紧时间去训练。

汤克宽先是找来了当地的一些曾经与倭寇交过手的明军官兵，想从他们的嘴里了解倭寇的一些情况。可有谁知，找来的这些明军官兵，一个个谈倭色变，一看就是被倭寇吓破了胆。有的说，倭寇都是神人，怎么杀都杀不死。有的说，倭寇都是高手，射得再快的箭，倭寇都能空手接住。最好笑的是一个百户长，汤克宽问到他的时候，他不仅瞠目结舌，还居然当场尿了裤子。汤克宽勃然作色道："汤某万万没有想到，尔等竟如此怂包，这也难怪那邓贼和倭贼如此猖獗了！"

也还算不错，从那些官兵的口中，汤克宽对倭寇的情况多少有了一些了解。比如，倭寇平日的武器配置：每个倭寇的身上至少配有两把刀，一把长刀，一把刺刀，有的倭寇身上还藏有一把小刀。又比如，倭寇临战时的一般表现：除了大冬天以外，倭寇作战时大都喜欢裸着上身，而且很少有倭寇用甲胄护身。再比如，倭寇陆战时的阵形主要有两种：一个叫"蝴蝶阵"，就是为首的那个倭寇以挥扇为号，扇子一挥，其余倭寇皆舞刀而起，向着空中乱舞，明军见之，常常目瞪口呆，任由倭寇砍杀；另一个叫作“长蛇阵”，倭寇把最凶悍之人放在蛇头和蛇尾，即使遇到顽强的明军冲击，倭寇的阵形也不会大乱。汤克宽多少有些伤感地冲着那些明军官兵言道：“倭贼的战法，也不过如此耳，尔等又何惧之有？”

因为眼前的主要敌人是那个邓文俊及其所勾结的倭寇，邓文俊和倭寇经常乘船漂浮在海里，陆战的可能性不大，且汤克宽当时还不想与倭寇在陆地上厮杀，所以汤克宽对倭寇的战船和倭寇的火器情况就更为关注。好在有几个官兵曾经与倭寇海战过，汤克宽便从他们的口中得知：真正的倭船算不上很大，最大的也就能容二三百人，最小的能容四五十人；倭寇的火器很少，火炮不常见，最常见的是鸟铳，射程只有百步左右，但倭寇的鸟铳制作精良，发声很小，精度也较高，而且倭寇的弓箭势大力[illegible]之必亡。

汤克宽对着眼前的一干明军官兵道：“诸位，汤某不久将与倭贼作战，有谁愿意留下来与汤某一起杀倭的，汤某欢迎！”没承想，汤克宽话音刚落，好几十个明军官兵纷纷找出各种理由开溜了。特别是那个曾经尿裤子的百户长，听到“杀倭”二字后，浑身一哆嗦，几乎是连滚带爬地跑出了汤克宽的视线。汤克宽见状，也只能无奈地摇了摇头。

摇头当然不能把倭寇摇走。接下来，汤克宽同时做了三件事。第一件事，抓紧时间训练当地招募的那些兵丁，让邳州兵一对一、手把手地去训练他们；第二件事，抓紧时间收集、修理各种火器，尤其是各种火炮；第三件事，抓紧时间搜集、修葺各种战船，尤其是那些高大坚固的战船。

功夫不负有心人。不到一个月的时间，汤克宽做的三件事情都有了明显的进展。那些当地招募来的士兵，经过邳州兵的严格训练，基本上可以阵前一战了；一共收集、修理了一百来支鸟铳，而且还修好了十门无敌神飞炮；高大的战船找到的不多，经过修葺，共有六艘可用，四艘广船，两艘福船。

所谓广船，即是广东造的船，福船也就是福建造的船了。广船和福船是当时比较高大的两种船型，本来都是作为商用的船只，倭患兴起后，明军开始征用它们与倭寇作战。这两种船型各有利弊。广船是用铁梨木所造，福船是用松杉木所造，所以前者比后者更加坚固耐用，但广船有些笨重，直冲尚可，如若随意转向，就没有福船来得灵便了。

就当时火炮而言，无敌神飞炮算不上威力最大的。像本土生产的铜发矿火炮，像嘉靖朝初年引进的西洋佛郎机火炮等，其炮火的威力都要比无敌神飞炮大得多。只不过，铜发矿火炮也好，西洋佛郎机火炮也罢，都过于沉重，一般适宜陆战，放在船上很不方便，一炮打出去，整艘船都在摇晃，比较危险，最致命的是，这一类型的火炮不能连续开火，打个两三炮之后接着再打，很容易炸膛。而无敌神飞炮不然，它是由一门主炮和三门子炮组合而成的，子炮镶嵌在主炮里面，就像是现代枪械里的子弹匣，打完一个再换一个，这就很好地解决了火炮连续发射的问题。

汤克宽把大小战船都隐蔽在福清县沿海的一个海湾里，日夜操练。他坚信，那邓文俊和倭寇一定还会来这一带骚扰。他的意图是，不让邓文俊和倭寇上岸，就在海面上将他们歼灭。一个月前找那些明军官兵谈话之后，汤克宽得出了这么一个结论，在海水里和倭寇作战，应该比在陆地上容易。只是海水茫茫，无边无际，想要准确地了解邓文俊和倭寇的踪迹，显然不是容易的事。

好在那黄猛和刘黑虎没有让汤克宽失望。先是黄猛来报，说是那邓文俊和手下三百多个海盗乘着七八只小船正从南边朝着福清沿海驶来。接着刘黑虎来报：千余名倭寇乘着十多艘战船正从北面朝着福清沿海驶来。汤克宽嘱咐黄猛道：“既然邓贼想与倭贼会合，那我们就成人之美，让开一条路，让他们会合。”

邓文俊似乎很听话，真的与倭寇会合了，然后在一日黎明时分，乘着浓重的黑暗，领着一千多名中外盗贼，气势汹汹地向福清沿海开了过来。汤克宽命令刘黑虎道："悄悄地迎上去，不要让邓贼和倭贼察觉，更不能让邓贼和倭贼弃船登岸。"

汤克宽摆出的阵形是这样的：四艘广船居中，每艘船上二百余人，架着两门无敌神飞炮；两艘福船居于广船两侧，船上兵丁一百来人，各架有一门无敌神飞炮；福船的两边，各有四五十艘鹰船，分别由黄猛和刘黑虎统领，每只鹰船上有兵丁十多人，四人操桨，其余执鸟铳或弓箭。

顾名思义，鹰船的速度很快，它的形状也很奇特，两头都尖尖的，不辨首尾，中间用毛竹板遮挡，以掩护操桨之人；毛竹板的中间开着窗子，可以从此处射铳放箭。汤克宽对这种小船特别喜爱。

黎明到来了。汤克宽的船队和邓文俊与倭寇的船队狭路相逢了。汤克宽居于船队的中心，那邓文俊也居于船队的中心。汤克宽看见了邓文俊，邓文俊也看见了汤克宽。邓文俊不认识汤克宽，但汤克宽却早已把邓文俊的相貌烂熟于心了。

汤克宽将黄猛和刘黑虎叫到身边道："我开炮之后，尔等速速从两边包抄过去，即使暂时让倭贼跑掉一二，也绝不能让那邓贼漏网。"黄猛和刘黑虎得令而去。汤克宽命令左右道:“冲上去,杀倭擒贼!”

四艘广船和两艘福船一字排开朝着敌方冲了过去。那邓文俊乍见着汤克宽的船队很是吃惊,又见到汤克宽的大船上架着那么许多大炮,情知不妙,急忙与身边的倭寇叽里哇啦地叫了一通,然后慌忙掉转船头后撤。汤克宽见状,即令左右道:“贼人想溜,速速追上去!”

邓文俊和倭寇溜得很快,但汤克宽的船队追得更快。追着追着,就追到一个叫作马下洋的地方了。眼见着,已经够得着无敌神飞炮的射程了。这一天,是嘉靖三十一年(公元1552年)的十一月十日。

汤克宽长剑一挥道:“瞄准倭贼,开炮!”十门无敌神飞炮一起吐出炽热的火舌,喷向邓文俊和那些倭寇。邓文俊和倭寇们还没有从大炮的轰鸣声中回过神来,那黄猛和刘黑虎又各自带领着数十艘鹰船从两边包抄了过来,也不问其他,只顾朝着海盗和倭寇的船上射铳放箭。再看那些海盗和倭寇,根本就来不及还手,不是被大炮炸死就是被鸟铳和弓箭射死,侥幸还活命的,实在无路可逃,只能跳进冰冷的海水里喂鱼了。

见战局已定,汤克宽慢慢地在船头上坐了下来,饶有兴致地看着眼前的战场,就像是在看一出精彩的大戏,而且还一边看一边自言自语道:“这些倭贼,也并非都是赤裸着上身啊!”

黄昏时分，黄猛来报：海盗和倭寇大部被歼，只有一百多个倭寇乘小舟遁逃了。汤克宽急问道：“邓贼文俊是否逃脱？”黄猛笑呵呵地回道：“少爷放心，邓贼已然生擒。”

汤克宽正要表扬黄猛几句，刘黑虎突然来报：从北面来了一股数百人的海盗，与逃掉的倭寇合在一起，正向北逃窜。汤克宽问道：“我等可能追上他们？”刘黑虎回道：“如果穷追不舍，早晚定能追上。”汤克宽叫了一声“好”，然后对刘黑虎道：“既然能追上，那就一直追上去，不然，待这些贼人上了岸，定会祸害百姓。”

汤克宽沿着海岸坚定地向北追去了，追了两天两夜，追上了，战了一场，又继续追，又追了三天，再战了一场，终于将这股残余的海盗和倭寇全部消灭了。

汤克宽得胜而归。还没回到驻地呢，汤克宽即召来黄猛吩咐道：“立即着人将邓贼文俊押送至定海，交由王大人处置。”又召来刘黑虎吩咐道：“立即着人四处查探，一旦发现倭情，速速报之于我。”

与倭寇初次交手便一战而胜，汤克宽理应高兴才是。然而，汤克宽一点也高兴不起来。因为，汤克宽刚回到驻地就听闻了这么一件事情：俞大猷被人参劾，留职停俸了。

就处分本身而言，留职停俸也算不得很严重。虽然停俸了，但职位还在。然而，被处分的人是俞大猷，汤克宽就少不得为之心疼。不仅是心疼，汤克宽还很是不解。所以汤克宽就很想亲自走一趟，到俞大猷的身边一探究竟。可是，没有王忬大人的命令，汤克宽是不能随意走动的。

没想到的是，俞大猷主动跑到福州来了。还不是一个人来的，是和那个卢镗一起来的。他们当然不是来此探亲访友的，他们给汤克宽带来了王忬的手谕。手谕的主要内容有二：一是对汤克宽的杀倭之捷予以嘉奖；二是令汤克宽拔寨起营，北上温州（今浙江省温州市）。因为最近一段时间以来，浙江沿海的倭患比福建沿海的倭患要严重得多。

汤克宽二话没说，迅速领军北上了。不过，在北上之前，汤克宽还是尽自己所能设了一桌丰盛的酒宴为俞大猷和卢镗接风。席间，自然是要提及俞大猷遭处罚的事情。原来，一股倭寇攻破了宁波昌国卫（今浙江舟山群岛内），俞大猷奉命阻击，击退了倭寇，倭寇掉头北上，又拐了一个弯，攻陷了绍兴临山卫（今浙江省余姚市西北部，杭州湾南岸），并乘势大举南下，深入内地转攻松阳县（今浙江省丽水市辖境），亏得松阳知县罗拱辰率军民拼死抵御，倭寇企图没能得逞，只得退回海上。俞大猷早已在海上严阵以待，与倭寇大战了一场，倭寇没占到什么便宜，只得急急地逃向了深海。事情本来就是这么一个过程，却居然有言官向朝廷奏报，说是俞大猷“失事纵倭”，理当重罚。

“还算不错，”俞大猷似乎显得很轻松，“最终只是停俸而已。”而实际上，事情本来并不是这么简单。言官的奏报落到那个严嵩手里的时候，严嵩本来是想给俞大猷一个“夺职停俸，军中留用”的处罚，以此来震慑那些领兵的将帅。后来有一个人带着礼物来见严嵩，为俞大猷说情。这个人就是锦衣卫都指挥使陆炳。现在很难搞清楚俞大猷是如何与陆炳攀上交情的，人们只知道，陆炳的母亲是嘉靖皇帝的乳母，嘉靖十八年（公元 1539 年），嘉靖皇帝南巡至卫辉（今河南省卫辉市），夜里行宫突然失火，嘉靖皇帝危在旦夕，随驾而行的陆炳不顾个人安危，硬是冒着烈焰冲进火海，将嘉靖皇帝救了出来。既有这样的一个经历，即使如严嵩那样的人，也不会不给陆炳面子的。所以陆炳为俞大猷求情了，严嵩便将“夺职停俸”改为了“停俸”，而且过了一段时间之后，严嵩指使朝廷又恢复了俞大猷的俸禄。

只不过，俞大猷并没有在汤克宽和卢镗的面前提到自己与陆炳的关系。不是他想隐瞒，而是他对汤克宽和卢镗的为人太过了解了。卢镗似乎还好一点，汤克宽则不然。过去，在与汤克宽的书信来往中，俞大猷曾几次提及在外领兵的将领应该注意和朝中的那些文臣搞好关系，以备不时之需，然而汤克宽对此总是不以为然。俞大猷深知，汤克宽的这种脾性，非一朝一夕可以改变，甚而，是永远也改变不了的。

汤克宽对俞大猷的这番遭遇自然很有些愤愤不平，他皱着眉头对俞大猷道："兄长，你两次击退倭贼，便是莫大胜利。胜利者不奖，反而遭罚，这究竟是何缘故？"卢镗慢悠悠地言道："汤将军恐有所不知，在海上拦截倭贼，本就是难为俞兄了。当时俞兄只有数十艘小舟，而倭贼却有十多艘大船，倭贼还有鸟铳和火炮，俞兄能够战而却之，这本来就是大功一件啊！"汤克宽心头一震，急忙转问俞大猷道："兄长，那倭贼也有大船？还有火炮？"俞大猷点头道："为兄也很是意外，为兄过去只是听闻，倭贼舟小，且只有少量的鸟铳……"汤克宽自嘲地一笑道："如此看来，我此番得以擒获邓贼文俊，实属侥幸所致啊！"

汤克宽的言下之意是，他之所以能够初战告捷，主要依仗的就是大船和火器，如果倭贼也有这般装备，那战事的结局恐难以预测。

"汤将军过谦了，"卢镗忙言道，"汤将军连番作战，痛斩倭贼首级千余，不管原因如何，终也称得上是一场大捷的，王忬大人在我等面前连连夸赞汤将军神勇无比呢！"汤克宽赶紧言道："说来真是惭愧，不瞒卢将军，汤某正准备向王大人仔细禀报此事。所谓斩获千余倭贼，实则谬也。汤某后来方才得知，那些倭贼，大半是邓贼手下伪装的，真正的倭贼，只有两百至三百之间，汤某为邓贼所欺也……”见汤克宽面露窘迫之色，俞大猷便起身为汤克宽斟了一杯酒，且微微一笑言道：“贤弟此言差矣，贤弟于谈笑之间，倭贼和盗贼便灰飞烟灭，此等战果，如今谁可以比拟？”卢镗连连点头道：“俞兄所言极是，想我卢某，杀死百余倭贼，却折损两三百弟兄，胜耶？败耶？”俞大猷“哎”了一声道：“卢老弟此言亦差矣，你身先士卒，全歼倭贼，此等壮举，谁能为之？”

在此之前，卢镗也与倭寇打了一仗。一股百余人的倭寇，突入内陆，烧杀抢掠，卢镗奉王忬之命率当地明军官兵千余人围剿倭寇。这本是一场没有什么悬念的战斗，可有谁知，千余明军官兵在遭遇倭寇之后，还没正式交手呢，竟然呼啦啦地逃走了大半，卢镗也不管三七二十一了，只身一人，仗剑就冲入了倭寇群中。还未及跑走的明军官兵被卢镗的英勇之举所感染，也一起呐喊着加入了战斗。最终，这股倭寇一个也没跑掉，全被杀死，可卢镗的身边，也只剩下寥寥几个人了。

卢镗深深地叹息了一声道：“我等官兵，竟这般畏倭如虎，实在难以想象。反观倭贼，前赴后继，不畏生死，其战力不容小觑啊！”汤克宽的神色一时变得凝重起来：“卢将军所言极是,我也听闻,那些倭贼在陆上,无惧无畏,凶残无比,我等日后杀倭,定要更加谨慎才是。”俞大猷默默地点点头,卢镗也默默地点点头。再看汤克宽,两只眼睛里竟然射出了灼热的光芒来。

汤克宽是在嘉靖三十二年(公元1553年)的一月移师温州的。抵达温州后不多久,也就是一个来月的时间,汤克宽便又打了一场不大不小的胜仗。

有一股二百多人的倭寇,乘着十来只小船,漂浮在温州附近的海面上,既不远遁,也不登陆。汤克宽得报后,本以为这股倭寇定是在等待其他的倭寇到来然后一起上岸剽掠。然而一连十多天过去了,这股倭寇还是漂浮在那里,也没有什么其他的倭寇到来。

汤克宽等不及了,他把黄猛和刘黑虎等人叫到身边道:“我本想着等上一等,等这伙倭贼上了岸,与他们在陆上打一场,可倭贼不遂我愿,既如此,那就在海里灭掉他们吧。”

因为倭寇的小船都停泊在近海,汤克宽的广船和福船之类,还有火炮什么的,基本上都用不上。所以汤克宽就对黄猛和刘黑虎等人道:“倭贼船小,速度快,所以此战的要点在于快速合围,不要让倭贼溜了。”

汤克宽命黄猛和刘黑虎各率二十来艘鹰船,一个由北向南,一个由南向北,包围倭寇。他自己则领着十来艘苍山船插到大海和陆地之间，防备倭寇弃舟登岸。

苍山船比广船和福船要小得多，但比鹰船要大得多，既有船帆，也有船桨，顺风时即用帆，风息后则用桨，上下共有三层，下层填上石块保持稳定性，中层用于船员们休息，最上层就是用来作战的了。这种船最大的好处在于适用于近海作战，海近则水浅，广船和福船之类几无用武之地，而鹰船又太小，若遇着较大的倭船难以抵挡，苍山船不大不小，正合适。苍山船本也是温州一带渔民捕鱼用的，当地人呼之为“苍山铁”。

这场战事一开始还是比较顺利的。黄猛和刘黑虎指挥着数十艘鹰船，趁着浓浓的海雾，悄无声息地向倭寇围拢，待倭寇发觉时，明军已经将倭寇团团地围住了。黄猛一声令下，所有鹰船上的鸟铳和弓箭一起朝着倭寇的船只发射。倭寇一时慌了神，虽然他们的船只比鹰船要大一些，但架不住鹰船的数量多，鹰船上的鸟铳和弓箭数量也多。倭寇本也想着冲到海岸上去，然而苍山船上的火力更猛，汤克宽亲自操弓，接连射杀了好几个倭寇。汤克宽的剑术不错，而其箭术就更加了得。旁边的明军官兵见汤克宽如此神勇，士气陡涨，一鼓作气地把倭寇又赶回了黄猛和刘黑虎的包围圈中。汤克宽大叫一声道：“弟兄们，打得好！对待这些倭贼，就应该这么打！”

倭寇见无路可逃，索性丢弃了逃跑的念头，开始负隅顽抗。这股倭寇虽然人数不占优势,鸟铳的数量也比较少,且鸟铳的射程也比较近,但鸟铳射击的精度却比较高,再加上他们以死相搏,明军们渐渐打得有些吃力了。尤其是黄猛的北边,眼见着,在几只倭船的拼死冲击下,都快要被冲出一道缺口来了。汤克宽见状,急令左右道:"全速冲过去,把倭贼全部杀掉!"

十来艘苍山船一起朝着倭寇冲压过去。汤克宽冲在最前面,一边高叫着一边不停地放箭,一兜箭矢放完,他抓过身旁一名士兵手中的鸟铳砰地放了一枪。因为之前汤克宽并没有打过鸟铳,鸟铳有后坐力,汤克宽没有防备,一个趔趄,差点跌坐在船头。兵士们赶紧过来搀扶,汤克宽一甩臂膀道:"不要管我,杀倭贼要紧!"

倭寇们再也抵挡不住了,还没有被打死的纷纷跳进了海水里。汤克宽高声叫道:"把倭贼都捞上来,我要抓几个活的献给王大人!"

这场小海战,历时小半天就结束了。最终,汤克宽生擒了十一个倭寇。然而,战事不算圆满,有一只倭船载着十来个倭寇从黄猛的防线处溜走了。

黄猛请求汤克宽治罪,汤克宽淡然一笑道:"猛子,你本无罪,只是倭贼生性狡诈凶悍而已,你认真地吸取教训也就是了。"然而黄猛坚持道:"少爷,不管怎么说,也是我放跑了倭贼,你一点也不处罚我,我心里总是过意不去……”汤克宽想了想道：“既如此，猛子，我就罚你去做一件事，此事你必须要做好，如何？”黄猛保证道：“敬请少爷吩咐，上刀山下火海，在所不辞！”汤克宽一摆手道：“没那么严重。”然后，汤克宽找来一只倭寇的鸟铳递与黄猛道：“以前只是听说，倭贼的鸟铳比我们的好，在马下洋与倭贼首度交手，当时也没有多少感觉，可今日一战才发现，倭贼的鸟铳确实比我们的鸟铳要精准得多，你和虎子，尽快地去找一些能工巧匠，依照倭贼鸟铳的样子，把我们的鸟铳好好地改造一下，办得到吗？”黄猛誓言道：“我若办不成，少爷你就砍我的脑袋！”

黄猛匆匆地离去了。汤克宽暗自由衷地一笑。是呀，有这样的家将在身旁辅助，岂不是人生的一大乐事？

乐事当然不止这一件。没过多久，俞大猷来了。不仅俞大猷来了，王忬王大人也风尘仆仆地赶来了温州。陪同王忬一起来的，还有卢镗。

汤克宽知道，一定是有比较大的战事了。果不其然，王忬此番来温州，有两件事情要办，一是代表朝廷对汤克宽进行奖励，二就是要亲自指挥一场对倭寇的战事。

汤克宽在温州海面破倭之后，王忬上奏朝廷，并为汤克宽请功。朝廷传旨了，传的是嘉靖皇帝的诏令：诏赏王忬白金三十两，彩缎二表里（此处表里相当于匹）；诏赏汤克宽白金二十两，彩缎一表里。

王忬笑对汤克宽道："此番王某受赏，可是沾了汤将军的光啊！"汤克宽连忙道："王大人如此说，下官真是愧不敢当！"

王忬提督闽浙军务之后，虽然与倭寇打了好几次仗，但都是其手下指挥的，他自己几乎没有真正参与过。这一回，他领着俞大猷和卢镗来温州与汤克宽会合，就是想亲自指挥同倭寇大战一场。这并非是王忬想抢属下的功劳，而是王忬预谋的这场战事已经迫在眉睫了，已经到了非打不可的地步了。个中原因是，王忬选定的作战地点不是别处，是烈港。

烈港，就是今天浙江省舟山市金塘岛的沥港镇，烈港是古称。金塘岛是舟山群岛中的第四大岛，与舟山本岛仅一水之隔，全岛面积约为七十七平方公里。本来，烈港一带也没有什么大的倭患，总体上还算是平静的，可是，到了嘉靖三十一年（公元 1552 年）的时候，烈港不仅不再平静，而且还成了倭寇的一个大巢穴。因为有一个人盘踞在这里了，这个人叫作王直。

王直，又称为汪直，明孝宗弘治十四年（公元 1501 年）生于徽州歙县（今安徽省黄山市辖县，时属南直隶辖境），本来是个商人，由于明政府的海禁政策使得海上贸易中断，王直不甘心，便召集了一帮党羽以及倭国浪人组成了一个走私团队，并自称"徽王"，后来遭到明朝军队的一连串打击，实在被逼无奈，只得逃到了倭国。因为他在逃跑的路途中曾经在海上看到过五座山峰，所以又自号为“五峰船主”。据说，倭国本来并没有火器，倭国人的火枪火炮就是王直传授制造的。后来，王直从倭国回来了，虽然他的名声渐大，但一时也还不能称霸一方。他先是依附于双屿港的海盗和倭寇，待双屿港被朱纨和卢镗捣毁之后，他又投靠了在浙江沿海活动的福建海盗头目陈思盼。渐渐地，王直的野心日益膨胀，他不再满足于依附别人了，于是就使出一系列的阴谋诡计，假借明军之手，逐一灭掉了好几伙海盗，其中就包括他的旧主陈思盼。这样一来，王直名声大震，理所当然地成了中国境内数一数二的海盗首领，同时也成了中国历史上的一个相当知名的大汉奸。既然是汉奸，那就要做汉奸的事情。所以到了嘉靖三十一年（公元 1552 年）的年初，王直就引领着大批倭寇去攻打定海关，虽然那时候王忬和汤克宽等人尚未来到定海，但当时的定海关守军却异常英勇，硬是将王直和倭寇击退了。王直一时无奈，只好和倭寇一起窜入了烈港一带。没承想，王直一到烈港，烈港的瘴气就迅速地升腾。有书上这么记载道：“（王直）遂移泊金塘之烈港。亡命之徒，日益附之，由是海边郡邑，无处无贼矣。”这段话的意思就是说，王直当时的臭名声太大了，听说王直盘踞在烈港，远远近近的那些专门打家劫舍的亡命之徒,都陆陆续续地跑到王直的身边来了。亡命之徒如此了,那些向有狼子野心的倭寇,自然也一股一股地向烈港一带集中了,以至于浙闽沿海地区,最后竟然到了“无处无贼”的地步。而事实也恰恰就是这样,汤克宽、俞大猷和卢镗他们的几次对倭作战,无论是真倭还是假倭,基本上都来自烈港。所以,彻底解决烈港的倭患问题,已经到了刻不容缓的地步。

“诸位将军,”王忬让汤克宽、俞大猷和卢镗等人聚拢到他的身边,他的眼前,是一张烈港一带的地形图,“你们看,这一带地形极其复杂,岛内有岛,岛外有岛,岛上山峦起伏,岛下水汊纵横,不仅不利于我军进攻,且稍有不慎,那王直和倭贼便会利用复杂的地形溜之大吉。诸位将军,尔等有何高见啊?”

汤克宽、俞大猷和卢镗等人一时无语。王忬大人说的是实情,烈港一带的地形着实令人头疼。也甭说要防止王直和倭寇溜了,即便他们不逃,就在岛上负隅顽抗,明军若想全胜而归,恐怕也要付出极其惨重的代价。

王忬定定地看着众人道:“诸位,不必顾虑,只管畅所欲言,言者无罪,闻者足戒。”汤克宽想了想,率先发言了:“大人,烈港面积过大,如若全面包围,我们船只不够,兵力也不足。倘若只是重点围困,那王直和那些倭贼熟悉地形,很容易寻隙而逃……”卢镗跟着言道:“汤将军言之有理，”又用手在烈港地形图上比画着，“如若登岛强攻，胜负实难预料。不过，”卢镗话锋一转，“大人若决定强攻，下官愿为前锋。”俞大猷忍不住呵呵一笑道：“卢将军敢战，谁人不知？”接着，俞大猷面对着王忬言道：“下官以为，烈港虽然易守难攻，但如果部署得当，一举攻克烈港，倒也不是没有可能……”王忬连忙对俞大猷道：“俞将军请讲，愿闻其详。”俞大猷言道：“下官的意思是，汤将军善于水战，可使汤将军率水军预先在烈港东面布防，扎下口袋，下官与卢将军各领一彪人马悄悄在烈港西边登陆，然后突然发动攻击，一鼓作气，将贼寇赶下大海，赶到汤将军的口袋里去，如此，我军胜算较大……”王忬听了，默然片刻，然后转问汤克宽和卢镗道：“二位将军意下如何？”卢镗言道：“俞将军所言，自有道理，只要大人令下，下官义不容辞，一马当先！”汤克宽言道：“俞将军所言甚是，下官只有一点担心，下官担心的是，一旦登陆作战受挫，只恐战事又将陷入胶着。下官设想，如果在陆战开始之前，已经有人潜入岛内，喧嚣放火以做内应，那贼寇势必大乱，此时我军乘势攻岛，当可收到事半功倍之效。”王忬颔首言道：“如此甚好，只是那潜入岛内之人，情急之下恐不易寻找……”俞大猷即刻言道：“大人放心，登岛内应之人，包在下官身上。”

这种场合，俞大猷当然不会说大话。俞大猷向王忬等人道出了实情。原来，俞大猷不久前曾招募了一队兵士，其中大半都是来自舟山群岛的渔民，为首者叫侯得，不仅胆大，且对舟山群岛的地形地势非常熟悉，俞大猷当时就封了侯得一个百户长的职位。

王忬最终做出了决定："就依汤将军适才所言，待内应在岛中放火之后，趁贼寇一片混乱之际，俞将军和卢将军从南北两面一起发动攻击。诸位将军切记，待一切部署妥当之后，听我号令，令下则行，不可冒进，更不可擅自行动！"

王忬亲自指挥的这场战役就此拉开了序幕。一切都在王忬的指令下有条不紊地进行着。汤克宽率船队北上，日夜兼程，先是开到舟山群岛的外海，然后按计划一点点地向着烈港围拢。俞大猷和卢镗随王忬一起马不停蹄地赶到宁波，接着按计划各领一支队伍从南北两个方向悄悄地乘着夜色于烈港的西边登陆，并埋伏在了烈港岛中的山谷沟隙里。而在此之前，那侯得奉俞大猷之命，领着十数人早已经登上了烈港，并潜入了王直及倭寇的营地内，就等着到规定的时刻纵火焚烧了。这是嘉靖三十二年（公元 1553 年）的闰三月。王忬规定：卢镗的队伍由俞大猷统一节制，于十一日的四更时分向王直和倭寇的老巢发起进攻。

一切都进行得很秘密。只不过，这个秘密在十一日的三更时分稍稍出了一点偏差。偏差是由那个侯得引起的。侯得率人潜入王直和倭寇的巢穴之后，一开始很顺利，无人察觉，可刚至三更，有几个巡哨的倭寇发现了他们，虽然他们及时地将那几个倭寇干掉了，也没走漏什么风声，但为了保险起见，侯得还是提前放火了。侯得事先的准备还是很细致的，布置了好几十个火点。海岛的风一直都很大，火势一起，霎时就烈焰遮天。火借风势，风助火威，王直和倭寇的营地瞬间就变成了一片火海。火光中，到处可见倭寇奔窜的身影，到处可闻倭寇的哀号之声。

俞大猷发起攻击了。虽然还未到规定的时间，但战机稍纵即逝，如果等到规定的时间，等到王直和倭寇们从惊慌中回过神来再发起攻势，那仗可就不好打了。所以，俞大猷一边着人回报王忬，一边差人通报卢镗，一边带人冲向了贼人的营地。

卢镗得报后不敢怠慢，急令官兵向着火光处猛冲。倭寇们本就被一把大火烧得晕头转向，又见火光中突然冲过来两队明军官兵，心中就更加惊恐，根本来不及做出任何的反应，只是本能地拼命朝海边跑，拼命往船上爬，想爬出一条生路。然而，生路的大门今日好像没有对倭寇们敞开。汤克宽的水军早已经把一百多艘倭寇的战船围住了，先是一顿枪炮齐鸣，继之一阵如雨的箭矢，直打得倭寇们哭爹叫娘、魂飞魄散。

然而，人算终不如天算，又一个意想不到的情况出现了，一阵飓风突然不期而至。一时间波涛汹涌、浊浪滔天，就连汤克宽所乘的那艘高大的福船也止不住地剧烈摇晃起来，汤克宽身边的几个兵士一时没站稳，竟然被波浪颠簸到了海水里，差点淹死。这就给了倭寇们一个脱逃的机会。虽然很多的倭寇小船早已被巨浪掀翻，但仍然有一些倭寇的船只乘乱逃出了包围圈。尽管汤克宽领着战船一直跟在逃跑的倭寇船只后面猛追，且也追杀了许多的倭寇，但最终，汤克宽还是眼睁睁地目睹着十来只倭寇的小船消失在茫茫的大海之中。

汤克宽恨恨不已地对黄猛和刘黑虎道："我怎么没有预想到海面上会有飓风出现呢？早知如此，我应该早做防备啊……"黄猛宽慰汤克宽道："少爷，这不是你的错，是那老天爷的错！"

战后清点，明军此役的战果还是可以称得上是辉煌的。被大火烧死的、被海水溺死的倭寇和海盗已经很难清点了，仅战后计数倭寇的首级（明军官兵是以斩杀敌人的首级来记功的），俞大猷和卢镗二部共斩首倭寇一百五十余，汤克宽部斩首倭寇一百余。另外，俞大猷和卢镗二部还生擒倭寇一百四十三人，汤克宽部生擒的倭寇更多，达二百人。

如此战果，应当足够让明军统帅王忬引以为豪了。然而，王忬却似乎并不满意。还不只是不满意，他简直都有些愤怒了。就在战后的庆功宴上，王忬毫不留情地用手指着俞大猷，且脸色十分凝重地言道："俞将军，你违我节制，并兵独进，虽破贼巢，却使贼得逸，此功耶？此过耶？"

王忬口中的"使贼得逸"一句中的"贼"字，并非是泛指，而是专指，专指的是那个大汉奸、大海盗王直。原来王直也乘乱逃逸了。而在王忬看来，王直之所以能够脱逃，就是俞大猷不听号令，提前发动进攻所致。俞大猷没有辩解，而是起身低头道："大人指责的是，一切皆下官之错，下官有负大人栽培……"汤克宽连忙起身言道："大人，下官有话说。下官以为，那王直得以逃窜，应该是下官之责，王直应该是从下官的包围圈中逃出的，此与俞将军无干，请大人责罚下官，下官甘愿受罚。"卢镗也站起身来道："大人，下官也有话说。当时贼营已然起火，情形急迫，情急之下，俞将军只得提前进攻，俞将军并非故意违抗大人指令，请大人详察。"王忬轻叹一声，缓缓地坐下，接着又缓缓言道："想那王直，虽然作恶多端，却有一呼百应之力，此次得逃，我等无疑是放虎归山啊！"

王忬既如此，庆功宴自然不欢而散。宴后，汤克宽和卢镗一个劲儿地安慰俞大猷。俞大猷却淡淡一笑道："我自无妨，王大人既然指责于我，自有其指责的道理。”卢镗赔着笑道：“也是呀，如果王大人指责于我，我自也无话可说的。”汤克宽看着俞大猷言道：“小弟以为，王大人并非真心责怪兄长你。那王直跑了，王大人心内发急，自然是要找个人发泄一下心中之火的，我等仨人，数兄长你最为年长，所以王大人就选中了你。”

还真的让汤克宽言中了，王忬的火气发泄完了，就赶紧向朝廷奏捷。未几，朝廷令下：自王忬以下，所有参战将士，各赏白金、文绮不等。所谓文绮，就是指绣有华丽图案的丝织品。有这种结果，也算是皆大欢喜了。

烈港战罢，个个散去，汤克宽便也准备从宁波返回温州了。可就在这当口，汤克宽忽然接到了王忬的命令：着汤克宽率水军速速北上抗倭，杭州湾一带倭患告急。汤克宽不敢迟延，急命黄猛和刘黑虎整饬船队，留下一部分兵丁照顾轻重伤员和修理破损船只，其余人众分乘五十余艘大小战船循海边径朝西北方向的杭州湾驶去。

行驶的途中，汤克宽闻知，就在是年（嘉靖三十二年）的四月初九日，有一队五百多人的倭寇在杭州湾登陆，公然向省城杭州杀去，明军派出数千人对这股倭寇围追堵截，虽然击退了倭寇，却付出了伤亡数百人的代价，而倭寇仅仅抛下了十余具尸首。一位姓蔡的明军指挥很不服气，自带千余官兵穷追倭寇，终于在海边追上了，与倭寇进行了一番血腥断杀。也真的是血腥，倭寇伤亡百余人，但明军却死伤殆尽，连蔡指挥自己，还有几名百户长，全都殉职在了海边。余下的倭寇，带着浓重的血腥气乘船下海了。当然了，这些倭寇最终也没有什么好下场，因为他们很快就碰到了汤克宽。

这是一个叫作鳖子门的地方。鳖子门也称海门，自春秋起一直是钱塘江的入海口，大约在今天杭州市萧山区东北方的坎山镇与赭山镇之间，素有“钱塘锁钥”之称，地理位置十分重要。后来因为江道北移，到了清朝康熙和乾隆年间的时候已经淤为陆地了。

汤克宽碰见那股倭寇的时候，倭寇好像正在准备登陆。汤克宽命令黄猛和刘黑虎道：“你二人各领二十艘船，从左右包抄过去，如果倭贼弃舟上岸，尔等就追上岸去，不要怕，尽管缠住他们，我随后即到。我还没有在陆地上与倭贼断杀过呢！”

不难看出，汤克宽是很想与倭寇在岸上较量一番的。可是，这股倭寇没有给汤克宽这个机会。看得出，这应该是一批早就在明朝沿海肆虐的老倭寇了，他们见着汤克宽的船队之后，并没有怎么慌张，而是迅速地掉过船头，排好阵势，齐刷刷地对着汤克宽的坐船冲来，一边冲一边朝着汤克宽的方向放铳射箭。有好几次，汤克宽差点就被倭寇的鸟铳和弓箭射中了。

左右劝汤克宽进舱躲一躲，汤克宽勃然大怒道：“主将畏死，焉能取胜？”又长剑一指道，“直冲过去，把倭贼碾碎！”

汤克宽看出来了，倭寇虽然凶猛，不要命地冲过来，其实并非是想玩命，只不过是想冲出一条活路而已。只要挡住了倭寇的这波攻势，待黄猛和刘黑虎的战船围拢过来，倭寇就会变成秋天的蚂蚱，没什么蹦头了。更何况，倭寇的船只虽然有二十来艘，比汤克宽身边的船只多了近一倍，但大都是些小船，而汤克宽有三艘福船，那些小船只要被福船撞上，顷刻间就会粉身碎骨的。

果然，一只倭寇的小船被汤克宽的坐船撞散了，船上十几个倭寇全都淹没在波涛里。正如汤克宽所预想的那样，这些倭寇本就无心恋战，不管被明军撞碎了几艘船只，也不管被明军射杀了多少人手，这些倭寇只要冲出了明军的围困就一股劲儿地拼死逃跑。这就让汤克宽很伤脑筋了。等黄猛和刘黑虎的船队赶到时，还是有七八艘小船载着一百余名倭寇逃脱了。

黄猛向汤克宽检讨道：“少爷，都是我的过错，我来得太晚了，让那些倭贼跑掉了……”刘黑虎也忙不迭地自责道：“少爷，不是猛子的错，是我的错，我离你这最近，可我太过心急，驶进乱礁中了，还被礁石撞坏了两艘船……少爷，你处罚我吧，我保证认罚，绝无怨言！”汤克宽长长地叹息一声道:“猛子,虎子,你们没有错,是我犯下了大错!”黄猛很是惊讶道:“少爷,你何错之有啊?”刘黑虎也很是不解道:“少爷,你指挥有方,没有错啊?”汤克宽摇头道:“我错就错在我指挥无方啊!你们想想看,如果我不叫你们分兵,我们五十多艘战船,呈扇形一起朝着倭贼压过去,倭贼会怎么做呢?还会掉头朝我这里冲过来吗?”黄猛即刻言道:“肯定不会了,我们这么多船,紧紧挨在一起,倭贼即使来冲,也断然冲不出去的,除非他们想找死。”刘黑虎低叫了一声道:“少爷,我明白了,如果我们当初不分兵,倭贼就不敢朝海里冲,他们只能弃船上岸……”汤克宽很是有点后悔道:“是呀,是呀,如果我们把那些倭贼逼上了岸,我们跟着冲上岸,我们的人数是倭贼的两倍还多,我们就在岸上与倭贼大战一场,结果又会怎样呢?”黄猛似乎也明白过来了:“少爷,那只会有一个结果,那几百个倭贼,肯定都会被我们杀死。”刘黑虎考虑问题好像比黄猛要周全些,他眯缝着眼睛言道:“也许,还会有几个倭贼漏网,但肯定不会跑掉一百多个倭贼。”汤克宽点头道:“所以啊,你们没有错,都是我的过失。”

尽管有过失,战绩也还是不错的。除去在海水里淹死又被海水冲走了没法打捞的倭寇不算,汤克宽的官兵一共斩杀了二百来个倭寇,还俘虏了六十多个倭寇。汤克宽这回留了个心眼儿,将杀死的和俘虏的倭寇逐一认真地检查了一遍，没错，这回都是真倭，没有一个假倭。

汤克宽命黄猛将鳖子门之战的情况报与王忬，并请示下一步的行动。可黄猛还未及动身，王忬的急令就又迅速地炸响在汤克宽的耳边。汤克宽得令后一时心急如焚，恨不得长出一对翅膀来，马上就飞过杭州湾，飞到卢镗的身边。因为，卢镗吃了败仗。

卢镗吃败仗的这个地方叫乍浦，现在是一个镇子，明朝的时候驻扎有军队，谓之“乍浦所”，位于今天浙江嘉兴平湖市的东南部，时属平湖县辖境，因为地处杭州湾的北岸，依山傍海，自古就有“江浙门户”“海口重镇”之称。嘉靖三十二年（公元1553年）五月初七日，也即汤克宽在鳖子门战倭后不久，一伙七八百人的倭寇在杭州湾北岸登陆，一路杀向乍浦。乍浦虽然驻扎着明军的一个千户所，但兵员严重不足，只有区区三百来人，更要命的是，乍浦所千户高才本是个贪生怕死之辈，不敢与倭寇作战也就罢了，他竟然私通倭寇，把倭寇放了进来，乍浦由此陷落。王忬得知这个消息后，急命卢镗迎敌。然而当时的卢镗手中并没有什么兵马，可军命难违，只得与指挥佥事周应祯和崇明知县唐一岑等人临时拼凑了数百名兵丁赶往乍浦。战斗就在乍浦小城内展开。说句老实话，卢镗拼凑的数百名兵丁根本就不是倭寇的对手，虽然卢镗很顽强，硬是领着一帮乌合之众与倭寇血战了整整两个时辰，且还杀死了一百多名倭寇，但最终，卢镗还是败下阵来，自己浑身是伤且不说，那周应祯和唐一岑也双双阵亡。亏得平湖知县罗拱辰率众殊死抵抗，才使得倭寇侵略平湖县城的企图没有实现。

军情紧迫，汤克宽决定轻装前进，挑选了千余马步军，从陆路直扑乍浦。汤克宽所挑的大半是家乡邳州的子弟兵。汤克宽对黄猛和刘黑虎道："我们没有理由耽搁了，我带马军先行，尔等领步军随后跟上。告诉弟兄们，只要能行，就不要停步。"

汤克宽的马军约有三百人，刚刚组建不久。在行军的途中，汤克宽又听到了一个令他揪心的消息，因为兵败，又折损了一位指挥佥事和一名知县，有一个叫赵炳然的御史上疏弹劾卢镗，说是卢镗指挥不力、贪生畏死，有纵倭行凶之嫌。朝廷还就真的相信了赵炳然的话，着令革去卢镗参将一职，暂时留在军中戴罪立功。

汤克宽喟然对左右道："这岂是卢将军之过？卢将军寡不敌众，明知不可为而为之，奋勇杀倭，血染沙场，此乃英豪之举，何过之有？"

汤克宽一时唏嘘不已。不多日，汤克宽率众开到了平湖县境。顿时，汤克宽就被眼前的景象惊呆了。

过去，汤克宽对于倭寇的残暴行径只是耳闻，并没有亲见。他听闻，那些倭寇每到一处，总是要干三件事情，杀人、放火和抢劫。几乎什么人都杀，什么地方都烧，什么东西都抢，还抢妇女供其淫乐，然后再杀掉，还抢小孩带回日本，然后再卖掉。因为以前都是在海上与倭寇作战，对倭寇的暴行还没有多少直观的认识。可现在，走在平湖县的土地之上，汤克宽震怒得差点咬碎了银牙。

举目望去，到处都是浓烟滚滚，几乎没有一处不在燃烧。汤克宽就是张裂了眼眶，也看不见一个活人，只看见，房屋的外边，道路的两旁，横七竖八地躺着的都是老百姓的尸骨。有一条宽大的沟渠，正汩汩地流淌着，但流淌的不是水，而是赤艳艳的鲜血。

最让汤克宽难以忍受的是，他看到了一棵树，这棵树的几根树杈上都戳着一个东西，这不是别的什么东西，是婴儿，有一个婴儿的眼睛还睁开着，就那么地望着汤克宽。汤克宽还看到了一块硕大的石碾，石碾上横陈着一位赤裸的妇女，妇女浑身是血，肚皮被划开了，里面还有一具几个月大的胎儿尸体，那妇女的眼睛也那么地大开着，也就那么地望着汤克宽。

汤克宽在马背上剧烈地抖动了一下，他的脑袋有些眩晕。他使劲地晃了晃脑袋，然后低沉地命令左右道："速去查看那些倭贼的下落，我要叫他们血债血偿！"

左右喏喏，急忙散去。汤克宽下得马来，足足定了有一盏茶的时间，这才慢慢地回过神来。再看汤克宽的眼睛,已然被血气充盈,十分地骇人。

哨兵来报:东边十里处,有一百来个倭寇正押着几十个妇女往西边行去。汤克宽将两个部将叫到身边道:“我等分成三队,尔等各领一队从两边包抄过去。切记,这些倭贼,我不要活口,全部砍头。”一个部将期期艾艾地道:“大人,我等如此冲击,恐会误伤了那些女人……”汤克宽回道:“不用担心,到时我自有办法。”

两个部将率队离去。汤克宽领着百余骑径向东边驶去。不多时,前哨来报:倭寇就在前面的一条古道上大摇大摆地行走着。汤克宽点出二十余骑吩咐道:“尔等随我先冲过去,倭贼见我人少,必定围将过来,我等且战且退,待我等将倭贼和百姓分开之后,倭贼的末日也就到了。”

于是,汤克宽率着二十余骑直直地朝着倭寇冲了过去。汤克宽的策略成功了。倭寇见明军只来了这么一点人,虽然都是骑兵,但也没有什么好怕的,所以就丢了那些妇女,一个个张牙舞爪地对着汤克宽反扑了过来。果不其然,汤克宽发现,那一百多个倭寇,至少有一半都赤裸着上身,手舞着长短两把刀,张着大眼,咧着大嘴,在一个挥扇的倭酋统领下,上蹿下跳,大呼小叫,不要命地冲了过来,那阵势,也的确有些唬人。

汤克宽赶紧给手下打气道:“弟兄们,这就是倭贼的什么蝴蝶阵了,没什么了不起的,不用怕,冲过去,直接用剑砍倭贼的脑袋!”

汤克宽的手下基本上都没有在陆地上与倭寇作战的经验。他的这些手下,虽然说是骑兵,其实也就是骑在马背上的步兵而已,马术虽然还不错,但真正的骑兵格斗术却没有几个人能够掌握,也甭说什么格斗术了,他们连马刀都还没有配备,都还是使用的长剑。汤克宽一直想组建一支真正的骑兵队,先前是缺少马匹,后来马匹有了,时间又来不及了。

汤克宽和他的二十来骑直接冲进了倭寇群中。汤克宽一边冲一边朝着手下大喊大叫道:“弟兄们,使劲砍啊,砍死这些倭贼,为老百姓报仇雪恨!”

汤克宽的手下便开始拼命地砍了。然而,要想砍死这些倭寇还真的不太容易。就说汤克宽的一个手下吧,见着一个倭寇冲到了自己的马前,就抡起胳膊狠狠地向下砍了一剑,可有谁知,那倭寇左手的短刀向上一伸,硬是架住了长剑,与此同时,那倭寇右手的长刀向前一递,恰恰戳在了马的一只眼睛上,那马负痛窜跃,猛然将汤克宽的那个手下从马背上甩了下来,那手下挣扎着尚未爬起身来呢,倭寇左手的短刀便狠狠地刺进了他的胸膛。

汤克宽看情况不对头,又连忙疾呼道:“弟兄们,不要砍了,快撤,快向旁边撤!”

汤克宽的手下这才醒悟过来,赶紧勒缰转身往旁边跑。纵然跑得比较快速,但汤克宽的手下还是折损了七八骑。好在那些倭寇和那些妇女已经被分开了老大一截,汤克宽的所有骑兵都及时地赶到,将倭寇团团包围了起来。这样一来,战况就立刻发生了变化。一些不怕死的倭寇全被砍下了脑袋,另一些怕死的倭寇要么投降要么就撒腿往外跑。两条腿自然是跑不过四条腿的,一百多个倭寇没有一个人逃脱。汤克宽手下的骑兵也损失了三十多人。

一个部将向汤克宽汇报,说是俘虏了十多名倭寇,请示该如何处理,汤克宽冷冷地反问道:“这一路上你都看到些什么？该怎么处理还用问我吗?”那部将低头缩颈而去,紧跟着,便响起了一连串的杀猪般的嚎叫声。

虽然消灭掉了一百多名倭寇,但汤克宽却一点也不敢掉以轻心。这一带至少还有好几百个倭寇,依照刚才作战的情形来看,如果这几百个倭寇一起围过来的话,汤克宽能否取胜还真的是一个问题。倭寇在陆地上的凶悍当真不是妄言啊！再想想那个卢镗,能在那么的一种劣势之下斩杀了一百多倭寇,也着实不容易啊!

想到此,汤克宽就一边派人四处侦察敌情,一边派人回返催促黄猛和刘黑虎加快行军速度。不管怎么样,既然来了,就要与这帮祸害老百姓的倭寇大战一场。

黄猛和刘黑虎终于赶来与汤克宽会师了。因为目睹了一路上的惨状，黄猛刚一见着汤克宽就忍不住愤愤地言道："少爷，那些倭贼，他们还算是人吗？"刘黑虎自然也是义愤填膺，他不觉翻了黄猛一眼道："猛子，倭贼怎么可能是人？他们不是人，他们是畜生！"汤克宽沉声道，"虎子，他们不是畜生，他们连畜生都不如！"

畜生的消息很快地打探到了。这批倭寇进攻平湖县城失利之后，就分成了几股，四处烧杀掳掠，而当得知其中的一股被汤克宽消灭了之后，他们就又重新会合在了一起，盘踞在一个叫作独山的小村庄。独山距离海边不远，倭寇在海边停泊着船只，留有百余名倭寇守护着，显然是给自己留了一条后路。

这就给汤克宽出了一道难题。最好的战法，当然是首先夺取倭寇的船只，断了倭寇的退路，以期将这伙倭寇一网打尽，然而事实却是，这条路行不通。汤克宽当时没有水军，又因为此番是轻装而来，只带了少量的鸟铳，而据侦探得知，守护船只的那些倭寇，不仅有鸟铳，还有几门火炮，如果汤克宽硬行去夺船，即便能够成功，那代价肯定也是惨重的。另一个方面，如果汤克宽全力去夺船，盘踞在独山的那批倭寇势必会不要命地冲过来支援，那汤克宽就要陷入腹背受敌的境地了。

再三权衡之下，汤克宽只得做出这样的决定：置守船的倭寇于不顾，集中兵力将独山的倭寇剿灭。汤克宽预料，待明军与独山倭寇交战之时，守船的倭寇不会轻举妄动。当然了，为预防万一，汤克宽还是安排了百余名官兵守在一处要道上监视着守船的倭寇。

汤克宽率军向独山进发了。独山的倭寇似乎早就知道汤克宽要来，预先埋伏在了一片宽阔的草丛中，待汤克宽的人马进入了草丛之后，这些倭寇突然窜将出来，拼死猛冲，想打汤克宽一个措手不及。汤克宽虽然不知道倭寇在此设伏，但他早有所准备。他把队伍分成了四个方阵：第一方阵百余人，为鸟铳手和弓箭手；第二方阵二百多人，为骑兵队，由汤克宽亲自率领；第三方阵二百多人，为长枪队，由黄猛指挥；第四方阵二百多人，为长剑队，由刘黑虎指挥。

汤克宽的作战意图很明显，遇敌后，首先用鸟铳和弓箭将倭寇的阵形打乱，接着用骑兵将倭寇的队形冲乱，然后用长枪队乘乱捅杀倭寇，最后用长剑队结束战斗。只是因为倭寇狡诈，在此设伏了，双方的人员急速地纠缠在一起，开始肉搏，所以汤克宽的第一个方阵就失去了作用。

汤克宽临危不乱，急令第一方阵官兵不顾损失，迅速摆脱倭寇的纠缠，后撤至队伍末尾，将鸟铳和弓箭换为刀枪，加入第四方阵，然后让第二方阵的骑兵队率先冲杀倭寇。然而倭寇对此好像也有所防备，汤克宽的骑兵冲过来了,那些倭寇突然都在草地上打起滚来。当然不是打滚玩的,倭寇一边打滚一边用刀砍击战马的蹄子。战马自然受不了,一个个乱蹦乱跳的,将汤克宽的骑兵一个个地掀翻在了马下。二百多匹战马,至少有一大半都被倭寇砍折了蹄子。

汤克宽当时也骑在马上,许是倭寇认出了汤克宽的主帅身份,在一个倭酋的带领下,五六个倭寇一起滚到了汤克宽的马下,不由分说地将汤克宽的坐骑砍翻。好个汤克宽,跌倒在地之后,连着打了好几个侧滚,堪堪避开了倭寇的连番刀击,然后迅疾地爬起身,以迅雷不及掩耳的速度,将猛扑过来的那个倭酋一剑捅死了。另外几个倭寇好像不知道害怕,一边狂叫着一边疯了似的一起扑向汤克宽。汤克宽当然更不知道什么叫作害怕,身子一挺,长剑一舞,厉声大吼道:“倭贼小儿,汤某在此,尔等速来受死!”

还好,黄猛的长枪队和刘黑虎的长剑队一起都掩杀过来了。黄猛的一杆长枪,噗噗噗地将汤克宽身边的两个倭寇戳死了。刘黑虎的一柄长剑,唰唰唰地将汤克宽身边的另外两个倭寇砍死了。

汤克宽冲着黄猛和刘黑虎大叫道:“跟着我,杀倭贼!”

汤克宽也真是勇猛,冲在了队伍的最前面,黄猛和刘黑虎二人也不甘落后，紧紧傍在汤克宽的左右。这仨人就像是三支离弦的利箭，直向倭寇人数最为密集的地方射去。汤克宽如此了，下面的将士当然是越发地奋勇，一边呐喊着一边与倭寇殊死拼杀。穷凶极恶的倭寇终于抵挡不住了，五六百个倭寇，大半横尸在了草地上，除十来个倭寇仓皇跑到了海边外，剩下不到二百个倭寇，争先恐后地逃进了不远处的几间民房里，关门闭窗，企图负隅顽抗。

汤克宽问黄猛和刘黑虎道："倭贼就在眼前，该如何解决为是？"黄猛回道："只要少爷令下，我等即刻冲将进去，把那些倭贼一刀刀剁了喂狗！"刘黑虎却言道："猛子，冲进去自然可以，但常言道，困兽犹斗，我等冲进去以后，难免又会损失许多弟兄的……"汤克宽微微点头道："虎子说的是啊，我们已经失去了许多的弟兄了，我们不能再做无谓的牺牲了，更何况，这些倭贼，根本就不是人，既然他们非人，那我们就应该用非人的手段来对付他们！"

原来汤克宽早就想好了对付这股倭寇的方法。他首先令鸟铳手和弓箭手围住那几间民房，只要倭寇一露头就射击，然后命人搬来了许许多多的柴草，堆放在那几间民房的四周。倭寇发觉汤克宽的用意了，试图逃出民房，但跑出民房的倭寇，几无例外地都被汤克宽的鸟铳和弓箭给打了回去。有几个倭寇侥幸躲过了射击，可慌不择路地跑到了汤克宽的包围圈里。黄猛和刘黑虎也没有请示，直接将那几个倭寇砍死了。

汤克宽不想再等了，冲着左右叫了一声道："弟兄们，放火，把倭贼烧死！"

可不是在一处放火哦，是四周同时放火。当时正值夏季，海风又恰恰吹来，四周冒出的巨大的火舌，瞬间就把那几间民房给吞噬了。一开始，明军官兵还能听得见倭寇们的哀号声和惨叫声，没过多久，哀号声没有了，惨叫声也听不见了。近两百个倭寇就这么被汤克宽活活地烧死了。

汤克宽看了看依然还在燃烧的那几间民房，然后不无遗憾地对黄猛和刘黑虎言道："如果，能把海边的那些倭贼也一起烧死，那该多么痛快啊！"

在海边守船的那一百多个倭寇暂时没有死掉，独山的倭寇还没有被汤克宽烧死之前，他们就起锚开溜了。

汤克宽没有走，他甚至还未及离开独山的时候，就又接到了王忬的谕令。王忬的这份谕令很简单，只有八个字：速速南下，保卫海盐。

著名的海盐保卫战由此拉开了序幕。汤克宽的抗倭生涯也由此掀开了崭新的篇章。

第三章 加官晋爵非我愿

海盐在平湖县的南端，两地相距六七十里。作为一个县制，海盐县建制很早，秦始皇二十五年（公元前222年）的时候就有了这个名称，以后一直延续了下来，到了元朝元成宗元贞元年（公元1295年，元成宗名叫孛儿只斤·铁穆耳，是元朝第二位皇帝，蒙古帝国第六位大汗，元世祖忽必烈之孙），元廷曾经将海盐升格为州，不过，到了明太祖洪武二年（公元1369年）的时候又复降为县。平湖县就是在明朝宣宗宣德五年（公元1430年，明宣宗朱瞻基是明成祖朱棣之孙，明朝第五位皇帝）由原属海盐县的几个乡合并而成的。

海盐县位于浙江省北部富庶的杭嘉湖平原之上，地处杭州湾西北，距上海一百多公里，距杭州九十多公里。

正是因为这样的一个地理环境，使得海盐成为嘉靖年间倭患最为严重的地区之一。

汤克宽接到王忬谕令的那天，是嘉靖三十二年（公元1553 年）的五月二十日，当天，汤克宽就马不停蹄地赶往海盐了。自嘉靖三十一年（公元 1552 年）七月被王忬任命为浙直参将之后，近一年的时间里，汤克宽几乎就没有真正地清闲过，不是在行军的路途中，就是在杀倭的战场上。本来，与倭寇在独山大战了一场之后，汤克宽是很想去见卢镗一面的，虽然不能够带给卢镗什么，但若能够给他带去一丝安慰，汤克宽的心里也会好受些。汤克宽始终认为，卢镗在乍浦落败，主要责任并非在卢镗的身上，由此罢撤卢镗的参将一职，这是有失公允的。然而，军务在身，军命难违，汤克宽也就只能在心底里默默地为卢镗祈福了。还算不错，汤克宽在前往海盐的路途中又得知，那王忬大人又让卢镗复职了。

汤克宽此次带往海盐御倭的兵丁只有三百来人，几乎是清一色的邳州子弟兵。并非是汤克宽有什么排外的念头，实在是因为独山一战，汤克宽的人马损失较为严重。虽然真正战死者与倭寇相比显然要少得多，但被打残打伤者却有很多。汤克宽无奈，为了赶时间，只能从中挑选那些无病无伤者同行。只有黄猛是个例外，黄猛的左胳膊被倭寇的长刀划伤了，流了不少的血，但好在没有伤及筋骨,汤克宽也就把他带在了身边。

军情紧急,汤克宽跑得很快,但倭寇还是比汤克宽早了一步。是年(嘉靖三十二年)五月二十三日,清晨时分,七只倭船载着数百名倭寇停泊在了杭州湾北岸的入海口,这里正对着海盐县的南城门。守卫南城门的明军官兵看得十分清楚:倭寇们都光着膀子,像蛆虫一般一个连着一个地爬上了岸,并迅速地爬过了护城河,爬到了城门之外。

守卫南城门的明军官兵有些慌乱了。他们约有二百来人,大都没什么作战经验,即便有些经验的也大都被倭寇吓破了胆。好在负责此门的守御指挥姚洪还算比较镇定,他一边尽力安抚手下一边着人去与倭寇周旋。倭寇的意思反馈回来了,倭寇说此番只是来要粮食的,说是只要给足了粮食就马上撤走,不然就进城去杀个鸡犬不留。

姚洪当然知道倭寇说的是鬼话,但他还是吩咐手下答应了倭寇的要求,只是附加了一个条件:目前身边没有多少粮食,至少需要三天的时间来筹备。姚洪本只想拖延点时间而已,没承想,倭寇还真的同意了,呼啦啦地开到附近的村庄剽掠去了。

姚洪不觉松了一口气。他情知这股倭寇定然是饿得不行了,没什么力气攻城了,待这帮狼心狗肺的东西吃饱喝足了之后就肯定会返回来攻城的。所以,姚洪就速速派人回城中汇报求援,随即又尽自己所能地日夜巡视城防。还算姚洪幸运,一连两天,城外也没见着倭寇的身影。姚洪心知,海盐四周已经没有多少村庄了,早就被倭寇烧杀抢掠得差不多了,倭寇想要在这里填饱肚子也不是容易的事情。

不出姚洪所料,第三天的早晨,那几百名倭寇就又越过了护城河开到了城门之下,二话不说就准备攻城了。姚洪对手下高叫道:“弟兄们不要怕,我向你们保证:只要我们在此坚守最多一个时辰,这帮倭贼就永远攻不进城来!”官兵们一听,精神顿时就陡涨了几分。

姚洪哪来的这般底气?尽管城中为他派来了四百多人的援兵,但他深知,仅靠这些官兵是断然击不退那些虎狼一样的倭寇的。他之所以有如此的底气,是因为他已经得到了一个确切的消息:参将汤克宽已经来到了海盐城外,且与海盐近在咫尺。汤克宽抗倭的战绩和名声,姚洪早有耳闻,汤克宽既然来了,还用得着害怕那些倭寇吗?

结果就像姚洪预料的一样。气急败坏的倭寇开始全力攻城了,此时的姚洪全无畏惧,率部拼命地守卫。激战了大约半个时辰之后,姚洪清楚地看见,城外的那些倭寇不仅不再攻城了,且纷纷作鸟兽散了。原因自然是,汤克宽带着他的三百邳州兵冲过来了。姚洪不禁高叫道:“弟兄们,冲出城去,和汤大人一起杀倭贼!”

从南城门外到海边,倭寇至少丢下了二百具尸体,一具连着一具,光溜溜的,就像是一头头的死猪。剩下没死的,一部分腿长的侥幸爬上船逃掉了,另一部分腿短的,被汤克宽的家将黄猛和刘黑虎逼到了海盐旁边的一座叫作高公山的山顶上去了。

姚洪很想在汤克宽的面前表现一下自己的英勇,也没等汤克宽下令,就领着部下朝着山顶上冲去。有谁知,盘踞在山顶上的倭寇虽然不足百人,却异常凶猛,时而用弓弩射杀明军,时而还发起反冲锋,冲进明军阵内,用倭刀砍杀明军,硬是打退了姚洪的三四次进攻。到后来,姚洪的部下居然都不敢再攻山了。

黄猛和刘黑虎见状,纷纷向汤克宽请战。汤克宽嗖地抽出长剑,先是环顾左右,尔后朗声道:“临阵杀倭,岂能畏首畏尾?如若不提振士气,又何以保卫海盐?”

汤克宽此话何意?无他,他要亲自上阵了。只见汤克宽,一手长剑,一手盾牌,神情自若又旁若无人地向山顶方向走去。黄猛和刘黑虎自然不敢怠慢,率着邳州兵紧跟在了汤克宽的身后。黄猛和刘黑虎本是想走在汤克宽的身前的,但被汤克宽严厉制止了。汤克宽走在最前面,左右稍后处走的是黄猛和刘黑虎,邳州兵分成数列压阵。这阵形,这阵势,是不是可以完全碾压倭寇的什么蝴蝶阵或长蛇阵?

山顶上的倭寇一时懵住了,他们似乎还从未见过这般不怕死的明军将领。有点巧合的是,盘踞在此的倭寇大都是不久前从独山那个地方逃出来的,有几个倭寇还曾经和汤克宽面对面地厮杀过,其中有一个倭寇居然还认出了汤克宽。这一认出可就麻烦了,倭寇们不仅懵了,还慌了,更怕了。又慌又怕的,倭寇的弓箭都失去了准头。十几个倭寇一起朝着汤克宽射箭,竟然无一箭能够射中。

汤克宽自然不会给倭寇留下什么反击的机会。他纵身一跃,连人带剑地就冲入了倭寇的队列中。黄猛和刘黑虎的动作也不慢,汤克宽刚刚刺死一个倭寇,他们二人也跟着分别砍下了两个倭寇的头颅。

倭寇们大骇,纷纷抱头朝山下窜去。邳州兵哪能放得过这些个恶棍?一顿乱砍乱杀,不消片刻,倭寇们全都横尸在了山坡之上,无一漏网。

汤克宽似乎意犹未尽,特意把黄猛和刘黑虎叫到自己身边道:"吩咐下去,着弟兄们用长枪把倭贼的首级挑着,率先开进城去。"

好家伙,两三百名邳州兵挑着两三百个倭寇的头颅,一个跟着一个地从海盐城的东门鱼贯而入。那等情形,那等场景,当真是难以付诸笔墨了。有书籍记载,当汤克宽和他的邳州兵挑着倭寇的首级开进海盐城的时候，城内几乎万人空巷，“人皆顶香盆迎”。这种欢迎的场面，想必会引发汤克宽许多的感慨。

不只如此，城内的守道潘恩和巡道姜延颐二位大人也早已经在公署里摆下午宴等着为汤克宽庆功洗尘呢。明朝时，布政使下设的左右参政或参议，如果驻守在某一个地方，就称之为守道；按察使下设的副使或佥事，如果去分巡某一个地方了，便称之为巡道。一个小小的海盐县城，既有守道来驻守，又有巡道来巡视，足可见此地的战略地位有多么的重要了。

汤克宽也没客气，带着黄猛和刘黑虎前去赴宴了。倭患严重，宴席也说不上有多么丰盛，更主要的是，潘恩和姜延颐两位大人的脸色还多少有些凝重。乍一见着汤克宽的面，潘恩和姜延颐就几乎异口同声地言道：“海盐能否保全，唯依仗汤将军耳……”

潘恩和姜延颐所言自然并非客套之语。虽然汤克宽初来乍到便一举击溃了一股倭寇，但种种消息和迹象表明，大批的倭寇正在集结，倭寇的目的只有一个，一举攻占海盐县城。而当时的海盐城内，守城的官兵不仅数量有限，只有不到两千人，而且官兵的素质也实在是一言难尽。两千人当中，只有大约不到六百人是正儿八经的军人，多少还有点战斗力；近千人都是当地的盐兵、坑兵之类,这些兵勇平日里对付老百姓还能耀武扬威,真要是面对倭寇了,恐怕跑得比兔子还要快;另有四百名水兵,是潘恩和姜延颐新近从湖州一带招募的,究竟能不能打仗,估计谁也说不清楚。不过,城中的粮食倒是储备得较为充实,这自然是潘恩和姜延颐二位大人的功劳。潘恩在席间告诉汤克宽:经过研究决定,城内官兵每人口粮每日五分,而汤克宽带来的邳州兵每人口粮每日八分。这样的安排分配当然是为了表示对汤克宽的敬重,所以汤克宽也就没有推辞。

汤克宽与潘恩和姜延颐二人在席间一边饮着酒,一边认认真真地商议着守城的方略,酒尚未过三巡,菜尚未过五味,忽然,指挥姚洪遣人来报:一只又一只倭寇的战船,已经陆陆续续地开进了龙王塘。汤克宽等人闻言,再也没有心思吃饭了,酒杯一推,急急忙忙地奔上了东城楼。放眼望去,龙王塘内,已经聚集了二三十艘倭船。这些倭船还不小,每一只都能装下两百来名倭寇。

龙王塘在海盐县东关外,彼此间的距离很近。说是塘,其实是直通杭州湾的,水面非常开阔,所以当地人又俗称之为“大洋”。站在海盐县的东门楼上,龙王塘内的情景可以一目了然。汤克宽看见,不到一个时辰,龙王塘里已经前前后后地聚集了三十七艘倭寇的战船。仅按每只倭船上载有一百五十人计算,此番龙王塘里群聚的倭寇数量就已多达五千五百余人之众。

有书籍记载了当时的景况:“倭船三十七只泊龙王塘,如蔽天之山,其帆亦如浮空之云,军民大骇惧。”面对着“如蔽天之山”“如浮空之云”的倭寇,海盐的军民都不由自主地感到恐惧了。

无所畏惧的当然是汤克宽。他神情肃然地对着身边的潘恩和姜延颐等人言道:“两位大人休得恐慌,汤某既奉王忬大人指令来此守城,则保此城安危乃汤某义不容辞之责,唯愿两位大人届时能听汤某号令为是!”潘恩立刻对汤克宽道:“潘某谨遵汤将军号令耳……”姜延颐也马上对汤克宽道:“汤将军尽可便宜行事!”汤克宽十分镇定地言道:“两位大人,就目前情形看来,不消几个时辰,倭贼定当集结准备完毕,待倭贼准备完毕之后,又定当来此大举攻城。既如此,我等在倭贼攻城之前,还可做许多事情。”

汤克宽开始做事了。他首先派人出城去侦窥倭寇的动向,本来是想把这一任务交给刘黑虎的,可有伤在身的黄猛非要前往,汤克宽也就只好同意了。紧接着,汤克宽就领着潘恩、姜延颐和刘黑虎等人在城墙上仔细地巡视。走到一处墙垛旁,汤克宽停了下来,他指着墙外的一堆乱石对潘恩道:“潘大人,此类石堆,倭贼尽可做攀缘之用,应速速铲除。”潘恩回身指示下属道:“立即着人出城,将墙外所有障碍一并铲除，绝不能给倭贼任何可乘之机。”汤克宽又指着城外一处废弃的民房转对姜延颐道：“姜大人，此等建筑，也可为倭贼所利用，当拆卸之。”姜延颐回头谕令属下道：“城外所有房屋，材料运入城内，其余悉数焚毁。”汤克宽又问左右道：“有谁知道这城墙之上共有多少城垛？”指挥姚洪回道：“下官曾经计数过，共有两千左右城垛。”汤克宽赞许地冲着姚洪点了点头，然后对潘恩和姜延颐道：“倭贼众多，我等当以城垛各自为战。官兵甚少，我等当以军民联合为战。二位大人意下如何？”潘恩和姜延颐齐声回道：“一切但凭汤将军裁夺！”

随后，汤克宽便对着潘恩和姜延颐等人详解自己的计划。他的计划是：一个城垛为一个基本作战单位，配备一名军士，一名乡绅等大户人家的家将，两名青壮百姓；每五垛为一个作战小组，由一名邳州兵任组长，负责战时督战之责；城墙上的窝铺（供兵士执勤睡觉的窝棚）和城楼为军民临时集中地点，负责各城垛支援之用，配备军民二三十人不等，由一名千户或百户统领；四方城门为战时险要之处，每门皆配属一名指挥、一名千户、一名县衙官员守之。

汤克宽招来刘黑虎吩咐道：“城内人手十分紧张，能否守住此城，尔等督战至关紧要。可以晓示城内军民：战事一开，若有擅离职守者，无论何人，一律就地处置，绝不轻饶！”刘黑虎喏喏而去。汤克宽又对潘恩和姜延颐道：“战端既开，汤某自当四处奔波，军民粮草器具供给，还望两位大人操劳。”潘恩应道：“此事我等自当亲力亲为，不劳汤将军分心。”

待一切准备就绪，已近黄昏时分。实话实说，汤克宽的战前部署，得到了海盐城内绝大多数军民的全力支持。尤其是城内的老百姓，尽管心中对倭寇的恐惧一时难以消除，但尽力保卫家园的决心和热情还是一览无遗。有一户人家，为着修缮城垛，竟然把自家的一间小屋拆了；还有一户人家，五十多岁的父亲带着三个儿子全部拿起刀枪登上了城楼。汤克宽见了，心中着实感动不已。

夜幕降临了，四周居然出奇的宁静。然而，一直挺身于城墙之上的汤克宽，心中却一时难以平静。是呀，早就出了城去的那个黄猛，为何直到此时尚未归来？

突然，原本出奇的宁静瞬间就被打破。无数支火把夹杂着一阵阵的鼓噪像一股污浊的潮水般径直朝着海盐城的东门处涌来。这股污浊的潮水自然就是那些倭寇了。汤克宽闪出的第一个念头就是，倭寇想乘夜攻城了。

汤克宽立即下达了准备战斗的命令。眼见着，大批倭寇就要涌到东城门外的护城河边了。在火把的光照下，可见许许多多的倭寇都赤裸着上身，一边挥舞着长短双刀一边不停地大叫大嚷着，面目狰狞，活脱脱就是一个个厉鬼。忽地，汤克宽瞧见，在大批倭寇的前方不远处，正拼命地奔跑着一人，那人跨过了一道土坡，又趟过了浅浅的护城河。此人长得高大魁梧，不是那个黄猛又会是谁？

站在汤克宽身边的刘黑虎也发现了黄猛。眼瞅着倭寇一个个地钻出了护城河，就要钻到黄猛的身后了，刘黑虎便急急地对汤克宽道："少爷，快打开城门，不然猛子就麻烦了……"几个兵士闻言忙着要去开城门。汤克宽厉声喝止道："站住！尔等是要把倭贼放入城内吗？"

道理是显而易见的，倭寇已经接近城门了，如果打开城门，那黄猛是可以进得来，但大批倭寇也极有可能冲进城来，如果真的让倭寇进了城，敌众我寡如此悬殊，饶是汤克宽和邳州兵英勇无比，再想保住城池那也是万万不可能的事情。

然而，又一个事实也是显而易见的。不开城门，就意味着把黄猛丢进了豺狼之口。那黄猛不仅是汤克宽的家将，是汤克宽的左膀右臂，更与汤克宽情同手足。汤克宽该如何是好呢？

刘黑虎等人都紧张地望着汤克宽，汤克宽一时无语。再看那黄猛，猛地一转身，麻溜地砍翻两个追到身前的倭寇，一个箭步就跨到了城墙根下。汤克宽急令左右道："放铳，放箭！"

一阵枪响，一阵箭雨，紧追黄猛的倭寇被打倒了一排，但是，仍有几个倭寇冲到了黄猛的身边与黄猛缠斗在一起。刘黑虎等人不敢放铳也不敢放箭了。汤克宽对刘黑虎道：“速放一支竹竿下去，猛子善于攀缘，或可有救……”刘黑虎连忙找来一支长长的竹竿伸到了城墙之外，同时向下高声呼喊道：“猛子，快爬上来，快爬上来！”

黄猛听见了呼喊，也看见了竹竿。他大吼一声，神勇地将身边的几个倭寇全部砍倒在地，然后抓住竹竿，一段段地朝着墙上爬去。他爬得很慢，很吃力。他本来就有伤在身，适才与倭寇力搏，显然又添了新伤。

倭寇也开始放箭了，朝着城墙上放，朝着黄猛放。汤克宽看得真真的，倭寇的一支箭射在了黄猛的臀部，黄猛身躯一颤，差点掉落下去。汤克宽赶紧一挥手，城墙上的鸟铳和弓弩就不停歇地回击着倭寇。刘黑虎则一刻不停地拼命地向上拽竹竿。终于，在刘黑虎的帮助下，黄猛艰难地爬上了城墙。而城外的倭寇，居然也悄悄地撤走了。汤克宽这才明白过来，倭寇此番并不是来攻城的，他们是乘着追击黄猛的机会来试探海盐城防的，见着海盐早有防备，也就暂且罢兵另作打算了。

再看那黄猛，虽然还活着一口气，但全身就像是从血缸里捞出来似的，从头颅到脚踝，几乎没有一处没有伤痕。有好事者曾经细心地计数过，黄猛身上的刀伤、枪伤和箭伤等,一共有五十八处之多。还别说,黄猛的这等英勇壮举,在很大程度上鼓舞了城内军民抗倭的斗志和信心。

黄猛为何会被倭寇一路追赶呢?原来,黄猛带着几个弟兄出城后前去龙王塘附近侦察,侦察得还比较顺利,等情况了解得差不多了,准备回城的当口,猝然与一股同样外出前往海盐城侦察的倭寇遭遇。黄猛估计城内的防备应该还没有做得妥当,所以就故意引着那股倭寇往别处去。黄猛在前面跑,倭寇在后面追,跑着追着,天色将暮。黄猛这才发觉,此时脱身已经很困难了,数以千计的倭寇早已经把他们困住了。黄猛估计此番难以脱身了,就领着手下拼死血战。战着战着,黄猛忽然觉得,即使要死,也不能死得这般糊里糊涂,起码也要死在少爷汤克宽的面前。这么一想,黄猛最终居然杀出了重围,跑向了海盐县城,而他的几个手下却全部被倭寇杀死了。

从黄猛的口中,汤克宽对倭寇的基本情况有了进一步的了解。这批倭寇约有六千人,对海盐县城可谓是志在必得,不过这批倭寇几乎没有什么火炮,火铳也没有几支,倭寇手里拿着的,不是倭刀就是弓弩。

汤克宽心里有了数,然而,汤克宽的家底也不富裕。他也没有火炮,鸟铳也就二十来支。若再论弓弩之类,甭说是海盐城内原有的军士了,即使拿邳州兵来比较,倭寇的技术和实力也显然是要高出一筹的。

黄猛哼哼唧唧地极不情愿地疗伤去了。汤克宽却不能闲着，他一面命人加强警戒预防倭寇夜袭，一面特地招来刘黑虎吩咐道：“我军鸟铳稀少，不能分散，当集中使用，由你统一指挥，待倭贼来战，何处危急，你便往何处支援。”

一夜无话。第二天刚放亮，便有三四千倭寇乌压压地挤在了海盐城东门外的护城河的边上。看那阵势，倭寇是要集中兵力对海盐城的东门作重点进攻了。果不其然，一阵乱叫之后，数百名倭寇一起冲着城墙放起箭来。紧跟着，两三千名倭寇舞着刀枪、抬着各式各样的梯子越过护城河扑向了城墙。

倭寇弓箭的威力着实有些惊人，汤克宽等人一时都不敢抬起头来。有书籍这样记载了当时的情景：“贼众数千，白昼攻城，矢入城中如雨。弓长七八尺，矢长四五尺，镞之铁者如飞尾，镞之竹者如长枪；城外隔河而射，中城内屋，钉瓦入椽，而没镞矢。自垛隙中人者，伤死十余人。”倭寇隔着护城河射向城中的箭矢，居然能够穿入城内房屋的瓦片和椽子，这该有何等的力道啊，故而，守卫在城垛处的军民开始有了伤亡，城东的形势一时变得危急起来。

当然，这一切应该都在汤克宽的意料之中。虽然很多倭寇已经顺着梯子往城墙上攀爬了，但汤克宽率领军民还是顽强地顶住了倭寇们的疯狂进攻。书籍中这般记叙道："汤公开弓射杀，杀数贼，邳州兵亦射数贼，俱无虚矢。鸟铳击数贼，皆立倒。贼虽众，咸丧胆矣。"汤克宽亲手射死了几个倭寇，邳州兵也射杀了几个倭寇，加上刘黑虎的鸟铳队又射倒了几个倭寇，倭寇的这轮进攻就这样被打退了。

城墙上的军民自然损伤了许多。有人向汤克宽建议：既然倭寇把兵力集中在东边，那可否把其他地方的守卫调一些来加强这里的防卫？汤克宽立马否定了这个建议。他告诫众人，至少还有两千多倭寇不见踪迹，这些倭寇很有可能乘着东边战事正酣之时，从别的什么地方发动突然进攻。

果然不出汤克宽所料，就在东边的倭寇发起第三波攻击的时候，守卫西城门的指挥姚洪派人来报：倭寇又从西边开始攻城了。汤克宽急令刘黑虎道："你领十支鸟铳在此，我带十只鸟铳赶往西门。切记，只要还有一口气，就决不能让一个倭贼爬进城来！"

城西的战事已经非常吃紧了，等汤克宽赶过去的时候，好几十个倭寇都已经爬上了城墙，正与守城的军民进行肉搏呢。汤克宽虽然带了十名鸟铳手，但军民和倭寇搅在一起，鸟铳也实难发挥威力。于是汤克宽就命令鸟铳手道:“一起向城外开火,把爬墙的倭贼都打下去!”

鸟铳开火了,十几个正在爬墙的倭寇惨叫着摔了下去。说时迟那时快,汤克宽大吼一声,仗剑就冲入了肉搏的人群中。别看他长得瘦瘦精精的,不像个习武之人,但是,他手中的那柄长剑舞将起来,无论是钩、挂、点,还是挑、刺、撩、劈,都颇有武当高手的风范,且几乎招招毙命。眼看着,一个又一个倭寇倒在了汤克宽的剑下。汤克宽如此了,守城的军民也就一个个地杀红了眼。工夫不大,爬上城墙的那几十个倭寇就都变成了死鬼被抛到了城外。城西转危为安了。

就在这时,汤克宽看见,有一个大汉握着一把长剑一瘸一拐地挪上了城墙,不是别人,正是那个黄猛。汤克宽即刻喊叫道:“猛子,你不好好养伤,来此作甚?”黄猛梗着脖子回答道:“少爷,倭贼攻城甚急,我如何闲得下去?再说了,我两脚还能走路,双手还能舞剑,我照样还能杀倭守城!”黄猛天生就是这个脾气,汤克宽也就只好言道:“既如此,猛子,你就去东城帮虎子,那里的倭贼众多……”汤克宽话音未落,黄猛早已经跑出老远。

汤克宽等人众志成城,倭寇从早晨攻至正午,又从正午攻至黄昏,除了在城下丢下一具具尸体之外,几乎一无所获。倭寇无奈,只好暂时退兵了。

潘恩和姜延颐两位大人在一个城垛边找到了汤克

宽,说是在县衙的一间废弃的仓库里找到了七八门火炮,还有许多的弹药。汤克宽闻听真是大喜过望。真要是有了几门火炮,那此番守城的胜算就无疑增加了几分。然而,待跟着潘恩和姜延颐走进那间仓库之后,汤克宽不禁哑然失笑。这哪里是什么火炮啊,不过是乡民们自制的能够发射火药的土炮而已,是用来轰击鸟群的,不仅射程很近,威力也极为有限。不过话又说回来,有总是聊胜于无的。

汤克宽命人将土炮彻底地检查了一遍。七八门土炮大约有一半还能用。汤克宽便吩咐在每个城门楼上架一尊土炮,待倭寇来袭时,只顾开火。夜晚来临之后,汤克宽又命城中所有的男丁一起上城墙。城内的老百姓虽然不明就里,却非常配合,汤克宽一声令下,不要说是男人了,就是许许多多的女人也主动地上了城墙。如果仅从数量上来看,城墙上的军民人数已经大大地超过了倭寇。汤克宽要老百姓上城墙干吗?举火把的举火把,敲锣鼓的敲锣鼓,只要一个方向发现了倭寇,所有人就一起呐喊。书中记载:“有顷,则铳炮络绎而发。凡一门举号,则合城呐喊,可闻数十里许。”几十里外的人都能听得到海盐城墙上的军民呐喊声,那等声势该有何等的骇人啊,这种骇人的声势对那些倭寇而言,定然是有一种极大的威慑力的。

汤克宽还又想出了一个对付倭寇夜袭的法子。他知道，有些倭寇爬墙的本领很高，不用梯子也能徒手从墙下爬到城上。有一天夜里，近百名倭寇就是这般从一段略有凹凸的城墙爬到了城墙之上，守城的军民居然未能发现，若不是那刘黑虎领着巡逻队恰好从这里经过，汤克宽又及时地赶来增援，那晚的结局还真的不太好说呢。所以汤克宽就让潘恩和姜延颐等人设法弄来一些大木头，每到夜晚，便用绳索将那些木头悬在城垛之外，然后命专人盯着那些木头，如果倭寇来爬墙了，爬到那些木头的上面了，就砍断悬木头的绳子，木头就会和倭寇一起掉下去，而且掉下去的木头还会砸中墙下的倭寇。老百姓对汤克宽此举依然相当地配合，许多居民竟然拆掉了自家的房屋，然后把架房的梁椽抬上了城墙。汤克宽见状，感动不已。

汤克宽悬木头的法子看起来多少有些笨拙，却起到了很大的作用。有一天夜里，也就是倭寇攻城之后的第三天晚上，后半夜的时候，数百名倭寇开始偷袭了。一些倭寇毫无防备地爬到了那些木头之上，悬挂木头的绳索被砍断后，那些倭寇纷纷坠落，而从木头上摔死的和被木头砸死砸伤的倭寇竟达百人之多。倭寇只能抱头鼠窜了。

海盐保卫战最为惊险的一幕发生在开战后的第四天

夜里。那一夜，风雨骤至，风大雨狂，北城靠近城门的一段八尺到一丈这么宽的城墙居然被风雨摧毁了。汤克宽得知后异常震惊，急忙顶风冒雨地赶到了坍塌处。此事虽发突然，但如果倭寇得知前来进犯，情况就不妙了。汤克宽一面派人告知潘恩和姜延颐，叫他们赶紧调人想方设法填塞，一面亲率黄猛等人走出城门监视敌情。还别说，有一股倭寇在一个内贼的告密下还真的得知了这个情况，呼啦啦地就开到了北城门外。好个汤克宽，面对着张牙舞爪的倭寇毫无惧色，长剑一指，厉声喝道："倭贼小儿，汤某在此，谁来受死？"

倭寇们都被汤克宽吓住了，一时间竟然无人敢动弹。再加上有些倭寇认识那个黄猛，早就被黄猛的英勇吓得直哆嗦。待得倭寇醒过神来，挥舞刀枪冲向汤克宽和黄猛时，坍塌的城墙也已经修复得差不多了。黄猛问汤克宽道："少爷，现在回城吗？"汤克宽回道："不着急，城垛尚未完全修好，再说了，既然出了城，又遇见了倭贼，不乘机杀他几个又如何安心？"

就这么着，汤克宽和黄猛带着二十几个兵士一起呼喊着扑向了倭寇。短兵相接，凭的就是一股勇气。汤克宽虽然人少，但勇往直前，照样把倭寇杀得鬼哭狼嚎。尤其是那个黄猛，简直就如入无人之境，倭寇甚至都不敢与他正面交锋。两天前的一天下午，倭寇攻城，一个倭寇爬上了城墙，不巧正撞见了黄猛，居然吓得直接从城墙上跳了下去。

一直守在城门楼上的刘黑虎扯着嗓子高叫道："少爷，快撤回来，倭贼的援兵来了……"汤克宽不敢恋战，领着黄猛等人且战且退。倭寇得了援兵之后胆气顿时壮了起来，一个冲锋，差点就将汤克宽和黄猛等人包围了。刘黑虎见势不妙，赶忙率着数十人手持鸟铳和弓箭出城迎敌。总算是有惊无险吧，尽管也损失了不少人手，但汤克宽和黄猛、刘黑虎等人最终安全地退回了城内。坍塌的城墙也已修复完整，倭寇无计可施，只得悻悻地离去了。

就这么着，在汤克宽的统一指挥下，在潘恩和姜延颐等地方官员的大力协助下，在海盐全城百姓的精诚合作下，汤克宽很好地运用了全民皆兵的战法，与数千凶残的倭寇死战了五天五夜，彻底粉碎了倭寇抢占海盐县城的企图，确保了一方平安，使得城内数以万计的民众免于涂炭之祸。倭寇对此无可奈何，只得掉头北上去祸害别处了。

海盐保卫战的胜利，其影响是很深远的。至少，在将近一年的时间内，倭寇再也不敢轻易地来染指这块富庶而又紧要之地了。一直到第二年，嘉靖三十三年（公元 1554 年）的冬天，倭寇才又一次地围攻海盐城。时任海盐知县是新科进士、福建莆田人郑茂。郑茂正是学习了汤克宽当年的战法,全民皆兵,全民参战,又一次成功地击溃了倭寇,保全了海盐城。

所以,海盐保卫战胜利之后,曾有海盐乡绅人等向潘恩和姜延颐建议,要为汤克宽建造一座生祠(旧时指为活人修建的祠堂),以彰显汤克宽此番所建立的莫大功勋,汤克宽得知后严词拒绝了。

那王忬王大人得知海盐保卫战的胜利消息后,非常高兴,连忙向朝廷和严嵩各写了一封捷报。不久,嘉靖皇帝诏下:擢升汤克宽为苏松海防副总兵,驻军金山以备倭。金山就是今天上海市南部的金山区,明朝时属于海盐县管辖。巧合的是,汤克宽父亲汤庆当年任职吴淞总兵官的时候也曾驻扎在金山一带。

立了功,升了职,汤克宽心中自然是有些高兴的。想想看也是啊,王忬提督浙江后任命的好几个参将(包括俞大猷和卢镗在内),汤克宽是第一个因战功而升为副总兵的人,且用时仅仅一年有余。虽然,在汤克宽的心里,所谓的加官晋爵并非是他刻意追求的回报,但他还是以为,此番立功升职应当别有意义,他是因为杀倭才立了功,他是因为杀倭才升了职,所以无论如何,这也算得上是一件莫大的喜事。为了把这份莫大的喜事与亲人分享,汤克宽还未及抵达金山呢,就特意派遣刘黑虎带着一些银两星夜驰骋赶回家乡邳州,将这一喜讯告知母亲和妻子吴氏。说是带着一些银两，其实也少得可怜。明朝官员俸禄的低薄是人所共知的，文官如此，武官也差不多，再加上汤克宽仗义疏财，平日里有了一些财物，大半都救济了手下的兵丁，以至于当刘黑虎接过汤克宽递来的一小包银两时都禁不住地红了眼眶，后来黄猛知道了，硬是瞒着汤克宽，私下里又想方设法地凑了一些财物交给了刘黑虎。

没承想，刘黑虎从邳州返回的时候，又给汤克宽带来一个莫大的好消息。原来汤克宽的妻子吴氏半年前生下了一个小孩，且还是个儿子。汤克宽驻守凤阳期间，妻子吴氏曾经来到凤阳逗留过一段时间，没想到，这一逗留，竟然为汤克宽逗留出一个儿子来。

既升了职，又添了一个大头儿子，如此看来，年届四十一岁的汤克宽，其好运当真是说来就来了！

第四章　厄运当头也坦然

汤克宽驻军金山不久，便听到了两个令他一喜一忧的消息。喜的是，那俞大猷打胜仗了；忧的是，那卢镗打了败仗。

俞大猷的胜仗发生在嘉靖三十二年（公元 1553 年）的八月。这一天，俞大猷得到情报，说是有一批倭寇要经过普陀山然后返回日本去。俞大猷决定要把这批倭寇消灭掉，于是就亲自率领水师在普陀山的北边海面上设伏。倭寇果然钻进了俞大猷的埋伏圈。俞大猷三战三捷，硬生生地把倭寇又赶回了普陀山。八月二十二日晚，俞大猷督军全面进攻普陀山。倭寇抵挡不住，最后退缩到了普陀山的山顶上负隅顽抗。俞大猷略做调整，于第二天开始发动总攻。最终，数百名倭寇悉数被俞大猷和明军官兵杀死。

卢镗的败仗发生的时间比俞大猷的胜仗略早些，发生的地点其实距离汤克宽并不远，只是倭寇四处骚扰，消息不通，汤克宽一时不知罢了。是年（嘉靖三十二年）五月底，有一千多名倭寇在嘉兴一带四处烧杀掳掠，根据时间和地点来推算，这批倭寇极有可能就是从海盐败退下来的倭寇中的一部分。数天之后，这伙倭寇又向西侵犯湖州，没几天之后，倭寇再次南下，企图攻略杭州。一时间，整个杭、嘉、湖地区几乎都遭到了倭寇的践踏和蹂躏。那提督王忬气愤至极，急令卢镗领兵追击倭寇。只是苦了卢镗，身边只有数百兵丁，且大都还是新近招募之人。然而卢镗毫不畏惧，只顾领兵追赶。可惜的是，在与倭寇几番交手之后，不仅未能将倭寇驱逐，卢镗自己还身负重伤，身边的兵士也所剩无几了。王忬受到了朝廷的指责，一肚子火气无处安放，又为了给朝廷一个交代，只得忍痛将卢镗革去参将之职，留在军中戴罪立功。

汤克宽闻知卢镗被革职的消息后，兀自郁闷不已。想那卢镗，似乎总是被命运捉弄，与倭寇交战之时，常常以寡敌众、以弱敌强。汤克宽就想啊，纵使卢镗有万夫不当之勇，又能奈倭寇几何？就是换成我汤克宽，结果又能怎样？

汤克宽越发觉得命运对卢镗太不公平了。才多长时间啊，卢镗都被革了两回职了。如此革来革去的，岂不革灭了卢镗杀倭的决心？

汤克宽正为卢镗的事情发愁呢，没想到，他自己的一桩大麻烦也已悄然而至了。

是年（嘉靖三十二年）九月，一股三百多人的倭寇队伍因为船只被大风吹坏了，只得暂停在崇明岛南部的南沙小岛上。这个南沙小岛，即是十三年前土豪秦璠和商人王艮聚众为盗的地方。那一回，汤克宽襄助父亲汤庆一举剿灭了这股海盗，一时名闻遐迩。

汤克宽得知这一情报后，急忙率兵备佥事（按察使司下设佥事，作为辅佐按察使、分领各项事务的官员，品级为正五品，如果暂时领兵，谓之兵备佥事）任环及兵丁六百余人乘舟北上，并很快地包围了南沙。这六百兵丁当中，有一半属于任环统辖。任环也算得上是明朝嘉靖年间比较有名的抗倭将领了，但在当时，他多少有些求胜心切，再三要求主动出击。汤克宽本是不同意的，因为任环属下的兵马基本上都是新募的，虽然士气高昂，但战斗力堪忧。更何况，任环兵马的人数也不占优。然而任环一再请战，且于一天夜里擅自率众登上了南沙小岛。等汤克宽率援兵赶到之后，任环早已经败下阵来，并且还被倭寇抢去了七八艘战船。不仅如此，汤克宽还听说，若不是其属下拼死相救，任环恐已经命丧倭寇之手了。

汤克宽并没有过多地责惩任环。他看出来了，南沙岛上的倭寇虽然人数不算很多，但却拥有近百支鸟铳，还有几门火炮，战斗力实在是不容小觑。而当时的汤克宽，除去任环的兵士之外，也只有三百来人，而且有一半还是从漳州赶来的新兵。汤克宽带往海盐的三百邳州兵，经过几日苦战，损失将半。就火器而言，汤克宽也明显地处于劣势。汤克宽以为，围歼岛上倭寇之事，不能操之过急，只能从长计议。

然而事实是，汤克宽即使不想从长计议恐怕也不行了。官兵们突然莫名其妙地感染了一种疾疫，没几天工夫，至少有一半人因为拉肚子或者腿抽筋等基本上丧失了战斗力。汤克宽真是心急如焚啊，如果这个时候倭寇趁机反扑，结局就大不妙了。可是怕啥来啥，倭寇还真的倾巢出动大举反攻了。汤克宽只得硬着头皮督军迎战。一番厮杀下来，汤克宽损失惨重，战死的、落水失踪的，大抵有四百来人，连那黄猛和刘黑虎二人也差点被倭寇的鸟铳射死。汤克宽实在无奈，只得下令在东南方向让开一道缺口。倭寇也死伤过半，不敢恋战，顺着那道缺口一溜烟地跑出去了。

汤克宽内心那个悲愤啊，实在是难以言表。自抗倭以来，可谓是连战连捷，这次南沙之战，应该算是他的第一场败绩，而且败得还相当窝囊。所以，倭寇刚一跑掉，他就召来刘黑虎急急地吩咐道:“你速速去跟踪倭贼,一定要搞清楚他们究竟跑到了哪里。”

数天之后,刘黑虎回报:倭寇在宝山登岸了,并以此为据点四处剽掠。汤克宽当即把所有的将领都召到身边,下达了一个字的命令:“追!”

宝山在今天上海市的宝山区辖境之内,位于上海市的北部,分成陆地和岛屿两个部分。刘黑虎口中倭寇登岸的地方其实就是宝山的小岛。前番在南沙围堵倭寇失败,此番又下令追击宝山的倭寇,汤克宽如此行事,会不会是意气用事呢?当然不是。汤克宽可谓是有备而来。虽然,汤克宽没有得到援兵,火器也没有得到补充,但他在短短的几天时间里,竟然想方设法地弄到了十几艘鹰船。而在这之前,汤克宽领着任环前来围攻南沙岛倭寇时所乘坐的,不要说广船或福船了,连一艘鹰船都没有,几乎是清一色的小渔船,而且还是临时拼凑而成的。

前面曾经交代过,那鹰船虽然较小,只能搭乘十来个人,但它两头都尖尖的,让人不辨首尾,很能迷惑敌人,最主要的是,它的中间两边是用厚厚的毛竹板遮挡的,开着大小不一的窗口用来发射鸟铳或弓箭。这毛竹板不仅可以掩护操桨的人,也在很大程度上可以抵御倭寇的鸟铳和弓箭的射击。虽然,当时汤克宽手下还能够上阵杀敌的只有一百多人了,但据刘黑虎侦察,盘踞在宝山小岛上的倭寇至多也只有百余人。汤克宽有信心一举击溃这股倭寇。

宝山岛和崇明岛只有一水之隔。然而，待汤克宽的船队悄悄地开到宝山岛的附近时，这股倭寇却已经乘船南下了。汤克宽没有丝毫犹豫，对着部众又说出了一个字："追！"

倭寇往南跑，汤克宽往南追。追着追着，居然追到金山附近一个叫作高家嘴的地方。既然叫作"嘴"，那就指的是突到水面的狭长形陆地，这种地形很适合建造港口。后来明军还真的在此建造了一个军港，常年派兵把守着。

汤克宽没有再继续追了，不是不想追，而是因为倭寇掉转船头反扑了过来。当真是此一时彼一时也，彼时，倭寇踞南沙小岛固守，火炮、鸟铳的威力尽显，所以任环吃了败仗，而此刻，倭寇所乘的尽皆小渔船，勉强摆放在船头的那几门火炮根本无用，有几个倭寇好像不信邪，手忙脚乱地开了一炮，炮声一响，他们所乘的小渔船就被火炮的后坐力给震得倾翻了。火炮无用，倭寇的鸟铳对明军的鹰船也没有多大的用处。反过来，明军的鹰船靠近了倭船之后，不停地从中间毛竹板的小窗口处向倭寇射箭。那黄猛和刘黑虎更是神勇，也不躲避倭寇的鸟铳和弓箭，只顾从鹰船上探出身来，一个劲地朝着倭船上扔火把。打鱼的渔船怎禁得住火把的燃烧？倭船一艘接一艘地燃烧起来了。倭寇慌了,想逃到深海或逃到岸上去,但明军的鹰船速度快啊,死死地堵住了倭寇的去路。这样一来,倭寇就只能往海水里跳了。有谁知,汤克宽手下的那些漳州兵,大都是从渔民中招募来的,陆战也许还欠火候,水性却极好,加上前番战败,每个人的心里都憋着一股怒火呢。所以不消个把时辰,高家嘴的战斗就彻底结束了。黄猛向汤克宽回报战果:共斩杀倭寇七十三人,生擒十四人。汤克宽一蹙眉问道:“只这么几个倭贼?”刘黑虎回答道:“其他的倭贼估计都沉到海里去了。”

这当然只能算是一场小胜仗了。虽然,此战不能说是一雪前耻,但毕竟把这股倭寇全歼了,也称得上是一桩不大不小的战果。所以汤克宽就准备派人去向王忬大人汇报战况。可是,汤克宽派的人刚刚动身,那王忬派来的人也已经赶到了汤克宽的军营。汤克宽的麻烦不期而至了。

王忬派人告诉汤克宽,有人向朝廷告状了,告的就是汤克宽在崇明南沙吃了败仗。告状的人叫孙慎,时任巡按直隶御史。这里的直隶指的是南直隶,也就是南京。前文提及过,巡按御史就是参加巡视的监察御史,监察御史轮流赴京师以外的地方巡视,出巡时他们就被称为巡按御史,权力极大。孙慎在奏状中指责汤克宽身为副总兵,却不能有效防御倭寇的侵犯,朝廷应该治他们的罪。

既然是“他们”，那就不只是汤克宽一人，孙慎还顺带着把兵备佥事任环以及当时的南直隶巡抚彭黯等人也一同送上了“被告席”。在严嵩授意之下，兵部以嘉靖皇帝的名义下旨：任环等人免罪，彭黯停俸四个月，汤克宽停俸一年。

汤克宽听了不觉舒了一口气。虽说自己是停了俸，但任环毕竟是被赦免了，又何况，不管怎么说，自己毕竟是打了败仗，打了败仗就理应要接受相应的处罚。汤克宽甚至觉得，皇上的这种处罚还是蛮轻微的。

只不过，这事并没有完。王忬派来的人又告诉汤克宽，那南直隶巡抚彭黯自己认罚了，可彭黯觉得汤克宽被停俸的处罚着实是有点冤枉，于是就向兵部奏报，说是汤克宽尽管兵败于南沙，但旋即就又在高家嘴歼灭了倭寇，淞沪之地一时无倭了，虽不敢言功，但功过理应相抵。兵部回复彭黯：汤克宽的功罪之事待议，目前维持原判。

这个叫彭黯的，是嘉靖二年（公元1523年）的进士，与汤克宽并没有什么交集，只是为汤克宽鸣不平而已。正因为如此，他得罪了那个孙慎。他不知道孙慎是严嵩的党羽，得罪了孙慎就等于得罪了严嵩，得罪了严嵩，那后果就很严重了。所以，尽管彭黯在当年（嘉靖三十二年）的十一月十四日进为南京工部尚书，看起来升官了，但好景不长，次年的二月二十六日，孙慎却旧事重提，疏劾彭黯在南直隶巡抚任上时，身居重任而不能为朝廷出力，以致倭患不止，使地方受害，实在不能宽恕。据说，嘉靖皇帝接到了孙慎的奏报后，勃然大怒，即命锦衣卫将彭黯械送至京，下狱严刑拷打，然后削职为民，撵回老家。可怜那个彭黯，被拷打得遍体鳞伤，回到老家后不久，就一病呜呼了。

汤克宽当时自然不知道彭黯的最终归宿，他只是在心里默默地感激彭黯。如上所说，汤克宽也很感激朝廷的宽宏大量，所以他就在心中默默地念叨：我一定要多多地斩杀倭贼，保一方百姓平安，报皇上和朝廷宽恕之恩。

汤克宽是这么想的，更是这么做的。这就来到了嘉靖三十三年（公元 1554 年）的三月，暂得些许平静的苏松地区（今天江苏省的苏州市和上海市的松江区一带，当时谓之苏州府和松江府，简称“苏松”，汤克宽擢为苏松海防副总兵也即此意）又笼罩在了倭患的阴影之下。

一股股的倭寇陆陆续续地开到了崇明南沙岛集结，不多日，倭寇集结至两千人之众。随后，倭寇渡过长江口登岸，疯狂地在苏松一带肆意地烧杀抢掠。这一天，一股倭寇掳掠到了华亭县（今上海市松江区境内，时为松江府管辖），时任华亭县县丞（县令的辅佐官，地位一般仅次于县令）的刘东阳义愤难平，明知不可为而为之，亲率县衙里一帮杂七杂八的兵勇，迎着倭寇就冲了过去，最终战死在阵前，壮烈殉国。

汤克宽闻知此事后简直气炸了肺，急招刘黑虎和黄猛等诸将言道：“倭贼猖獗如此，我等岂能坐视不管？”

汤克宽要去杀倭，要去为县丞刘东阳和死难的百姓报仇。虽然，当时汤克宽的人马只有千余人，但这千余人中大半都是新近从各处赶回来的邳州兵，而且，这些赶回来的邳州兵还带来了五六艘大战船，既有广船也有福船，而且每艘大船的船头之上还都架着一尊无敌神飞炮。这种火炮前面提到过，不轻不重，可以连续发射火药，最适宜海战了。至于鸟铳之类轻便火器，汤克宽也已搜罗到了近百支。汤克宽以为，凭着自己当时的战力，只要布置得当，击溃那批倭寇还是很有把握的。

汤克宽命刘黑虎领着一支四百多人的步军循江岸搜索倭寇的踪迹，自己亲率水军沿着长江口慢慢地向西北行进。行驶在他前面的，是黄猛带领的一支百余人的侦察船队。汤克宽嘱咐刘黑虎和黄猛道：“一旦发现倭贼，不可轻举妄动，速来回报于我。”

最先发现倭寇的是陆地上的刘黑虎。刘黑虎通知了黄猛，黄猛赶紧又报告了汤克宽。刘黑虎发现的情况是，那两千多名倭寇正一股一股地在采淘港一带集合，且正分批分批地在登船。刘黑虎估计，这批倭寇是想到别处去祸害百姓。

采淘港位于今天江苏省太仓市附近，是长江口南岸的一个小港口，与崇明岛隔水相望。汤克宽追问黄猛道："倭贼阵中果真只有几门虎蹲炮吗？"黄猛回道："虎子就是这么对我说的。"

所谓的虎蹲炮，是因为其摆放在地上的形状很像是一头猛虎蹲坐的样子，所以就取了这么一个名字。实际上，它的功用有点类似于今天的迫击炮，有效射程大约在五百米左右，但轻便灵活，很适宜在山地作战。后来戚继光的军队，也就是所谓的"戚家军"，最喜欢用这种火炮。不过，就海战而言，与无敌神飞炮相比，虎蹲炮不仅射程较近，威力也逊色许多。

汤克宽暗暗地下了决心。他吩咐黄猛道："速速通知虎子，暂且按兵不动，待看见倭贼船只被我悉数焚烧之后，即刻全力攻击倭贼！"

汤克宽的意图是，利用无敌神飞炮的火力和射程上的优势，先由他在水面上轰击倭船，待倭船全部被烧毁的当口，再由那刘黑虎从岸上出击，两面夹攻，一举击溃倭寇。

不难看出，汤克宽的胃口着实有些大了。说是要击溃倭寇，其实是想将这帮倭寇一举歼灭掉。不过呢，若细细分析一下，汤克宽的这种想法也不是没有实现的可能，只是战事最为关键的地方在于，汤克宽能否在最短的时间里把倭寇的船只全部烧毁，同时大量地杀伤倭寇，如若不然，那汤克宽就不仅不能歼灭倭寇，倭寇反过来要把他汤克宽一举击溃了。毕竟，倭寇总是那么疯狂的，而且人数差不多是汤克宽的两倍。更何况，汤克宽最为倚仗的无敌神飞炮也就只有那么几门。很显然，汤克宽是在冒险，但问题是，汤克宽觉得这个险值得一冒。

汤克宽的船队有条不紊地开向了采淘港。黄猛回报：采淘港已经近在咫尺，倭寇们大半都已登上了船。汤克宽下令：以广船和福船为中心，其余小船分布在两侧，整体呈扇状围攻采淘港。

老天爷似乎在帮着汤克宽的忙。原本一尘不染的水面上突然升腾起了一层或明或暗的雾霭。这雾霭可谓恰到好处，既不影响汤克宽的行驶，又能遮住倭寇们的视线。待得倭寇真真切切地瞧见汤克宽的船队时，汤克宽距离采淘港也就只有一千多米远了。汤克宽当然不会错失如此良机。他长剑一挥，大声怒吼道：“开火！”

五六门无敌神飞炮一起喷射出了骇人的火焰。也活该倭寇们倒霉，二十多艘船只整整齐齐地并列在一起，正准备依次出港呢，劈头盖脸地就迎来了一阵火炮的轰鸣。这一阵轰鸣不要紧，几艘倭船上的火药箱被炸了个正着，眼见着，那几艘倭船就几乎被烧成了焦炭。汤克宽高兴地大叫道：“好！好！弟兄们，就这么打！”

然而，那些倭寇也当真是一群亡命之徒，虽然在毫无防备之下被打了个措手不及，但倭寇们并没有惊慌失措。倭寇们看出来了，汤克宽船队上的人马并不多，所以他们叽叽喳喳了一阵之后很快地就分成了两组。一组数百人架着十来艘船只迎着汤克宽的船队开来，试图接近汤克宽利用虎蹲炮和鸟铳与汤克宽抗衡，与汤克宽拼个鱼死网破；另一组主力则涉水登岸，在岸边构筑工事，企图与汤克宽打持久战。

这就给汤克宽出了难题。汤克宽本以为，倭寇要么是全力迎战自己，要么就是全部弃船登岸。可现在，倭寇分成了两组，这又该如何是好呢？汤克宽紧张地思索了一番，然后沉声命令黄猛等人道："不管其他，速速迎着倭贼冲上去，撞死他们！"

汤克宽的船大，火力也猛，十来艘小倭船确实难以构成对汤克宽实质性的威胁。也就半个时辰的光景吧，那些倭船不是被汤克宽的火炮击沉就是被汤克宽的大船撞翻。虽然汤克宽的船队也有些损失，但水面上的战斗还是几无悬念地结束了。

战斗的悬念留在了陆地上。真正的难题留给了刘黑虎。按照汤克宽原先的布置，待汤克宽将倭船全部烧毁之后，倭寇们惊恐不已地弃船登岸之际，埋伏在岸上的刘黑虎乘机发动攻击，一举将倭寇彻底击垮。然而事实是，倭寇不仅没有惶恐，反而十分有序地在岸上构筑起工事来。战情发生如此的改变，刘黑虎也就不能再墨守成规了，他只能是随机应变。刘黑虎冲着手下拼命地喊了一声道："弟兄们，跟我冲啊！一起杀倭贼啊！"

刘黑虎冷不丁地在岸上动手，这的确让倭寇们感到非常意外。这批倭寇在苏松地区横行了多日，还从未遇见过明军什么像样的反击，现如今，刘黑虎领着数百人死命地扑了过来，那汤克宽的船队也已经一点一点地接近了岸边，倭寇们就想，除了汤克宽和刘黑虎之外，其他的地方还有没有另外设伏的明军？这么一想，倭寇们便有些慌张了。慌张之下，倭寇们也顾不得其他了，一起疯狂地朝着刘黑虎反冲了过去。倭寇不仅人多，火器也比刘黑虎的强，所以刘黑虎尽管使出了浑身的解数，手下弟兄也都一个个地拼尽了全力，但最终，汤克宽还未及靠岸呢，大批倭寇还是冲出了刘黑虎的堵截，逃向北边去了。

战后，刘黑虎半低着头站在汤克宽的面前言道："少爷，都怨我，我无能，未能截住倭贼，让倭贼跑了……"汤克宽看着浑身是血的刘黑虎，长吁了一口气道："虎子，你何罪之有啊！你以区区数百人，勇猛冲击，硬是打得倭贼不敢恋战、落荒而逃，即便是我，恐也未必能够如此啊！如果，此战之中真有过错之人，那绝不是你，也不是别人，而是我，是我低估了倭贼，是我太过自信了，过于自信，总是要付出代价的啊!”

汤克宽是在总结经验教训了。不过话又说回来,如果没有汤克宽的这般自信,那采淘港一战也就不会取得如此大的战果。清人夏燮在其《明通鉴》一书中这般记载道:“倭分掠苏松等处,汤克宽逆战于采淘港,斩首八百余级。”一战而取倭寇八百多首级,这在当时的明军抗倭战斗中,可算得上是战果辉煌了。更何况,汤克宽此战还是以寡敌众、以少胜多,着实不易。

只是那刘黑虎似乎还有点不甘心。他找来黄猛嘀咕道:“当时,我人马虽少,但是,如果不是倭贼火力太强,我定然不会眼睁睁地看着那么许多倭贼从我的身边逃出去……”

黄猛自然不太相信刘黑虎的话,甚至以为刘黑虎是在借故推卸什么责任。说倭寇的火力太强,不也就是几十支鸟铳一类的火器吗?你刘黑虎身边的此类火器也并不比倭寇少,甚至还多出许多呢。可有谁知,就在黄猛将信将疑的当口,那刘黑虎捧来一支看起来很像鸟铳的火器递在黄猛的眼前道:“猛子,我可不是瞎说,你看看,就是这种玩意儿,倭贼当时有好几支呢,好家伙,倭贼一开火,我的弟兄立马就倒下去十几个,如果不是我的鸟铳和弓箭比倭贼多,弟兄们又全都奋不顾身,我刘黑虎恐怕就再也见不着猛子你了。”

黄猛顿时就来了兴致，一把将那鸟铳样的东西握在手中仔细地端详。那东西长得确实和一般的火铳差不多，但铳管比一般的火铳要粗一些，也短一些，其管口自然也比一般的火铳要大一些。刘黑虎眨着眼睛问黄猛道："猛子，你以前见过这玩意儿吗？倭贼怎么会有这等稀奇的东西？"黄猛摇头道："说实话，我从未见过这种东西，既然你不知我不知，那我们就去问问少爷吧，少爷好像什么都知道的。"

黄猛和刘黑虎便咋咋呼呼地去找汤克宽问询了。还别说，汤克宽真的知道这种东西。汤克宽对黄猛和刘黑虎道："尔等记住，这并不是倭贼发明的东西，这是倭贼仿我大明火器所制造的，这东西其实也就是火铳的一种，俗称一窝蜂，别看它不起眼，杀伤力却无比强大。"

一窝蜂与一般火铳最大的区别在于，一般的火铳每次只能发射一枚子弹，而一窝蜂的枪管里却足足可以容纳百枚子弹。从功用上来讲，这个一窝蜂有点类似于今天的冲锋枪了，特别适合于近战，陆战如此，海战也如此。所以汤克宽在命黄猛去向王忬大人汇报采淘港战况的同时，又命令刘黑虎尽量多地收集或仿制一批一窝蜂式的火铳，并挑选一些身强力壮又手脚麻利的兵士加以训练，然后组成一个一窝蜂火铳队，在以后的战事中使用。不难看出，汤克宽对于火器的使用还是十分注重的。

终于，在汤克宽的殷殷期盼中，二十多天之后，那黄猛火急火燎地返回到了汤克宽的军营驻地金山。黄猛这一返回不打紧，好几个让汤克宽没有想到的事情便接踵发生了。第一个没想到的当然是，黄猛此次往返竟然耗费了这么许多时日，这着实有点反常；第二个没想到的是，黄猛不是一个人回来的，他同时带来了两个人，一个是俞大猷，另一个是卢镗，这着实有点让汤克宽感到意外；第三个没想到的是，就在黄猛返回后的第二天早晨，那个王忬王大人也匆匆地来到了金山，这着实令人惊奇。只不过，随着王忬的到来，汤克宽那些没有想到的事情一下子就变得顺理成章了。

黄猛耽搁了许多时日是因为要等待俞大猷和卢镗同行，俞大猷和卢镗到金山来是奉了王忬大人的指示，而王忬赶到这里来是要当面向汤克宽宣谕嘉靖皇帝的旨意。

本来，汤克宽乍一看见俞大猷和卢镗二人时，高兴得差点就从原地跳了起来。也不说别的什么了，倭患频仍之际，戎马倥偬之时，三个这样的人能够小聚在一起，那该是一件多么快乐的事情啊！上一回，汤克宽荣升副总兵，俞大猷和卢镗也只能托人捎信向汤克宽表示祝贺，根本就抽不出时间来与汤克宽相聚。现在，机会终于来了，仨人终于相聚在一起了，即使喝他个三天三夜，即使喝他个天翻地覆，好像也不算是什么太过分的事情。

然而,在见到汤克宽的时候,俞大猷和卢镗却并没有表现出应有的喜悦之情。不仅没有什么喜悦,俞大猷和卢镗的脸上还不知不觉地露出很是难过的神色。汤克宽情知事情不对头了,忙着追问缘由,可俞大猷和卢镗二人吞吞吐吐地就是不说实情。急得汤克宽又跑去追问黄猛。黄猛不敢隐瞒啊,只得嗫嚅着道:“少爷,具体的情形我真的不清楚,我只是听说,那个王大人要到这里来了,他一来,少爷你就要倒霉了,倒大霉了……”

倒霉的事情自然是要那王忬大人亲口说出来的。真要说起来啊,事情好像也并不复杂。曾经替汤克宽喊冤的那个应天巡抚彭黯得罪了巡按直隶御史孙慎,孙慎以为汤克宽与彭黯是一伙同党,所以孙慎就暗自发誓不仅要把彭黯搞倒,还要顺便把汤克宽也一并搞倒。所以,在兵部对汤克宽做出了停俸的处罚之后,孙慎觉得这样的处罚简直是太过轻微了,于是,孙慎不久之后就又向朝廷写了一封奏疏再次状告汤克宽。状告汤克宽什么事呢?还是那件事情,就是汤克宽在南沙打了败仗的事情,而且,孙慎在奏疏中的措辞还十分严厉。孙慎在奏疏中说,面对着区区数百人的倭寇,汤克宽不敢应战不说,还故意纵容倭寇,倭寇在水里,汤克宽就列兵于岸上,倭寇在岸上,汤克宽则又陈船于水里,始终与倭寇相左,以致倭寇无所顾忌、肆意妄为,国土遭践踏,百姓遭蹂躏,此等弥天大罪，不逮至京师问罪实在是天理难容。一句话，孙慎用极其沉重的语气向朝廷参劾了汤克宽一个“南沙纵倭罪”。此罪先是报到了兵部，兵部觉得事关重大，便又报送到了严嵩的手里。严嵩一看是孙慎所奏，便觉得此罪可以坐实，所以，严嵩在向嘉靖皇帝简单地禀报了一声之后就预备派锦衣卫南下抓捕汤克宽送京治罪了。

王忬告诉汤克宽，他闻知此事后曾紧急派人禀告朝廷，详述汤克宽在采淘港大败倭寇之功，希望朝廷收回成命，但朝廷没有理睬。王忬低低地对汤克宽道：“朝廷不再相信我了，因为，那个严阁老也不再相信我的话了……”

临别时，王忬又告知汤克宽，俞大猷得知此事后，遣人星夜驰至京师找到了那个锦衣卫指挥使陆炳，恳求陆炳能够搭救汤克宽。陆炳还不错，带着一些财物去向严嵩求情。严嵩不能不给陆炳的面子啊，最终，在严嵩的建议下，嘉靖皇帝下旨：论南沙纵倭罪，革去汤克宽副总兵之职，暂留军中戴罪立功。嘉靖皇帝的圣旨中最后还有这么几个字：用人之际，姑薄罚之。意思就是，嘉靖皇帝此番看在“用人之际”的份上，对汤克宽的处罚已经算是非常够意思的了。

王忬走了，可谓来也匆匆去也匆匆。王忬走后的当天晚上，汤克宽与俞大猷和卢镗仨人在汤克宽的住处喝了一个通宵。喝酒的间歇，俞大猷和卢镗说得最多的当然是一些安慰汤克宽的话，只是汤克宽自己对被革职一事似乎看得十分淡。他微笑着对俞大猷道：“兄长不必为小弟难过，小弟拖累兄长且不说，皇上还能恩留小弟在军中杀倭，小弟就已经很满足了……”又笑对卢镗言：“卢将军这次能够复职，当真是可喜可贺之事啊！”

王忬虽然未能救得汤克宽于危难，但还是尽力地将那卢镗恢复了参将之职，且将卢镗调至汤克宽身边互为协助。俞大猷自然也想留在此地与汤克宽和卢镗等人并肩作战，但是倭情不允许，他还要开到别处去御倭抗倭。

俞大猷临走的那天想与汤克宽等人告个别。卢镗来为俞大猷送行了，只是不见那汤克宽的身影。当时是早晨，海平面上升起的太阳非常璀璨。没见着汤克宽，俞大猷多少有些不放心，于是就和卢镗一起去寻找。找来找去，终于在黄猛和刘黑虎的帮助下，在海边的一块礁石上看见了汤克宽。黄猛和刘黑虎告诉俞大猷，汤克宽自昨天晚上半夜起就一直坐在那块礁石上，动也不动。

在朝霞的柔光沐浴下，汤克宽显得很是有些孤单。猛然瞧见了俞大猷等人，汤克宽赶忙起身迎上来抱拳道：“真是对不起兄长，小弟一时糊涂，竟忘了给兄长送别了……”俞大猷看了一眼朝阳，然后紧盯着汤克宽的双眼问道：“贤弟，你面对朝阳，独坐于此，内心有何感想啊？”汤克宽缓缓摇了摇头道："不瞒兄长，小弟只是在此稍坐，无甚感想，只是，也不知为何，小弟忽然有些想念我那小儿了……"俞大猷一时无语。汤克宽自顾微笑言道："我那小儿，今岁几何？如今，他应该蹒跚学步了吧？说不定，他都能叫我一声爹了……"

汤克宽说得煞有介事的样子，俞大猷不觉看了一眼卢镗。卢镗没言语，只是盯着波光粼粼的海面。俞大猷想了想，终也没再说出一句话来。

第五章　戴罪立功莫须有

一直到王忬大人调任山西巡抚之后，汤克宽才从别人的嘴里，一点点地理解了那一日王忬说出“那个严阁老也不再相信我的话了”这一句话里的几多悲伤和几多无奈。

前面曾经提起过，王忬的大儿子王世贞和严嵩的儿子严世蕃在一段时间内很是交好。王世贞是有明一朝著名的文学家和史学家，是名垂青史的人物；而严世蕃虽然瞎了一只眼，却也是嘉靖一朝有名的“鬼才”。王世贞的才干自不必说，严世蕃的鬼才倒值得一说。就说嘉靖皇帝非常钟爱的那种祝祷用的青词吧，严嵩写得不错，徐阶写得也不错，但在严世蕃的面前，严嵩和徐阶都只能是小巫见大巫。实际上，从某种意义上来说，严嵩之所以能够深得嘉靖皇帝的宠幸,严世蕃绝对是功不可没的。很多书籍都记载,嘉靖皇帝有时候突然遇着什么难题了,叫严嵩解决,严嵩没法子解决,叫徐阶解决,徐阶也没法子解决。不能替皇上分忧那还了得?于是严嵩就偷偷地派人去问严世蕃,好家伙,严世蕃马上就给出了答案,而且这个答案还能让嘉靖皇帝十分地满意。若从这个角度来看,严世蕃的鬼才之谓倒也有些名副其实的。

只不过,王世贞和严世蕃的社会地位和人生经历毕竟是大不相同的。王世贞是通过科举考试才走上了仕途,而严世蕃不用考试便官至工部左侍郎,被朝中许多大臣称为“小阁老”。当然了,二者最大的不同恐怕还是各自的为人和品性。王世贞著述等身,独主文坛艺苑二十来年,是明朝中晚期江南地区公认的“风雅教主”,人品方面自然没得说。而严世蕃呢?有一点也是人所公认的,公认其为不折不扣的大混蛋和大恶棍(其混蛋和恶棍的行径,说起来令人恶心,写起来玷污笔墨,这里只能从略)。

一个如此风雅之人,一个如此污秽之徒,这么样的两个人又如何会有交集呢?似乎没人能够说得清楚,人们能够说得清楚的是,因为一件事情,王世贞得罪了严世蕃,二人从此就形同陌路了。而实际上,如果再说得准确一点,则并非是王世贞得罪了严世蕃,而是王忬得罪了严嵩。

事情的起因是一幅画。当然不会是寻常的画，就是那幅被称为中国十大传世名画之一的《清明上河图》，此画乃是北宋画家张择端仅见的存世精品。这幅精品画作不知何故偶然地落在了王忬的手里，却又不知何故偶然地被严嵩知晓了。实话实说，严嵩的文艺底子不错，撰有好几部著作，写诗一千多首，书法也不乏力作问世，至少也可算得上是一位附庸风雅之人了，所以在得知了《清明上河图》的下落之后便急忙派人去向王忬索要。王忬知道《清明上河图》是一件宝贝啊，如果就这么白白地送给别人实在是有些舍不得，可是，他又不能也不敢大明大亮地拒绝严嵩。于是乎，王忬就自作聪明地想出了一个自以为是两全其美的法子。他偷偷地找来了一位技艺高超的画师，偷偷地将《清明上河图》临摹了一幅，然后着人将那副摹品交到王世贞手里，再由王世贞送给严世蕃。应该说，那幅摹品的水准确实很高，差不多可以以假乱真了。王忬便以为，真正见过《清明上河图》真品的人寥寥无几，加之这幅摹品又如此逼真，那严嵩是断然不会发现其中破绽的。

一开始，情况也的确一如王忬所料。《清明上河图》的摹品首先到了严世蕃的手里，严世蕃并没有急着将它送给父亲严嵩，而是先将它悬挂在自己的府邸内，隔三岔五地就邀一大帮狐朋狗友前来欣赏这一传世之作。一连好多天,没有一个人能够发觉此画的真伪。可是,意外的事情终究还是发生了。那一日,又一大帮子人兴致勃勃地涌进了严世蕃的宅邸,其中就有那个为王忬临摹该画的画师。这个画师本是出于好奇才来的,却又不知出于什么心理竟然当着严世蕃的面把真相说了出来。严世蕃当时心中的那个羞愤啊,恨不得立刻就把那个王忬抓来好好地折磨一顿然后再拧下他的脑袋。严嵩在这方面自然比儿子要老谋深算得多,他一面嘱咐严世蕃不要轻举妄动,一面随便找了个借口就把王忬调到山西去做巡抚了。严嵩对严世蕃言道:“小不忍则乱大谋,蕃儿你放心,他王忬既然敢如此诓骗于我,那他就要付出相应的代价。”就这么着,王忬的最终命运便被一幅画给固定了下来。

王忬当然知道自己突然被调往山西是什么原因,他也知道单凭自己是决然不能够改变这个结果的。他似乎还挺能想得开,既然不能再在南边继续抗倭了,那就去北方尽自己所能地抗虏吧。南倭北虏始终是大明朝廷的切肤之痛,只要能够为朝廷效力,调往哪里好像都是一个样。只不过,在离开南方之前,王忬还有一桩心愿未了,那就是,自己一手提拔起来的汤克宽,一心抗倭,屡立战功,可现在,居然落了个戴罪立功的下场,所以,王忬就想着在临走之前再为汤克宽说说情。

王忬一开始想去找的人是胡宗宪。胡宗宪在明朝嘉靖年间可是一位大名鼎鼎的人物，嘉靖十七年（公元1538年）他二十六岁的时候就考中了进士，以后仕途算得上是一帆风顺，嘉靖二十八年（公元1549年）任宣府、大同巡按御史，嘉靖二十九年（公元1550年）巡按北直隶，第二年就任湖广巡按御史，是年（嘉靖三十三年）开始出任浙江巡按御史。王忬虽然比胡宗宪大上个五岁，但平日里私交也还算不错。但最终，王忬思前想后，并没有去找胡宗宪，主要原因是，王忬突然听说胡宗宪好像进入了严嵩的门庭，此番正是严嵩让他来巡按浙江的。既如此，去找胡宗宪为汤克宽求情这条路自然就走不通了。

王忬后来去找的人叫李天宠。李天宠也是嘉靖十七年考中的进士，与胡宗宪称得上是同年了，其仕途也还算顺利，曾在徐州兵备副使任上于通州、如皋等地击退过进犯的倭寇，受到了朝廷的嘉奖，所以是年（嘉靖三十三年）六月，朝廷任命他为浙江巡抚，其实也就是取代了王忬的位置。

李天宠没有拒绝王忬的请求，只不过，能否为汤克宽脱掉罪名，又能否恢复汤克宽的副总兵一职，李天宠也不能最终做出决定。李天宠对王忬言道："王大人请放心，汤克宽一事，我即刻就向总督大人禀报。"

李天宠所说的那个总督大人名叫张经，张经可是一位老资格廷臣了，正德十二年（公元1517年）考中进士，嘉靖十六年（公元1537年）就做了兵部右侍郎，又总督两广军务，进为兵部尚书。后来严嵩当朝，张经多少有些失意了，于嘉靖三十二年（公元1553年）起为南京户部尚书，不久又由户部改任兵部。东南倭患大盛，张经主动向朝廷请缨抗倭。是年（嘉靖三十三年）五月，嘉靖皇帝旨下：命张经总督江南、江北、浙江、山东、福建、湖广诸军，专办讨倭，便宜行事。这是明王朝第一次因为倭患而特地设立的总督大臣，其总督范围之广，实属罕见。

张经得了李天宠的汇报后，很是爽快地答应了王忬的请求。张经在南京为兵部尚书的时候，对汤克宽抗倭的功绩早就有所耳闻，汤克宽不畏倭寇、一心卫国的精神，更是让他常常暗自赞叹不已。若是以张经的本意，应该立刻就让汤克宽官复原职，然而结果是，张经向兵部奏报，兵部令下，汤克宽只能以参将的身份在张经的麾下听差。张经很是有点不好意思地对汤克宽言道："事实既如此，汤将军也就只能委屈自己了……"汤克宽这般回答张经道："总督大人厚意，下官铭记于心。下官谨向总督大人表态：不管事实如何，只要能让下官抗倭，下官定当赴汤蹈火、万死不辞！"

汤克宽自然是那种说到做到的好汉。刚一恢复参将的身份,他就接连打了两场不大不小的胜仗,而且这两场胜仗还都发生在同一个地点:叶榭镇旁边的盐铁塘口。

叶榭镇隶属于今天上海市松江区,位于上海西南的黄浦江中上游地区。盐铁塘其实是一条小河,顾名思义,它最初主要是用来运送盐和铁的。它开凿的时间较早,据史书记载,盐铁塘开凿于西汉吴王濞时期。汉高祖刘邦统一天下之后,大封诸侯王,其侄儿刘濞因为在跟随刘邦征讨反叛的淮南王英布时立下了赫赫战功,因而刘邦就把江南一带封赏给了刘濞,刘濞于汉高祖十二年(公元前 195 年)始称吴王。所谓"塘口",指的就是盐铁塘与黄浦江的北面交汇处,即今天的上海市松江区车墩镇得胜村境内。

嘉靖三十三年(公元 1554 年)五月二十七日,也即汤克宽刚刚恢复参将身份后不几天,一股三百多人的倭寇乘着数十艘小船从太湖边的南浔(今浙江湖州市南浔区境内)登岸,一路上奸杀掳掠、无恶不作。这一日,汤克宽得报,这股倭寇正乘船沿着黄浦江向东北方向开来。汤克宽急忙带着黄猛和刘黑虎等人前去观察地形。汤克宽发现,叶榭盐铁塘口这个地方的地形很不错,很适合打伏击。当时,汤克宽手下兵丁约有五百人,大小船只二十来艘。汤克宽命令刘黑虎道:"你率几只小船前往迎敌,记住,只需战败,不许战胜。"很显然,刘黑虎的主要任务就是要把倭寇引诱到汤克宽的包围圈里。汤克宽又叫来黄猛吩咐道:“你领一队人马于塘口岸上埋伏,待倭贼登岸之时,全力出击。”

这场规模不大的战斗进行得十分顺利。倭寇见着刘黑虎的几只小船后,非常骄横,只顾猛冲猛打。刘黑虎遵照汤克宽的指示,不顾伤亡,且战且退。退着退着,倭寇就退到汤克宽的包围圈里了。倭寇见势不妙,无心恋战,纷纷弃船登岸。这时候,黄猛手中的十几支一窝蜂火铳就发挥很大作用了。距离那么近,一窝蜂火铳一起发射,倭寇瞬间就倒下去一大片。倭寇前无去路,后有追兵,只得慌不择路地抱头鼠窜。就在这当口,附近的乡民们挥着镰刀、扛着锄头自发地赶来助战了。乡民们对倭寇可是恨之入骨啊！只要是落在乡民们手里的倭寇,不是被镰刀割去了脑袋就是被锄头筑得血肉模糊。慌不择路跳到水里的那些倭寇,又都毫无例外地成了汤克宽和刘黑虎等人的剑下之鬼。这一仗打得非常畅快,三百多倭寇全军覆没。

没隔多久,同年(嘉靖三十三年)的六月初三日,汤克宽又得到情报,一股二百多人的倭寇乘坐着七八只小船押运着两大船辎重正沿着黄浦江向松江南门方向驶来。这里所谓的辎重,其实就是倭寇四处抢掠来的财物。汤克宽对黄猛和刘黑虎等人言道:“倭贼剽掠之物,我等理应截下还与乡民。”巧合的是，这股倭寇此番行进的路线，恰恰又要经过叶榭盐铁塘口。

倭寇抢掠的财物可谓五花八门，一句话，凡是能够抢到的东西，倭寇就绝不会放过。只是若相比较而言，倭寇最感兴趣的东西还是明朝的丝织品。有记载说，明朝的丝织品每百斤值银五六百两，而倭寇把抢掠的丝织品运到日本之后其价格至少翻上十倍。除了丝织品之外，棉布品也是倭寇的必抢之物。有传言说，倭寇之所以经常赤裸着上躯，就是因为没有棉布做衣裳。至于明朝的瓷器、古书、古画等艺术品，倭寇也不会轻易放过。甚至，明朝的针线、铁锅和钱币等，倭寇也“志在必抢”。因为日本物资十分匮乏，自己也不会铸钱，明朝一千文钱在日本价银四两。最为丧心病狂的是，倭寇连明朝的小孩儿都抢，抢回日本变卖了赚钱。还好，汤克宽得知，此番倭寇那两艘辎重船上并没有什么孩童，也没有什么百姓，如若不然，汤克宽就得另想办法了。

就汤克宽而言，当然是希望还像上一回那样在叶榭盐铁塘口打倭寇一个伏击。然而，时过境迁，出于抗倭的需要，那张经总督暂时把汤克宽身边的兵士大部都抽调到别处去了。汤克宽当时只有一百多兵丁。还算不错，那黄猛和刘黑虎还在，还剩有一只广船和一只福船，船头上还架有一门无敌神飞炮。汤克宽对黄猛和刘黑虎道：

“此番战倭，难以全歼，如若打跑倭贼，又夺得那两船辎重，可谓之全胜也。”

尽管如此，汤克宽也是困难重重。不说别的，就那么百余兵丁，若是让倭寇瞧出了虚实，倭寇就绝不会善罢甘休。倘若真与倭寇硬拼到底，孰胜孰负那就实在难以预料了。

汤克宽想到了上一次的叶榭盐铁塘口之战，又想起了去年的海盐保卫战。换而言之，汤克宽想到了民众的力量。于是汤克宽就迅速地命令黄猛和刘黑虎等人四处去寻觅百姓。汤克宽想得没错，这里的百姓非常支持明军、支持汤克宽。只有大半天的时间，汤克宽的周围就已经聚拢了好几百位乡民了，且大都还是年轻力壮的人。汤克宽心里的这个高兴啊，忙着令人将乡民们都换成了明军的装束，并配发相应的武器。乡民们也十分激动，虽说他们真正的战力还有待商榷，但若是让他们鼓噪呐喊、营造声势，他们也的确是不遑多让的。

从某种意义上来说，正是乡民们营造的声势左右了这场战斗的走势。二百多倭寇乘坐着七八只小船护送着两大船辎重向着叶榭盐铁塘口开来了。辎重船前面有三四只倭船，辎重船后面也有三四只倭船。汤克宽的计划是，先由他率着一只广船和一只福船，利用船头上的无敌神飞炮将倭寇辎重船前面的倭船轰走，然后由黄猛和刘黑虎领着十余只小船迅速地靠近倭寇的辎重船，攀缘上去，一举将辎重船夺下。

汤克宽的计划比较完美地实现了。他率着一只广船和一只福船迎着倭寇冲了上去。汤克宽的无敌神飞炮还没发射几颗炮弹呢，辎重船前面的几艘倭船便慌不择路地逃到辎重船的后面。这并非是倭寇们怕死，而是倭寇们看见了汤克宽的战船上不仅有火炮，更有六七百名明军战士。而实际上呢，汤克宽的广船和福船之上，除去开炮和放铳、射箭的是真正的军士，其他的都是易服的当地百姓。其余的军士在黄猛和刘黑虎的带领下，乘着汤克宽开炮的机会，疾速地乘着小船驶到了那两艘辎重船的船舷之下，开始向辎重船上攀爬了。按照计划，黄猛和刘黑虎一人负责一艘辎重船。这两人谁也不甘落后，亲力亲为，几乎是同时攀上了倭寇的辎重船。好家伙，这一边，那黄猛刚刚砍下了一个倭寇的头颅，那一边，那刘黑虎也一剑穿透了一个倭寇的胸膛。两人就像是比赛似的，汤克宽还未及将辎重船后面的倭船全部轰走和吓走，辎重船上的战斗就已经结束了。

此战如果仅从歼敌的数量上来考量，战果并不大，汤克宽只顾营造声势，着实没有杀伤几个倭寇，唯有辎重船上的四十多名倭寇被黄猛和刘黑虎悉数消灭了。但是，此战的影响却比较深远。因为汤克宽缴获了两艘倭寇的辎重船,又将辎重船上的财物全部分发给了当地的乡民,所以乡民们对汤克宽就非常地感激,甚至都有些感恩戴德了。以至于,盐铁塘出口处原有一个小集镇,本来也不知道叫什么名字,当地民众为了纪念此地的抗倭胜利,更为了感恩汤克宽的抗倭壮举,就把这个小集镇重新命名为"得胜港"。后来得胜港小集镇取消了,但"得胜村"的名字却一直保存了下来。

张经总督得知汤克宽两战两捷之后颇为兴奋,曾当着众位将军之面褒赞汤克宽道:"如此看来,东南倭患,汤将军尽可凭一己之力消弭也!"

然而,张经没有想到的是,他的爱将汤克宽,不久之后居然马失前蹄了,说是马失前蹄,其实汤克宽多少也还是有些冤枉的。

这是嘉靖三十三年(公元 1554 年)十一月间发生的事情。一伙倭寇从柘林(今上海市奉贤区柘林镇)出发,准备劫掠嘉兴、湖州两府。当倭寇开到嘉兴县(时为嘉兴府管辖,嘉兴府治所在地)一带时,遭到了明军强有力的抵抗。对抗异常激烈,倭寇一时难以突破,只得掉头西向,预备去攻掠湖州府。

在嘉兴县境抵抗倭寇的明军将领叫作刘恩至。刘恩至出身于军旅世家,自幼习武,立志成为一名将军,嘉靖二十六年(公元 1547 年),他参加武举考试,一举得中,次年便投入抗倭斗争之中,因屡立战功,嘉靖三十三年十月调至金山任备倭署都指挥佥事,在张经总督手下听差。刘恩至曾和俞大猷一起并肩作战过,理应与汤克宽也会有战场上的交集。而且,正是凭着此番嘉兴一战,次年五月,刘恩至便由指挥佥事升任参将一职了。

凑巧的是,就在刘恩至与倭寇在嘉兴县境激烈交战的当口,汤克宽也正领着一小队人马在湖州城十数里外巡游。那一夜,朔风凛冽,寒气逼人,汤克宽下令就地安营扎寨。没承想,从嘉兴败退过来的倭寇也赶到了这里,并乘夜对汤克宽的营地发动了偷袭。汤克宽当然有所防备,只是天寒地冻的,加上倭情不明,手下兵马又非常有限,故而汤克宽就命令黄猛和刘黑虎等人不要恋战,速速率军撤回湖州城内,待天明之后再作计较。

汤克宽此举应该没有什么不妥。除了一些特殊情况之外,那些无谓的牺牲还是尽量避免为好。汤克宽事后还将这一情况向张经总督作了禀报,张经当时也没有认为汤克宽有什么不对。但是,有人却不这么认为。有人认为,汤克宽身为参将,不敢与倭寇死战,只会一味地败逃,理当严厉责罚,所以这些人就给朝廷上疏了。

给朝廷上疏状告汤克宽的主要有两个人,一个叫周琉,另一个叫周如斗。周琉时任应天(时谓应天府,即今南京市)巡抚,周如斗时任应天巡按。客观而言,周琉和周如斗二人皆为性情耿直之人，尤其是那个周珫，敢于仗义执言的名声可谓朝野尽知。最典型的一次是有一年，嘉靖皇帝朱厚熜南巡，周珫随驾伴行，伴行的途中，周珫一时感愤难平，上疏抨击朝臣贪赃枉法，不只如此，他还在疏中直谏嘉靖皇帝不够节俭，结果是，他遭到了一顿廷杖，并被贬谪到外地做了一个小吏，尽管后来的日子里嘉靖皇帝似乎又开始看中他了，让他做到了山东按察使、巡抚应天都御史的位置，但周珫自己始终以为，他的才干并没有得到充分的发挥，所以他就趁着倭患愈演愈烈之际，一边积极向嘉靖皇帝上疏备陈御倭大略，一边努力寻找可以让自己引起朝廷重视的机会。机会终于来了，那个汤克宽居然撇下倭寇跑了，于是他就连忙联络了应天巡按御史周如斗，联名上疏参劾汤克宽。还别说，周珫和周如斗的这份奏疏立刻就引起了朝廷的重视，或者说，这份奏疏立刻就引起了严嵩的重视。很快，在嘉靖三十四年（公元 1555 年）的正月，兵部的回复就递到了张经的手里。兵部的意思主要有两点：一是撤掉汤克宽参将之职，令其军中戴罪杀贼；二是敕令总督张经和巡抚李天宠等，克期剿贼，不得有误。汤克宽参将的被褥还未焐热呢，就又变成一具戴罪之身了。

张经有些于心不忍，特地私见汤克宽言道：“汤将军休得过于多心，只要张某在此总督，你就永远是我阵前大将，你虽无参将之名位，尽可行使参将之权力！”不难看出，张经是引汤克宽为心腹了。所以汤克宽就很是认真地回答张经道：“感谢总督大人厚爱，在下定当竭力效劳。在下还是那句话，只要能让在下杀倭，在下死而无憾。”

汤克宽说的当然是真心话。只是那家将黄猛和刘黑虎颇有点愤愤不平。汤克宽只得安慰二人道：“此番并非朝廷过于严苛，实是因为我等在湖州城外过于小心了，如果当初我等并未撤回湖州城内，而与倭贼拼死一战，鹿死谁手也未可知……”

汤克宽的真实想法是，不管现在处境如何，只要一心杀倭、建立功勋，未来总还是可期的。殊不知，汤克宽总是把事情想得太好了，他没有想到的是，几乎就在他被撤去参将之职的同时，又有一个人向朝廷上疏告状了，被告之人中依然有他汤克宽的名字。这次向朝廷告状者可是一个重量级的人物，这个人就是浙江巡按御史胡宗宪。

胡宗宪此番状告汤克宽似乎也不是完全没有道理。去年年底在湖州城外偷袭汤克宽营地的那伙倭寇，在得到了又一批倭寇的加入后，实力大增，众达数千人之多，于是便开始疯狂地四处攻杀。倭寇攻陷了崇德县（今浙江省桐乡市崇福镇），又复攻德清县（今浙江省湖州市辖县），明军把总（千户之下、百户之上的基层军官，秩比正七品）梁鄂，指挥周奎、孙鲁，百户陆陵、周应辰，副理问

(明代各地布政使司下面设有一个机构叫理问所,掌管勘核刑名案件职权,设理问、副理问等官员)陶一贯等众多军官和地方官员被倭寇杀害。一时间,明军四处溃散,倭寇攻城略地,百姓惨遭屠戮。屠戮到什么程度?也不说别的,就说在一条小河边吧,有书籍记载道:“河畔积孩尸甚多,悲号震野。”倭寇果真是毫无人性啊!

仔细想来,那胡宗宪极有可能是出于满腔的悲愤,秉笔上疏,将当地几乎所有的明军军官和地方官员一并状告了。这其中,不仅包括汤克宽,还包括浙江巡抚李天宠,甚至还囊括了刚刚升任副总兵不久的俞大猷。说来也有趣,俞大猷担任的副总兵,恰恰是汤克宽曾经担任过的苏松海防副总兵。还算不错,胡宗宪不知出于什么考虑,此番状告中并没有提及总督张经。

胡宗宪的状疏,经由严嵩审核之后,朝廷自然是不敢怠慢的。是年(嘉靖三十四年)三月,兵部回复胡宗宪的谕令就抵达了张经的总督府:巡抚李天宠等一干官员,俱停俸戴罪杀贼;副总兵俞大猷等一干官员,俱停俸仨月;参将汤克宽等一干官员,俱下督府,先取死罪。换而言之,汤克宽被朝廷判了个死刑,只是没有立即执行,而是暂且关押在张经总督府的监牢里等候着死期的到来。

此时的汤克宽,心中真的是有些郁闷了。他郁闷的是,湖州城外之事,纵使自己有罪,那也罪不至死啊,又何况，朝廷于此事已经做出了处理，已经撤了我的参将之职了啊！朝廷如此作为，究竟是何故？

直到俞大猷前来监牢看望汤克宽，汤克宽才知道是胡宗宪上的奏疏。汤克宽大为惊讶道："兄长，我与那胡大人向无过节，胡大人为何如此待我？"俞大猷重重地叹了一口气。说实话，俞大猷真的想好好地教育汤克宽一番，让汤克宽知道世事难料的真谛，可俞大猷转念一想，自己的这位兄弟生来就是这副德行，即使是自己说破了嘴，恐也不能改变他的初衷。想到此，俞大猷最后便对汤克宽说了这么一句话："贤弟，你只管好生待着，切勿多虑，其他的事情，就交由为兄去打理吧。"

汤克宽这回倒是听懂了俞大猷的话，他知道，他的兄长一定是又去找那位锦衣卫指挥使陆炳了。只不过，汤克宽不知道的事情还有很多。比如，俞大猷不仅与陆炳交情匪浅，俞大猷还通过互相交流写诗作文心得的方式，与朝中的许多大臣都保持着相当密切的联系。不过话又说回来，汤克宽即使知道了这些，恐怕他也难以做到俞大猷这样。

张经也到监牢里来见汤克宽了。张经来的目的与俞大猷不同，他不是来安慰汤克宽的，他直接把汤克宽从牢里释放了出来。见汤克宽有些发怔，张经便直勾勾地看着汤克宽的眼睛说道："实不相瞒，张某正在筹划一场对倭大战,以期彻底改变目前御倭颓败之势,情急之下,还望汤将军能助我一臂之力!”知己如此,汤克宽还能说什么呢?汤克宽只能这般言道:“为圣上,为大人,为百姓,在下唯愿肝脑涂地!”

汤克宽当然不是说着玩的,那张经也不是说着玩的。张经真的在组织一场空前的对倭战役。为此,张经不仅把汤克宽从牢里放了出来,也不仅将俞大猷和卢镗等一帮能征善战的大将全都聚拢在一块儿,他还利用朝廷赋予的“便宜行事”的职权,四处招兵,就连广西的地方武装都接到了他的征调命令。张经是真的想干一番空前的抗倭壮举了。

结果是,张经的这番壮举还真的干成了。然而,殊为可惜的是,这番壮举过后的结果,却是张经万万没有想到的。连张经都没有想到的结果,那汤克宽自然也就连做梦都不会想到。个中原因是,在张经的壮举之前,有一个人风风光光地南下了。正是这个人的南下,彻底改变了张经和李天宠等人的一生,也极大地改变了汤克宽的人生。南下的这个人叫赵文华。

赵文华尽可算得上是明代嘉靖朝一个臭名昭著的人物了。他本也是个很有才华的人,嘉靖八年(公元1529年)二十六岁的时候考中了进士,嘉靖二十六年(公元1547年)应邀编纂的《嘉兴府图记》,因叙述颇有体例,后来被收入清代的《四库全书》之中。但是,赵文华的为人却实在是太过阴险狡诈,他在国子监(明代最高学府和教育行政管理机构,又称“太学”或“国学”)读书的时候,认识了严嵩,严嵩时任国子监祭酒(国子监最高长官),为了巴结严嵩,赵文华就哭着喊着要认严嵩为义父,严嵩呢,早就看出赵文华不是什么正经玩意儿,与自己颇为志同道合,所以也就同意了。后来,严嵩逐渐发达了,就委派赵文华担任通政使(明代始设通政使司衙门,简称通政司,长官即为通政使,掌管内外章奏和臣民密封申诉之件的职权)一职,专门截留四方弹劾严嵩的奏疏,奏疏截住了之后,先交由严嵩审阅,然后再由他进呈给嘉靖皇帝。赵文华和严嵩的这种关系,应该就叫为虎作伥或狼狈为奸吧。可是,赵文华对此好像并不满足,赵文华以为,他也应该像严嵩一样直接得到嘉靖皇帝的宠幸才是。《明史》记载,有一回,赵文华趁着嘉靖皇帝单独召见的机会,向嘉靖皇帝进献了一种叫百花仙酒的饮料(说是饮料,其实是一种药酒),嘉靖皇帝喝了之后感觉味道很不错,很甜,就问此药酒从何而来,赵文华故意回答说是从他的义父严嵩那里得来,并说严嵩平日经常服用此药酒,故而严嵩虽然年迈,却依然身强体健。赵文华的意思,自然是想借此离间严嵩与嘉靖皇帝的关系,好趁机成为嘉靖皇帝的心腹。嘉靖皇帝果然大怒,亲自写信去责问严嵩,严嵩一时惶恐无比，一边向嘉靖皇帝解释，自己从未服过什么百花仙酒，一边又耗费了许多周折才最终平息了嘉靖皇帝的怒气。嘉靖皇帝这一息怒不打紧，那赵文华可就惹出性命攸关的大麻烦来了。严嵩把赵文华叫去好一顿臭骂、好一顿怒斥，大有置赵文华于死地而后快的架势。赵文华惊恐万分，泪眼婆娑地在严嵩的面前长跪不起。然而，无论赵文华装出什么可怜相，严嵩也不想轻饶于他。最后，赵文华的聪明脑袋滴溜溜一转，猛然间想到了严嵩的妻子欧阳淑端。欧阳淑端平日的喜好不算多，平生最大的喜好就是财，只要是财，她来者不拒。所以赵文华就倾其所有、穷尽所能地去讨好欧阳淑端。欧阳淑端被赵文华深深地感动了，便开始在严嵩的面前为赵文华开脱。还有，徐阶也在严嵩的面前为赵文华说好话。最后的结果是，严嵩和赵文华这对义父义子便又和好如初了。严嵩的妻子为赵文华开脱当然是因为钱财，而徐阶为赵文华说情却是颇有深意的，徐阶以为，有赵文华这样的混账之人待在严嵩的身边，日后说不定就能成为压垮严嵩的一棵稻草。赵文华哪里知晓徐阶的心机啊，反过来，他很是感激徐阶的相助之力，所以，是年（嘉靖三十四年）正月的时候，赵文华就特地跑到徐阶的身边，说是自己闲来无事，想去东南沿海一带巡视一番，顺便打击一下倭寇的嚣张气焰。徐阶没有反对，随即就把赵文华的意思跟严嵩说了。严嵩闻言很是高兴，当即擢升赵文华为工部侍郎并以钦差大臣的身份去巡视东南防倭事宜。赵文华信誓旦旦地向严嵩保证道：“孩儿此番南下，定不负义父厚望，请义父在京稍候，孩儿必将凯旋！”

赵文华就这么南下了，前簇后拥地真是好不威风。他这一南下不大要紧，明朝整个抗倭的形势很快就急转直下了。

率先赶去迎接赵文华的是胡宗宪，而且迎接的阵势还非常的隆重。赵文华对此很是满意。他洋洋自得地对胡宗宪言道：“只要胡大人好好地当差，赵某回京之后便会向我义父大人说说你的好话，只要我义父大人尊口一开，那这里的什么巡抚啊什么总督啊，以后就统统属于胡大人你的囊中之物了。”胡宗宪闻言感激不已。

张经没有亲自去迎接赵文华，只在赵文华来到了总督府之后，他才礼节性地与赵文华打了个照面。此前，俞大猷曾特意带着汤克宽去委婉地奉劝过张经，劝张经千万不要怠慢了赵文华。张经自然知道站立在赵文华背后的是严嵩，但他却依然竖着脖颈对俞大猷和汤克宽等人道：“倭情如此紧急，张某哪有闲暇去虚与应付？”

张经说的倒也是实情，倭情的确是越来越紧迫了。自是年（嘉靖三十四年）三月开始，一股股的倭寇便断断续续地开到柘林一带集结，至四月，集结的倭寇已众达数千人(《明史》中记载,当时的倭寇众达两万余)。张经召来李天宠、俞大猷、卢镗和汤克宽等人一起分析敌情。分析的结果是,倭寇此番南犯的可能性较大。于是张经就与众人商定,此次战役的主战场设在王江泾,力争在王江泾一带把这股倭寇彻底打垮,力挽明军之颓势,重振明军之士气。

王江泾,即今浙江省嘉兴市所辖的王江泾镇,地理位置很是特殊,位于江苏、浙江两省的交界之处,处于今天的上海、杭州、太湖三大经济圈的交汇点,南与嘉兴市区相连,北与江苏盛泽一桥相通,是浙北通往苏南的重要门户。据记载,自南宋以来,王江泾就是江、浙两省交界处的一个丝绸集镇,方圆数十里之遥,日出万匹丝绸,一眼看过去,镇上店坊林立、人头攒动,市街极其繁荣,向被誉为是“衣被天下”的丝绸之府。追溯历史,早在宋朝以前,此地就已形成了集镇,因为有一位闻氏尚书在此居住,故此地曾名为“闻川市”,后元代以降,此地有王、江两家大户相继兴起隆盛,遂逐渐称之为“王江泾”。泾者,水边也。

为确保这次战役万无一失,张经做了精心的部署。他不仅在王江泾一带设下了包围圈,令汤克宽为主将,还特意将副总兵俞大猷和参将卢镗抽调出来,让二人各领一支人马机动待命,预防倭寇会有别样的异动。还别说,张经的这一预防措施真的起了大作用。张经得报，倭寇开出柘林后，果真是一路南下，看倭寇的态势，是想攻掠嘉兴府，然而，倭寇南下后不久，却突然掉头北上了。亏得张经早有防备，那俞大猷和卢镗早已经各率人马堵在了倭寇的北路。张经给俞大猷和卢镗下了死命令：不管伤亡，不顾一切，只要把倭寇拦住，只要把倭寇打得重新南下即为胜利。看得出，不管倭情如何变化，张经欲将王江泾作为最后的战场的计划没有变。也就是在这个当口，那个赵文华走进了张经的总督府。

张经虽然有些不待见赵文华，但赵文华毕竟是朝廷派来的钦差，实有来此督军之意，所以张经也就只好把军情简略地对赵文华说了。赵文华颇为不解地问张经道："既已部署停当，为何还不主动出击？"张经没有向赵文华说出原委，只是回了一句道："时机尚未成熟，不能贸然出击。"

赵文华再问，张经却顾左右而言他。一连好几天，赵文华天天赶来催促张经出兵，张经实在是有些烦了，对赵文华也就不理不睬了。气得赵文华找到那个胡宗宪气呼呼地问道："胡大人，张经这是何意？莫非，他一再推诿，是不敢与倭寇交战？还是故意纵倭为暴？"客观而言，若论军事才能，那赵文华与胡宗宪委实是不在一条水平线上的。只不过，当时的胡宗宪，永远都不会在赵文华的面前显摆自己在军事方面的才能。所以，胡宗宪就用一种推测的语气对赵文华道："下官以为，那张经大人之所以迟迟不战，或许是在等待援兵的到来……"

胡宗宪猜对了，张经就是在等待援兵。虽然，当时张经手握的明军兵马数量要远远地超过倭寇，但张经以为，明军人数虽众，但久疏战阵，且大都患有恐倭之症，这样的明军前去与倭寇交战，肯定是不堪一击，虽然俞大猷、卢镗和汤克宽的属兵皆颇有战力，可兵力甚少，以此甚少之兵，也根本不可能打败倭寇的。张经曾以此征询汤克宽的意见，汤克宽对此深以为然。汤克宽尝对张经道："倭贼势横，不可小觑，更不可大意，大人运筹帷幄多日，不战则已，战则必胜。"所以，是年（嘉靖三十四年）三月之初，倭寇还没有在柘林一带集结的时候，张经就开始有意识地四处调集兵马以备战了。既然是四处调集，那就一定是调集那些富有战斗力的兵马。张经征调的兵马主要有两股，一股是广西的狼兵，一股是永顺、保靖（今湖南省永顺县和保靖县，隶属湘西土家族苗族自治州）一带的土兵。

所谓狼兵，兴起于明朝中期，是当时广西各地土司（土司是少数民族官名，又称土官、土酋，是中国古代一类官职的统称，通常由西北、西南地区的少数民族部族头领任职）组建起来的地方武装，又叫"俍兵"或"狼师"。《明英宗实录》有如此记载:“狼兵素勇,为贼所惮。”张经曾在两广总督军务,自然深知狼兵的骁勇。所谓土兵,主要指的是当时的永顺土司和保靖土司所组建的地方武装,人员构成以苗族和土家族为主。史籍记载说:“自正德以来,诸土司赴调,多倩此苗为先锋。”土兵的善战,张经也是早有耳闻。张经的意图就是,待得那狼兵和土兵到来之际,即是与那倭寇决战之时。

赵文华当然不知情,所以就三天两头地跑来催促张经开战。其实这也难怪赵文华,你想想,如果张经开战了,如果张经得胜了,那他赵文华就是大功一件,他的脑袋瓜子上自然也就会戴上了一圈御倭胜利的光环,有了这一圈光环,也甭说是义父严嵩会如何了,即是那嘉靖皇帝恐也要对他赵文华另眼相看,连皇帝都对自己刮目了,一连串的好处当然就会随之而来。反过来,即使张经被倭寇打败了,那也是张经的无能,与他赵文华是没有半点关系的。只是可恨,那个张经好像一点也不领会他赵文华的心思,只顾一味地搪塞,把赵文华气得啊,在胡宗宪的面前暴跳如雷,一边暴跳一边借着酒劲儿咬牙切齿地对胡宗宪道:“胡大人,你听好了,我赵文华现在指天向我义父发誓,我发誓,那个张经,我一定叫他不得好死!”

终于,是年(嘉靖三十四年)四月下旬,广西的狼兵和永顺、保靖的土兵一前一后地按照张经事先的安排,风风火火地到达了各自指定的位置:狼兵北上,分属俞大猷和卢镗二将;土兵东往,交由汤克宽统一指挥。率领土兵前来的是两位宣慰使(明朝时期,为治理边境少数民族,在当地设立宣慰使司,它是一种民族自治机构,它的长官就叫宣慰使),一位是永顺宣慰使彭翼南,一位是保靖宣慰使彭荩臣,而统领狼兵前来的人可就非同一般了,她就是明朝抗倭历史上著名的民族巾帼英雄,瓦氏夫人。此战之前,张经总督便封她为"女官参将总兵",此战过后,嘉靖皇帝更是赐予她"诰命二品夫人"的头衔。只是可惜,此战过后不久,瓦氏夫人因张经等人之事,一气之下告老还乡,不久病逝,享年五十九岁。

随着瓦氏夫人的到来,明军抗倭的那一场空前大战就渐次拉开了序幕。这是嘉靖三十四年的五月。大体上说,这场大战的过程可以分为三个阶段。第一个阶段谓之石塘湾之战,第二个阶段谓之平望之战,最后一个阶段就是王江泾大战了。

石塘湾(今京杭大运河与沪宁铁路交汇处)之战的明军统帅是参将卢镗,瓦氏夫人为副将。在得到张经的指令后,卢镗和瓦氏夫人主动向倭寇发起了攻击。倭寇显然吃惊不小,像这么一大股子倭寇,在之前的日子里,好像还没有哪一支明朝军队敢于主动发起挑战。不过吃惊过后,倭寇很快便镇定下来,向着明军发起了潮水般的反击。这就亏得瓦氏夫人和她狼兵的勇猛了。也不说别的普通的狼兵了，就说那个瓦氏夫人吧，在眼睁睁地看着自己的属下钟富、黄维等十四人被倭寇杀死之后，一时愤怒难耐，不顾卢镗等人的再三劝阻，亲自披发舞刀冲入倭寇阵中。已经很难说清楚究竟有多少个倭寇死在了瓦氏夫人的刀下，能够说清楚的是，待此战告一段落之后，再看瓦氏夫人所骑乘的那匹战马，马尾鬃上的毛发都几乎被倭寇拔拽干净了，从此足可见瓦氏夫人当时的英勇无畏到了何种地步。倭寇见对面的明军如此势猛，情知遇上对手了，不敢再续战下去，只得心有不甘地避开此地，绕道北上，准备去劫掠其他的地方。倭寇这一北上，便又遭遇了明军副总兵俞大猷的阻击。

俞大猷是在平望（今江苏省苏州市吴江区境内，是联结长江三角洲中的苏、锡、常地区和杭、嘉、湖地区的枢纽）一带看见倭寇的，虽然俞大猷手头的兵马并不占优势，但他还是不顾一切地向倭寇发起了冲锋。俞大猷这么做当然不是在蛮干，因为他很清楚，只要一击而将倭寇打得退避三舍，那就会为自己争取到足够的时间。有了这足够的时间，那卢镗和瓦氏夫人的兵马就会及时赶来支援。俞大猷打得狠，算得也准，待倭寇重新集结部署预备和俞大猷玩命的当口，卢镗和俞大猷的两支明军兵合一处了。倭寇本就被俞大猷顶得苦不堪言，加上先前又领教过了卢镗和瓦氏夫人的厉害，倭寇便以为，此番是遭遇前所未有的劲敌了，与这样的劲敌再缠斗下去恐也占不了多大的便宜。于是倭寇就想啊，既然北上的道路行不通，那为何不转身南下呢？北上也好，南下也罢，反正到哪里都是干杀人放火的勾当。殊不知，倭寇这一转身南下，恰恰就正中了张经总督的下怀。

倭寇在前面跑，俞大猷、卢镗和瓦氏夫人等在后面追。倭寇跑得非常快，俞大猷等人倒是追得不紧不慢。俞大猷心里明白，如果追得慢了，弄不好就会跟丢了倭寇；反之，如果追得过快，则很有可能会把倭寇追到别的什么地方去。俞大猷这是在执行张经的命令，张经的命令很明确，只要把这批倭寇一步步地赶到王江泾一带，就算是大功一件了。

倭寇倒是很听话，真的呼啦啦地都挤到王江泾的附近。这回就轮到汤克宽上场了。按照汤克宽事前的布置，永顺宣慰使彭翼南和保靖宣慰使彭荩臣二人早领着数千名土兵埋伏在王江泾周围的坎坎坷坷里了。见得时机已到，待得汤克宽令下，彭翼南和彭荩臣振臂一呼，数千土兵便一个个地不要命似的冲出坎坷，杀向了倭群。这些土兵也真的是不要命，面前的这股倭寇不仅鸟铳和弓箭众多，还携带了十来门虎蹲炮。倭寇开火了，射箭了，在倭寇的凶残射击下，一排排的土兵倒下了，但是，一排排的土兵又踏着同伴的鲜血和躯体冲了上去。一开始，倭寇本以为，自己人多，火力上也明显地占着优势，只需打上那么几个反击，就肯定能将眼前的那些土兵击退、击溃。可有谁知，土兵们不但没有被击退，更没有被击溃，恰恰相反，到后来，倭寇们却感到有些顶不住了，一点点地被土兵们冲杀得喘不过气来。一个多时辰过去，待俞大猷、卢镗和瓦氏夫人的兵马及时赶到并迅速地加入战阵之后，倭寇们便实在是吃不消了，渐渐地被迫向东撤了。工夫不大，倭寇们就被逼到了王江泾的水边。倭寇们的灭顶之灾就瞬间降临了。因为，汤克宽和他的船队早已经在此严阵以待。见得倭寇们乱哄哄地拥挤在眼前，挺立在一只福船船头的汤克宽一声令下，两百多艘大小战船上的数十门大小火炮和数不清的鸟铳和弓箭，一起向着倭寇射去。再看王江泾的水边，一堆一堆的倭寇被火炮炸飞，一团一团的倭寇被鸟铳和弓箭射死。倭寇们再也无力抵抗了，一个个哭爹叫娘地四处逃窜，只恨他们的爹娘少生了两条腿。陆地上，明军越战越勇，包围圈也越缩越小，那俞大猷、卢镗和瓦氏夫人等大将更是身先士卒、所向披靡；水面上，汤克宽见岸上打得如此热闹，实在是心痒难耐，也就顾不得其他了，第一个从船上跳到了水里，那黄猛和刘黑虎一见，也急忙领着众人纷纷涉水登岸参战。黄猛还一边涉水一边冲着汤克宽喊叫道：“少爷，千万不要把倭贼都杀完了，留下几个倭贼让我也砍砍头过过瘾啊！”

黄猛未免把局势想得过于乐观了。倭寇们不仅狡诈也很顽固，眼看着两路夹击的明军就要完成合围了，倭寇们反倒有些镇静了下来。他们不再四散逃命，也不再慌不择路地往火海里蹦、往深水里跳，而是迅速地集中起了全部残余的力量，然后不顾一切地一起沿着岸边朝着北方突去。那里，是明军实力最为薄弱的地方，被倭寇发觉了，也被倭寇抓住了。最终，倭寇的垂死挣扎获得了成功，一批倭寇冲出了明军的包围圈。这批倭寇逃跑的速度着实惊人，汤克宽率着黄猛和刘黑虎等人怎么追也追不上，无奈只得奉命还师。再说跑掉的那批倭寇，几乎是一口气地跑回了柘林据点。他们再也不敢停留在这里了，他们此番确实是让明军给打怕了。所以他们就与在柘林据点里留守的倭寇一起，放火烧了自己的巢穴，然后乘船逃到远远的海面上去了。

王江泾一战，明军尽管没能将倭寇悉数全歼，但是，它所取得的战果毫无疑问是重大而又空前的。虽然因为许多的倭寇被烧成了灰烬难以辨认，还有许多倭寇淹死在了水里被冲走了难以打捞，实在是很难确切统计到底有多少个倭寇殒命于此战。但是，战后，通过明军官兵向总督府献缴的倭寇首级数，也还是能够瞧出此战辉煌成果的端倪。据不完全统计,张经的总督府一共收到了倭寇的首级一千九百八十余颗。所以,各种史书上都几无例外地运用了这一类的词语来评价王江泾大捷:“自军兴以来,战功称第一。”“自有倭患来,此为战功第一。”史书上当然说的都是实话。

打了如此一场大胜仗,作为运筹帷幄且全权指挥的总督张经当然是最为兴奋的人了。所以,战事刚一结束的当天晚上,他就不仅在总督府内举办了一场声势浩大的庆功宴,遍邀在此战中立下功劳的大小将领,且还在宴席之上重重地吩咐巡抚李天宠道:“此战始不易,此战终大胜,当速速上报皇上和兵部,今日在座一干人等,都应得到朝廷的封赏,尤其是汤克宽汤将军,以戴罪参将之身,立如此不世之功,请皇上和朝廷尽快恢复其副总兵之位。”汤克宽听了,心中自然欢喜,急忙走到张经的面前敬酒致谢不已。

然而,许是张经等人太过高兴了,高兴得有点忘乎所以了,所以他们都没有发现,这场庆功大宴,有一个非常重要的人物没有来。按照常理,这个人是不应该缺席的,这个人就是赵文华。等到宴席快要结束的当口,稍稍还有点冷静的那个俞大猷冷不丁地察觉到了这个情况。俞大猷不禁一怔,隐隐地觉得有些不对劲儿,于是就悄悄地询问坐在身边的胡宗宪,问赵文华赵大人现在哪里。胡宗宪明显地犹豫了一下,然后低低地回答俞大猷道:“俞大人,赵大人是钦差啊,钦差大人去了哪里,胡某又如何知晓?”

也不知道胡宗宪所言是真是假,但俞大猷总觉得赵文华的缺席是个不祥的征兆。宴后的第二天,待得张经等人已经完全从庆功的醉酒中清醒过来了之后,俞大猷就迫不及待地面见了张经,将自己心中的隐忧和盘托出。有谁知,那张经根本就没把赵文华的缺席当成一回事。张经对俞大猷道:“俞将军,管他人作甚?你只管等着朝廷的封赏则罢。”

俞大猷又把汤克宽找来提及此事。汤克宽对俞大猷道:“那赵大人来此便催促张大人出战,张大人未加理会,现如今,张大人得了胜仗,赵大人许是碍于脸面这才故意缺席的。小弟以为,此事无他,兄长未免有些多虑了。张大人说的是,我等毋作他念,只管静待朝廷来人封赏便是……”

朝廷自然是会来人的,没过多久,朝廷来的人就走进了当时张经的总督府所在地嘉兴。但是,几乎令所有人都始料未及的是,朝廷来人不是来封赏的,而是来抓人的。因为,朝廷派来的不是旁人,而是那个锦衣卫指挥使陆炳。陆炳似乎没有别的事情可干,他到哪里就干一件事情,抓人。他此番到嘉兴来要抓的还不止一个人,他第一个要抓的人是总督张经，第二个要抓的是巡抚李天宠，最后要抓的便是戴罪参将汤克宽。

陆炳来抓人当然是奉旨行事。嘉靖皇帝的圣旨上写得清清楚楚、明明白白：诏锦衣卫遣官校逮总督南直隶浙福军务右都御史张经、浙江都御史李天宠及参将汤克宽，械系来京问罪。陆炳觉得此事干系重大，“遣官校”有点不放心，所以就亲自带人前来了。

这样的一个结果，也甭说是别人了，即便是那个俞大猷，闻知此事后也不觉头颅一阵阵地发懵和发胀。卢镗带着满腔义愤来找俞大猷询问原委。俞大猷便只好又带着满腹的悲怆去找陆炳追问根由。俞大猷问陆炳道：“总督张大人何罪之有？巡抚李大人何罪之有？那汤克宽又何罪之有？”

陆炳与俞大猷虽然交情匪浅，但因为此事非同小可，所以陆炳本也不想对俞大猷说出实情，只是架不住俞大猷的再三请求甚至一再哀求，最终，陆炳还是对俞大猷说了实话。

却原来，这一切都是那个赵文华做的手脚。赵文华虽然没有直接参与王江泾大战，但此战的一举一动，赵文华都叫胡宗宪密切关注着。待胡宗宪回报赵文华，王江泾大战已经进入了最后的关头，虽然倭寇尚未完全被歼，但明军肯定是稳操胜券之后，赵文华便立即行动了起来。他将自己关在一间黑屋里，就着一盏鬼火独自伏案疾书。他是在给嘉靖皇帝写奏疏，从下午一直写到黄昏。胡宗宪小心翼翼地来叩门，说是总督府来人邀请钦差大人去赴庆功之宴，赵文华置之不理。待得夜幕降临，赵文华终于大功告成，将一篇洋洋洒洒的奏状密封了，交予几个心腹之人连夜送往京城。

陆炳虽然不清楚赵文华书写奏疏时的情状，但他知晓那封奏状的内容。奏状的篇幅很长，但主要的内容也就三点：一是状告张经和李天宠，南下督抚半年有余，却一直畏寇怯战，玩寇殃民，不杀不足以平民愤；二是弹劾参将汤克宽，本已是负罪之身，却不思悔改，不仅与张经、李天宠之流沆瀣一气，反而蛊惑、撺掇张经等人纵倭为暴，实属罪大恶极，理应与张经、李天宠并罪论处；三是申明王江泾大捷的所谓真相，赵文华在奏疏中说，此番大捷并非是张经、李天宠等人所为，而是他赵文华督军有方，正是他赵文华一再督促，那张经等人才被迫出兵，而在此番灭倭大战中立下不朽大功之人，也并非是阵前与倭寇搏杀的俞大猷、卢镗和汤克宽之辈，而是巡按御史胡宗宪指挥有方。陆炳对俞大猷说，这封奏疏的署名共有两个人，一个是赵文华，另一个人是胡宗宪。

陆炳还告诉俞大猷，嘉靖皇帝现在龙体很是康健了，也偶尔地走出内宫来亲自处理朝政，在得到了赵文华的奏状后，嘉靖皇帝本也是有些将信将疑的，加上不久之后就又接到了张经报捷的奏疏，嘉靖皇帝的疑心就越发地重了，所以他就把诸位内阁大臣召到身边，让他们来辨明两封奏疏的真伪。说是诸位内阁大臣，其实就是严嵩一个人说了算。也甭说是其他什么人了，即是那个徐阶，当时也不会公然与严嵩唱反调的。严嵩当时是这么对嘉靖皇帝说的："微臣早有耳闻，东南官绅乡民，苦怨张经久矣，老臣以为，张经不宜复留，宜与那李天宠、汤克宽一起逮京审讯，以惩欺怠之罪。"欺者何意？就是欺君之意啊！那张经竟敢如此狂妄，这还了得？所以嘉靖皇帝龙手一摆，张经等人的最终命运就再也无法更改了。只是，偏偏有人不解圣意，比如给事中李用敬和闻望云二人，他们联名上奏嘉靖皇帝，认为军队刚刚取得大捷，倭寇的嚣张气焰刚刚被遏制住，此时不宜更换主帅，更不宜无端逮治立功将官，请皇上明察，请皇上召回锦衣使者。嘉靖皇帝哪有闲暇顾办这等小事，随手就将这份奏疏交予严嵩处理。严嵩当然有的是时间，立即认定李用敬、闻望云二人是张经的同党，着人将二人施以一顿廷杖之后削职为民。前面曾经提及过，那位瓦氏夫人在得知了张经等人被捕的消息后,实在是想不明白,也实在是气愤不过,同时又实在是无能为力,便只好随便找了一个借口独自返回广西老家去了。

瓦氏夫人对此无能为力,俞大猷也不可能有什么好办法。俞大猷只能在陆炳将要离开嘉兴之前,再次拜托陆炳一定要好好地善待他的好兄弟汤克宽。陆炳对俞大猷道:"俞兄放心,小弟一定会尽自己所能为之,那汤将军既是俞兄的好兄弟,当然也就是小弟的好兄弟。"陆炳比俞大猷年少七岁,他的为人,俞大猷还是很信任的。

俞大猷最不放心的当然还是汤克宽。在陆炳的默许下,俞大猷不止一次地前去探监,也不止一次地嘱咐汤克宽道:"贤弟切勿多做他想,你与张大人和李大人毕竟有所不同,为兄以为,或许过些时日,贤弟之事便会另有转机……"

这时候的汤克宽,似乎早已经对一切麻木了,只是眼角处尚未风干的几滴清泪,仿佛在告诉俞大猷,他的心中还有些许难以放下之念。果然,汤克宽低声对俞大猷道:"兄长眷顾,没齿难忘,此番进京,难免一死,死事甚小,不过尔尔,只是未能死于杀倭阵前,憾之又憾也……家中尚有老母,未得尽孝,尚有妻儿,未得尽责,想来未免有些伤悲……"汤克宽说着说着,忽然有些哽咽起来。他显然知晓此番变故不同以往，他在心里已经做好了最坏的打算。俞大猷见状连忙言道："贤弟不必如此，贤弟家中之事，理应也是为兄之事，为兄虽无能，定当倾尽全力照顾贤弟家中事务。若有可能，为兄定当前往京城探视贤弟……"俞大猷当然说的是肺腑之言。汤克宽顿了顿，然后又对俞大猷道："兄长，小弟放心不下的还有那猛子和虎子，尤其是猛子，一向刚烈如火，还盼兄长代为照看……"俞大猷答应道："贤弟放心，为兄知道贤弟与他二人情同手足，为兄这就将他二人调至身边。"

不难看出，汤克宽这是在向俞大猷交代后事了。而实际上，从某种意义上来说，最令汤克宽揪心、最让汤克宽放心不下的一个人，应该还是他的那个小小的幼儿。那个小幼儿，自出生至今，汤克宽还从未见过一面。

最终，汤克宽陪着张经和李天宠一起披枷带锁地离开了嘉兴城。此前，赵文华有令，城内任何人等都不许擅自前去送别。但是，那黄猛和刘黑虎却不吃这一套，他们二人不仅前去送别了，还冲着汤克宽等人离去的方向长跪不起，还不仅是长跪不起，他们曾真真切切地仰望着苍天声嘶力竭地呼叫着、呐喊着。

在黄猛和刘黑虎二人的凄厉呼喊声中，嘉靖皇帝的圣旨又降临到了嘉兴城。皇帝诏曰：浙江巡按御史胡宗宪抗倭有功，擢代李天宠为浙江巡抚；应天巡抚周珫上疏御倭策略有方，擢代张经为浙江总督。胡宗宪自不必说，那个周珫，正是去年（嘉靖三十三年）和应天巡按周如斗一起疏告汤克宽兵败嘉湖的那个人。周珫志向远大，一直在寻觅杀贼破倭、为国效力的机会。现在，绝佳的机会终于降临了，他做了浙江总督，他要大干一番事业了。

第六章 十年铁窗万事休

张经、李天宠和汤克宽仨人被械系至北京城之后，立即就被投入到锦衣卫的监狱里。朝中上下大小臣子顿时便明白，张经等人虽然还未及审讯，但结局基本上已经注定了。因为，但凡投进锦衣卫监狱之人，即是千万侥幸能够活着出来，那出来的时候也已经脱了好几层皮了。

锦衣卫的监狱叫锦衣狱，人们又称之为“诏狱”。所谓诏狱，意思就是由皇帝直接掌管的监狱，关押在这种监狱里的罪犯都是由皇帝亲自下诏书定罪的，锦衣卫的监狱是皇帝直管的，当然属于诏狱的一种了。史书记载说，诏狱乃是“明之自创，不衷古制”，看来明朝的皇帝还是颇有一番创新能力的。

锦衣卫是明朝初年由朱元璋一手创立起来的。锦衣卫本来叫“拱卫司”，后改为“亲军都尉府”，到了洪武十五年（公元1382年）的时候始称为锦衣卫。朱元璋建立锦衣卫的目的其实很简单，就是为了能够更好地监视那些明朝的大小官员，以免他们有什么不轨之心。实话实说，朱元璋对自己的那帮臣子真的是放心不下，所以为永葆朱姓江山本色，他便在生前一而再再而三地杀人，不但把与他一同打天下的开国功臣几乎杀了个精光，还连带着杀死了数以万计的大小臣子，以至于，杀到最后，许多衙门都无人上班了。后来，朱元璋不在了，但锦衣卫还在。后来的皇帝虽然大都不像朱元璋那样肆无忌惮地杀人了，但朝中大小臣子却对锦衣卫无比恐惧起来。有明一朝，对那些臣子来说，锦衣卫简直就是地狱般的存在，甚至比地狱还要令人恐怖。也甭说是朝廷的那些一般官员了，即使是那些看起来位高权重的大臣，他们也是不敢轻易得罪锦衣卫的，因为得罪锦衣卫的后果之一就是被打入锦衣狱。当时的北京城里有两座监狱，一座是刑部的监狱，另一座便是锦衣卫的监狱。大臣们都知道，进入刑部的监狱还算是好的，说不定还能幸运地活着出来，但要是落到了锦衣卫手中，关进了锦衣卫的诏狱里，那就彻底地玩完了。还不仅仅是玩完这么简单，在玩完之前，必须要经受锦衣卫一系列的刑法。锦衣卫的刑法实在是太多了，仅令人毛骨悚然的酷刑就多达十八种之多。有人说,“弹琵琶”一刑可谓是锦衣卫酷刑中最为极致、最具代表性的刑法。所谓的弹琵琶,就是把人绑在一张铁床上,用烧得滚烫的开水浇在那个人的身体上,然后再用铁刷子用力刷那个人的身子,一直刷到那个人骨肉分离为止。唉,明朝皇帝有时候也忒歹毒了些。

汤克宽因为官阶级别较低,没有资格和张经、李天宠二人关押在一块儿。汤克宽虽然平日里不太过问政事,但对于锦衣卫的情况多少还是有些耳闻的。他也真的算是非常幸运的了,因为那个陆炳真的没有忘却自己曾对俞大猷许下的诺言。也正是在陆炳的照顾之下,汤克宽才得以躲过了锦衣卫的种种酷刑。当然,有的时候,陆炳外出公干不在京城了,只要时间一长,汤克宽也就不可避免地会遭到一番小折磨。既然是小折磨,汤克宽自然也就暂时尚无性命之忧。汤克宽自己无忧了,便会情不自禁地担忧起那张经和李天宠的命运来。

那一日午后,汤克宽正忧心忡忡地蜷缩在狭小而又肮脏的监牢里,忽然,一个歪鼻斜眼的锦衣卫镇抚(锦衣卫官员有指挥使一人,正三品;同知二人,从三品;佥事二人,正四品;镇抚二人,正五品;十四所千户十四人,正五品)在四名狱卒的簇拥下砰的一声踹开了汤克宽的牢门,说是刚才汤克宽瞟了他一眼。汤克宽还未及辩解呢,那镇抚就恶狠狠地将汤克宽从地上揪起来,跟着便是一顿拳打脚踢。拳打脚踢过后，镇抚好像觉着不过瘾，命身边的狱卒赶紧去找一根铁棍来，说是要好好地教训一番汤克宽。三名狱卒不迭地跑开了，剩下的那名狱卒连忙踮起脚尖附在那镇抚的耳边叨咕了几句什么。镇抚微微地皱起了眉头，接着抓住汤克宽的衣领对着汤克宽的脸颊来了个左右开弓。打毕，镇抚对汤克宽丢下一句“你这家伙真走运”，然后便悻悻地离开了。汤克宽知道，先前那狱卒附在镇抚耳边所言，肯定是与那陆炳有关。不然的，他汤克宽此番十有八九会被那镇抚活活打死，是那个狱卒救了汤克宽一命。

凶神恶煞般的镇抚走了，汤克宽便不由自主地陷入了沉思。说是沉思，其实也就是瞎想。自打被关进了锦衣卫的诏狱，汤克宽就没再想着还能不能活着的问题。他甚至想着，与其这样不明不白地关押着，还不如早一点去见父亲大人。他就在想啊，如果真的在九泉之下见到了父亲大人，自己又该如何开口呢？是向父亲大人诉苦？还是向父亲大人喊冤呢？

就在汤克宽瞎想的时候，汤克宽听见了一阵阵的哀号。那声音真是撕心裂肺啊，就像是一个人被生生地剜去了双眼或被生生地剖开了胸膛一般。汤克宽本能地身体一紧。因为在汤克宽听来，发出那阵阵哀号的，很像是张经大人，又像是李天宠大人。就在这当口，汤克宽看见那个歪鼻斜眼的镇抚了,那个镇抚浑身上下都是血,跟着的几个狱卒的身上也沾满了血。那些血自然不可能是从镇抚和狱卒的身上冒出来的,而只能是从那些被关押的囚犯体内喷溅出来的。汤克宽听到那镇抚说话了,那话说得好像很是有点不甘心的味道:“混蛋,那个混蛋杨继盛,身子骨太硬了,我都揍他好几回了,居然没能将他揍死!”

汤克宽这才明白过来,刚才备受那镇抚残酷折磨的人,并非张经大人,也不是李天宠大人,而是那个杨继盛。汤克宽真没有想到,那个杨继盛还活着,而且就关在他汤克宽的旁边。

关于杨继盛的故事,不仅汤克宽听说过原委,就是京城里的许多普通的老百姓也都知晓一二。杨继盛于嘉靖二十六年(公元 1547 年)登进士第,初任南京吏部主事(明代于各部司官中置主事一职,官阶为从六品,为各部司官中最低的一级),后官至兵部员外郎(员外郎原指设于正额以外的郎官,隋朝时始为编制定员之内,明代以郎中、员外郎为六部各司正副主官)。嘉靖三十二年(公元 1553 年)正月十八日,杨继盛在斋戒三日后给嘉靖皇帝上了一篇《请诛贼臣疏》,贼臣是谁?严嵩也,杨继盛在疏中历数严嵩“五奸十大罪”,可谓字字见血、句句戳心。然而,许是杨继盛太过注重心血地表达了,没有仔细认真地推敲用语和措辞，在历数严嵩的一条条奸罪时不慎触及了嘉靖皇帝的隐私，故而惹得嘉靖皇帝很是不快活。再加上老奸巨猾的严嵩在一旁煽风点火、添油加醋，于是嘉靖皇帝就一怒之下将杨继盛打入了锦衣卫诏狱，旨令刑部严加核审、从速定罪。当时负责审讯杨继盛的人是刑部侍郎王学益，这人可是严嵩的党羽，所以他就遵照严嵩的指使，欲以诈传亲王令旨的罪名将杨继盛处以绞刑。刑部郎中史朝宾感于杨继盛的无私无畏，坚决不同意处死杨继盛。严嵩得知后大为恼怒，立刻就把史朝宾贬出了朝廷，且令刑部再审再定，不得拖延。刑部尚书何鳌没有史朝宾的胆量，不敢抗拒严嵩，只得依照严嵩的意思给杨继盛定了案。严嵩自然是想将杨继盛立刻杀死的，但锦衣卫指挥使陆炳在徐阶等一些大臣的暗中联络之下，也认为杨继盛获得死罪有些冤枉，所以就一直把杨继盛关在诏狱里不放人。尽管由于那严嵩的缘故，杨继盛在诏狱里的日子也并不好过，但杨继盛当时毕竟还活着，且在诏狱里苟活了两三年之久。

汤克宽一时很有点难过起来。然而，他究竟是因何而难过，又究竟是因谁而难过，恐怕连他自己也说不清楚。他是为了自己的处境而难过吗，还是为了那个杨继盛的遭遇而难过？他是因为自己所处的世道太过艰难而难过，还是因为自己的命运太过多舛而难过？

难过了好长好长时间之后，汤克宽的命运终究被那个嘉靖皇帝的御笔给圈定了下来。嘉靖三十四年（公元1558年）七月，经由内阁上报，嘉靖皇帝旨下：张经、李天宠和汤克宽一并论死，且羁押于诏狱之内，待秋后一并问斩。

多少有点奇怪的是，汤克宽在得知自己的死讯后，几乎没有显出什么悲伤的神色来。也许，汤克宽以为，所谓一了百了，万事皆休，早一点死去，自己便尽可以早一点解脱了。只不过，汤克宽的心中多少还是有些遗憾的，他遗憾的是，自己反正无所谓了，然而那个张经大人，还有那个李天宠大人，实实在在是被冤枉的呀！

汤克宽就带着这种遗憾在诏狱里静静地等候着自己死期的到来了。然而，令汤克宽做梦也不会想到的事情突然就发生了。发生得真的很突然，突然得都让麻木的汤克宽有点不知所措了。是年（嘉靖三十四年）十月，一个秋高气爽的日子，包括张经、李天宠和杨继盛在内的九名囚犯，被全副武装的锦衣卫押到了西市（明代刑场的名称，专为处决官吏之用，位于今天北京市西四附近，西四的全称叫西四牌楼，它与皇城以东的东四牌楼相对称；明朝时的西市，存在着两种不同的刑法，即杀与剐，被杀的在西边的牌楼下，被剐的则在东边的牌楼下；清朝以降，统治者为了以杀戮的手段威慑民众，就把刑场从明朝时的西四牌楼移至宣武门外的菜市口），结果十分简单，张经等九人一个挨一个地被砍下了头颅。据说，这次处决的人犯当中，本来是没有杨继盛的，是那严嵩把杨继盛的名字偷偷地添上了，而嘉靖皇帝在审核的时候又[illegible]马虎，这一马虎不打紧，一直苟活着的杨继盛再也没能苟活下去了。又据说，杨继盛在临刑前，曾作小诗一首，诗中有云："浩气还太虚，丹心照千古。生前未了事，留与后人补。天王自圣明，制作高千古。生平未报恩，留作忠魂补。"时人听了相互涕泣并传颂此诗。杨继盛的妻子张氏贞烈无比，在丈夫死后不久便自缢身亡，时人敬而悯之，便把杨继盛的故宅改为庙宇来奉祀，把杨继盛尊为城隍，并以其妻张氏配祀。一直到明朝隆庆元年（公元1567年），也即杨继盛死后的第十二年，隆庆皇帝朱载垕继位，抚恤直谏的诸臣，诏以杨继盛为第一，追赠其为太常少卿，谥号"忠愍"，予以祭葬，并任命其一子为官。

杨继盛如此，那张经和李天宠等人之死也使得当时的朝野上下愤而悲之。《明史》记载说："其年十月，（张经）与巡抚李天宠俱斩，天下冤之。"与杨继盛的遭遇相仿，直到隆庆初年，张经的孙子张懋爵上疏鸣冤，朝廷才恢复了张经的官职，赐祭葬，追谥"襄敏"，并给予了张经后代袭封官职的恩典。李天宠呢，尽管在严嵩失势之后，包括李天宠儿子李育吾在内，许多朝臣都上疏为他申冤，但李天宠始终都未得平反，直到隆庆二年（公元1568年），河南巡抚杨光训又上疏朝廷，请为李天宠“诏予原官”，朝廷这才“追谥忠直，建祠本县，立坊于祠前”。李天宠也终于得到平反昭雪了。

只是汤克宽不然。他虽与张经和李天宠一道被朝廷判处了死刑，但最终却并没有陪着他们二人一道赴死。他不仅没有死，且还被那陆炳亲自护送着，从锦衣卫的诏狱中转移到了刑部的监狱里。能够从锦衣卫的监狱里活着走出来，而且还几乎是毫发无损，汤克宽也足可以称得上是世间最为幸运者之一了。虽然，从这个监狱转到了那个监狱，汤克宽并未获得什么自由，依旧锁系在铁窗之内，但是，汤克宽距离死亡却实实在在地遥远了许多。也正因为如此，在嘉靖三十五年（公元1556年）的五月份，一个阳光灿烂的日子里，有人获得兵部的许可来探监了。来探望汤克宽的不是别人，就是黄猛和刘黑虎。黄猛和刘黑虎当然是没有什么资格来兵部的监狱里探监的，他们是奉了俞大猷之命前来探视汤克宽的。这样一来，汤克宽才得以知晓入狱一年来东南抗倭事宜的一系列变化。

诸多变化简直可以用眼花缭乱来形容。只不过，有些变化，却只能让汤克宽感到困惑，甚至大为不解。比如那个周琉，好不容易坐上了总督浙直军务的位子，本以为从此可以在御倭抗倭的战场上纵马驰骋以报皇恩浩荡，可有谁知，周琉到位了之后方才明白，原先预想的一切不过是镜中花水中月，甚至连镜花水月都是一种奢望。也甭说赵文华了，就连胡宗宪也根本不听他周琉的调遣。更有甚者，周琉刚刚见到那个赵文华，还未及说出自己对当前抗倭形势的见解，那赵文华就阴阳怪气地笑言道："周大人，你听赵某一句劝，你可千万不要重蹈那张经的覆辙哦！"于是周琉便明白了，明白得还很彻底：如此待下去，不仅理想难遂，只怕性命也难保。他毕竟不是张经和李天宠，也不是汤克宽。他开始想着打退堂鼓了。还算不错，他还没来得及向朝廷递交辞呈呢，朝廷的指令就快速地递到了他的手中：周琉无能，削籍为民。周琉便灰溜溜地回到了老家应城（今湖北省应城市）。这当然又是那个赵文华在背后捣鬼。前后算起来，周琉在总督的位置上一共坐了三十四天。

接替周琉位置的是一个叫杨宜的人。杨宜于嘉靖二年（公元 1523 年）考中进士，官封御史，出为河南巡按，因为在平定师尚诏起义（师尚诏起义是明代河南省最大的一次农民暴动，历时九个月，起义者转战三省，破府、州、县城二十座，影响颇深）时立有战功，升迁南京户部右侍郎。此番得以就任浙直总督职位，主要是因为赵文华向严嵩推荐。杨宜与赵文华走得很近，他有事没事的总喜欢给赵文华送些礼物。按理说,凭着与赵文华的这层关系,杨宜在总督的位子上应该坐得很舒服。一开始还确实是这样。杨宜认为广西狼兵虽然战时英勇,但因为瓦氏夫人的离去,这些狼兵几无管束,四处剽掠,实在是不堪大用,应该招募那些江浙义勇、山东箭手,并调江、浙、福建、湖广漕卒(运漕粮的士兵)及河南毛兵(毛兵是毛葫芦兵的省称,明人邱浚所著《大学衍义补》中云:今唐、邓山居者,以毒药渍矢以射兽,应弦而倒,谓之毛葫芦。实际上,毛葫芦军的作用略同于团练)来此听用。赵文华不仅没有反对,还大加赞扬杨宜很有远见。然而,待四面八方的杂兵都聚齐了之后,杨宜却根本不能驾驭。有一回,川兵与山东兵私斗,差点把统领他们的参将给杀了。还有一回,招募来的士兵于高桥战倭,打了败仗不说,还根本不听号令,径自夺舟返回苏州去了。这下子,南京的各路言官坐不住了,纷纷上疏状告杨宜,且言辞还相当激烈。亏得杨宜结交了赵文华这么一个好朋友,赵文华在得了杨宜的又一堆钱财之后给朝廷上疏,说是杨宜治军无方,请罢杨宜。最终,杨宜得到的处理结果是“夺职闲住”,总算是拣得了一条性命。

汤克宽喟然而对黄猛和刘黑虎道:“总督之职,至关紧要,如此频繁更换,岂不耽误抗倭大事?”

汤克宽当时不知道的是,那杨宜革职后不久,总督一职便由胡宗宪继任了。而胡宗宪原来的巡抚之位,则由一个叫阮鹗的人继任了。阮鹗得以继任浙江巡抚,主要依仗的是胡宗宪的推荐。客观而言,阮鹗在做浙江提学副使(提刑按察使司按察副使、提督学道的省称,掌一省学政及考试之责)的时候,抗倭的态度还是非常积极的。有一回,倭寇围攻杭州,杭州地方官害怕倭寇偷袭,拒绝乡民入城避难,阮鹗亲手打开城门,救活居民数以万计,后又亲自部署,击退了倭寇的进犯。胡宗宪正是基于此才竭力向赵文华推荐阮鹗担任浙江巡抚的。不得不说,胡宗宪的快速升迁虽然得益于严嵩和赵文华,但是,胡宗宪的抗倭决心和意志是一以贯之、始终不渝的,在嘉靖一朝的抗倭历程中,能够与胡宗宪抗倭功绩相抗衡者,可谓寥若晨星。而阮鹗则不然,自做了浙江巡抚之后,抗倭之心似乎突然暗淡了许多,实在没法子,胡宗宪只得说服赵文华给朝廷上疏,让阮鹗转任福建巡抚。可是,有一次,倭寇进犯福州,阮鹗非但不敢应战,反而以数万两银子和各种布匹去贿赂倭寇,并用六艘大船送倭寇出海,不仅如此,阮鹗还变得异常的奢侈、无比的贪婪,敛刮民财达千万之巨,于是御史宋仪望等人纷纷上疏弹劾阮鹗,嘉靖三十七年(公元1558年)三月十六日,阮鹗被捕至京,好在他事先重金贿赂了严嵩,未得重治,仅革职为民了事。

阮鹗的所作所为,汤克宽当然不清楚,但是,黄猛和刘黑虎告诉他的两件事，却让他痛苦和揪心不已。一件事是，那赵文华和胡宗宪对倭寇打了大败仗了；另一件事是，几十个倭寇竟然横行了数千里，打死打伤了数千名明军官兵。

客观而言，赵文华和胡宗宪打败仗之事，胡宗宪虽然参与了，但主要的责任应该由那个赵文华负责。这是嘉靖三十四年（公元1555年）九月份发生的事情，那赵文华眼见俞大猷和卢镗等明军将领接连不断地打胜仗，心中异常地郁闷和苦恼，他心里清楚，自奉旨巡视东南以来，除干了一系列的缺德事之外，他一件能够说得出口的正经事儿也没做，所以他就想在回京之前，真正地与那倭寇干上一仗，干出个胜果来，也好日后在义父和朝中大臣的面前吹嘘一番、炫耀一番。还别说，赵文华苦苦等待的机会终于来了。属下向他禀报，从柘林逃出来的一股倭寇聚集在了陶宅（今上海市奉贤区东北陶宅镇）一带。赵文华追问属下：倭贼有多少人？属下回答：四五百人。赵文华高兴了，急忙召来胡宗宪言道："陶宅倭贼余孽，不足挂齿，赵某尽可取也！"见赵文华一副志在必得的模样，胡宗宪也就只好附和道："钦差大人亲自坐镇，想那倭贼定然溃不成军也！"话虽然是这么说，但胡宗宪一点也不敢掉以轻心，忙着去四处征调兵马。赵文华则表现得更加积极，除了把浙江四千多明军精锐悉数调至自己的身边之外，还谕令应天巡抚曹邦辅调集南直隶兵马共同会剿倭寇。赵文华以为，明军人数远远多于倭寇，此仗胜负绝无任何悬念。会剿的日子终于到来了，赵文华一声令下，浙江明军兵分三路，南直隶明军兵分四路，东西并进夹击陶宅倭寇。然而，此战的结果却着实令人大感意外，也甭说是别人了，就是那个胡宗宪也差点惊掉了下巴。《明世宗肃皇帝实录》中有这样的记载："贼分众迎敌，我兵大败，浙江领兵指挥邵昇、姚泓，直隶领兵千户刘勋俱死。"仅仅是明军的将领就死了两名指挥和一名千户。明军士兵又阵亡了几许呢?《嘉靖东南平倭通录》一书中有云："贼悉锐冲浙兵，诸营皆溃。我兵挤沉于水，及自蹂践死者甚众……损失军士几千余人。直兵陷贼伏中，死者二百余人。"浙江兵马损失了几千人，南直隶兵马损失了两百多人，尽可谓之惨败了。可是，打了这么一场大败仗，赵文华不仅没有受到朝廷的任何责罚，反而在回京之后升了官，由工部侍郎升为工部尚书，且加太子太保衔。这可真是咄咄怪事啊!

正如《嘉靖东南平倭通录》书中所说的那样，自赵文华、胡宗宪打了这场败仗之后，"由是贼势益炽"，倭寇的气焰更加嚣张了。嚣张到了什么程度?有一小股倭寇，拢共只有六七十人吧，本来是想从绍兴高埠小镇流窜过去的，因故没有成功，于是一气之下，连续劫掠了杭州、严州(明代严州府位于今天浙江省西部,与徽州相邻)、徽州、宁国府(府治在今安徽省宣州区)和太平府(位于长江下游南岸,府治在今安徽省当涂县),一直侵犯到了明王朝的留都南京,跨越行程达数千里之遥,害死百姓难以计数,打死打伤明军官兵至少有四五千人,包括一名御史、一名县丞、两个指挥和两个把总,前后共计八十多天,最后被一个叫董邦政的明军指挥佥事和一个叫娄宇的明军把总在浒野关(今江苏省苏州市境内)给全歼了。

汤克宽听得黄猛和刘黑虎说知后,不禁大惊失色,许久,汤克宽才仿佛自言自语地说道:“寥寥几十个倭贼,如何会这样横行?如何会这样霸道?”

明军如此惨败和倭寇如此猖獗,显然给了汤克宽巨大的冲击。不过,那黄猛和刘黑虎带给汤克宽的也不全然都是坏消息。比如,他们向汤克宽提到了俞大猷和卢镗,说是俞大猷如今已经升为总兵官了,卢镗也已经升为副总兵了。汤克宽听了,心情一下子就平缓了许多。

说起来俞大猷能够升职,在一定程度上还得感谢赵文华。赵文华对陶宅镇的倭寇开战落败,这股倭寇与其他地方的倭寇纠集在一起,乘着四十余艘船只屯集在了川沙洼(位于今上海市东郊,长江入海口南侧,原属上海市川沙县,该县现已撤销)。也不知是因为什么,那个曾经帮着赵文华打了败仗的应天巡抚曹邦辅突然上疏弹劾俞大猷,说是俞大猷故意放纵倭寇。嘉靖皇帝当时正为倭患愈演愈烈而恼怒万分,接到曹邦辅的疏告后,正好把心中的恼怒转移到了俞大猷的身上了,立即旨令剥夺俞大猷的世袭特权,并说俞大猷该当死罪,最后敕令俞大猷暂留军中立功以赎罪。俞大猷无力反驳,只得按照嘉靖皇帝的旨意拼命地去立功了。他亲率官兵对着川沙洼的倭寇发动猛攻,一仗便杀死倭寇一百三十名,川沙洼的倭寇胆怯了,慌忙烧掉营地欲乘船出海,早有防备的俞大猷及时地在海面上阻击,终在老鹳嘴(今上海市浦东新区辖境)堵住了倭寇,一把火焚毁了倭寇八艘大船,倭寇大部被歼,残余者落荒而逃。前文曾经提及,俞大猷不仅与那锦衣卫指挥使陆炳交情颇深,且与许多朝中大臣素有交往,现在,俞大猷抗倭立功了,所以就有好几个大臣在嘉靖皇帝的面前为俞大猷求情,并直言苏松总兵刘远任职数月时间毫无作为,应当由俞大猷取而代之。嘉靖皇帝当时心情不错,一时兴起,便于是年(嘉靖三十五年)三月下旨将刘远罢免,任命俞大猷为苏松总兵官。

和俞大猷相比,卢镗升为副总兵的过程就没有这么许多曲折了。几乎就在俞大猷大战川沙洼倭寇的同时,卢镗在大陈山附近也打了一个大胜仗。大陈山其实不是什么山,而是岛的名称,位于今浙江省台州市东南一百余里的海水中,是上、下大陈岛之总称。大陈山一战,卢镗歼灭的倭寇数量其实并不多,之所以可称之为大胜仗,是因为卢镗在此战中生擒了通倭的汉奸大头目林碧川。嘉靖一朝,与倭寇暗通款曲的卖国贼有很多,而林碧川在当时通倭卖国贼中的地位和影响,应该是仅次于王直和徐海这两个大海盗的,明军多次欲杀之而不得,卢镗却一战而得以擒获之,这番功劳自然就显得很是突出了。于是乎,那总督胡宗宪连忙向朝廷奏疏为卢镗邀功。很快,朝廷的回复就到了:擢升卢镗为浙江协守副总兵。也许,就是从这个时候开始,那卢镗便成了胡宗宪麾下的肱股之臣。

汤克宽情不自禁地拊手言道:“我的兄长,还有卢将军,他们都是英雄,都是盖世的大英雄啊!”黄猛忽然低声问道:“少爷,你何时才能出来?”刘黑虎也轻声言道:“少爷,等你出来,我和猛子跟着你再去斩杀倭贼……”汤克宽忽地就噤了声,不再说一句话。一直到黄猛和刘黑虎恋恋不舍地辞别之时,汤克宽这才黯然神伤地言了一句道:“猛子,虎子,你们都别再有所指望了,皇上和朝廷已经把我给淡忘了,我想,也许,要不了多久,我的性命,终将在此了结……”黄猛和刘黑虎听了,顿时就悲恸号哭起来。他们的年龄比汤克宽小不了几岁,可他们当时号哭的模样,就像是婴儿一般。

黄猛和刘黑虎终究是离开了,剩下汤克宽,再次沉入无边无际的落寞与黑暗之中。真的是无边无际啊！大明王朝,还有那个嘉靖皇帝,似乎早已经把曾经的一位抗倭大英雄给完全地遗忘了。

然而,遗忘似乎也有遗忘的好处。没有人再惦记着汤克宽了,也没有人再追究汤克宽了。汤克宽就像是阴风中的一粒尘埃,毫无头绪,四处飘荡。没承想,这一飘荡居然飘出了某种程度的自由。汤克宽在兵部监狱里有些无拘无束了,没人再刻意地管教于他,更没人再无端地折磨于他,他甚至可以四处走动,甚至可以和狱卒们交谈。正是这种交谈,使得汤克宽对于外界发生的诸多事情也就多少有了一些了解。

比如,在黄猛和刘黑虎离去后没多久,汤克宽便从狱卒们的口中得知了两个人的死讯。这死讯让汤克宽听了,既感到十分快慰,同时又有些五味杂陈。因为,死的这两个人,简直是太有名望了,他们可谓是嘉靖一朝最大的汉奸卖国贼,一个叫徐海,另一个便是王直。

徐海是明代徽州歙县人(歙县即今安徽省黄山市歙县),年少时曾经是杭州虎跑寺里的和尚,只是这和尚当得不太正经,他经常出没于嘉兴城的秦楼楚馆之中。嘉靖三十一年(公元 1552 年),徐海跟着叔叔徐惟学到了日本,一起成为王直的手下,后来因与王直频发纠葛,于是彼此分道扬镳。从此,徐海就另起炉灶,与倭寇勾结在一起，渐渐成为可与王直互相抗衡的大海盗首领，开始了烧杀抢掠的海盗生涯。嘉靖三十四年（公元1555年）正月初九，徐海领着倭寇攻破了崇德县（今浙江省桐乡市崇福镇）县城，杀掉了当地的县尉和教谕（教谕是学官名，一县最高教育机关县儒学的最高长官），俘获了名妓王绿姝和王翠翘，并以二女为妻。张经总督浙直后，徐海与官军多次交战，互有胜负。胡宗宪继任总督后，见徐海势雄，实难一举剿灭，于是就派遣徐海的同乡罗龙文（嘉靖朝时著名墨工，安徽歙县人，为明代制墨业歙派的代表人物）前去劝降，并贿赂王翠翘劝说徐海。在王翠翘的一再劝说下，徐海最终同意投降。为表投降诚意，徐海不仅用计把大批的倭寇引入胡宗宪的包围圈，且还将自己的手下悍将陈东和叶麻，包括倭酋辛五郎等人一起绑送给了胡宗宪。然而，胡宗宪没有料到的事情发生了，二度南下的赵文华却不领徐海的情，突然发兵围攻徐海的营地。徐海身负重伤，走投无路，被迫投海身亡，其妻王绿姝和王翠翘双双被俘。据说，那个王翠翘被俘后曾向胡宗宪请求让埋葬徐海，胡宗宪不许，她又请求自己去做尼姑，胡宗宪还是不许，且说要把她许配给一个明军的士兵为妻。王翠翘一怒之下质问胡宗宪道："你出尔反尔，诛杀归顺之人，天理何在？天道何在？"继而又面对着大海痛哭流涕道："明山（徐海年少出家时法号明山），妾身有负于你呀!"说完投水而死。又据说,王翠翘临死之前曾赋诗一首,诗云:"建旗海上独称尊,为妾投诚拜戟门。十里英魂如不昧,与君烟月伴黄昏。"小诗写得还是颇有味道的,就在这浓浓的诗味之中,陈东、叶麻及辛五郎等人被送往嘉兴砍头,然后,他们的头颅与徐海的首级一起被赵文华押送到了京城示众。

汤克宽从狱卒们的口中听闻了徐海的故事之后,先是不由自主地夸赞了一句胡宗宪的伟绩,而后却暗自嘀咕了一句道:"真是可惜,真是有点可惜了啊!"

汤克宽在可惜什么呢?他应该是在可惜那个王翠翘吧。历史事实是,不管人们对那个大海盗徐海如何地大加鞭笞,但王翠翘与徐海之间的悲剧故事却实实在在地引起了后人的广泛同情,进而被写进了许多戏曲和小说当中。到了清朝康熙年间,有一个笔名叫"青心才人"的文人据此故事撰写了一部长达二十四回目的长篇通俗白话小说《金云翘传》,流传相当广泛。而且,这个故事甚至流传到了日本和越南,越南(当时叫阮朝)有一个名叫阮攸的诗人,依据这个故事写出了一篇与小说同名的长达三千二百五十四行的叙事长诗(主要是用越南本民族文字喃字写成,又名《传翘》或《断肠新声》),风靡一时,对越南近代文学的发展产生了深远的影响。

如此看来,汤克宽似乎也有心太软的一面。也正因为如此吧，在又听闻了那个王直的死事之后，除了不免赞扬了一番胡宗宪的功绩之外，汤克宽的心里又着实升起了另外一种感慨。

王直的为人，前文曾经提及过。胡宗宪做了总督之后，就一直想着要把王直招降过来。为此，胡宗宪不仅将王直的老母妻儿从监狱里放出、好生供养着，还派出了几个使者到日本与王直的养子王滶交涉。在王滶的协助下，胡宗宪的使者终于见到了王直，晓之以理，动之以情。王直在得知老母妻儿全都安然无恙之后，不禁喜极而泣，当即表示愿意听从胡宗宪的号令，为明朝抗倭事业效犬马之劳。嘉靖三十六年（公元 1557 年）十月，王直率船队到达舟山，刚一抵达舟山，就突然被浙江巡按王本固的明军水师团团包围了，王直不明真相，只得被迫应战，胡宗宪得知后匆匆赶来劝说王直不要前功尽弃，王直听了劝，最终来到定海关（今浙江省宁波市镇海区境内）向胡宗宪投降。然而，王直没有想到，胡宗宪也没有想到的事情又发生了。嘉靖三十七年（公元 1558 年）二月五日，王直在杭州西湖游玩的时候被巡按王本固诱捕了，并被投入了大牢。王直很是不服，下狱前连声追问王本固道：“吾何罪？吾何罪之有？”王本固哪管王直究竟有没有罪，他只知道，能够亲手抓住大海盗王直就是大功一件。王本固给朝廷上了疏，朝廷的回复很快就送到了胡宗宪的手里：

着即将王直就地正法。嘉靖三十八年(公元1559年)十二月二十五日,王直于杭州府官巷口(位于今浙江省杭州市西湖边,即解放路与中山中路的交叉口一带)被斩首。斩首之前,经胡宗宪允准,王直得以见了儿子最后一面,与儿子相拥哭泣,泣罢,王直拿出一根金簪交到儿子的手上,然后长叹一声道:"为父真没有想到最后会死在这里啊!"接着主动把自己的脑袋伸到刽子手的砍刀之下,连一句求饶的话也没说。

汤克宽闻知,不觉暗自仰天长叹道:"并非倭贼,愿杀倭以赎罪,既已招降,又何必再杀?我等岂能如此言而无信乎?"然而汤克宽没有预料到的是,在很久很久以后,他也正是因为招降海盗的事情而栽了一个很大很大的跟头。

王直毕竟是死了,在王直死之前,还有一个人也死了。汤克宽在得知这个人的死讯后,除了大感欣慰之外,恐怕就只剩下一点点惊诧了。让汤克宽感到惊诧的是,这个人死得简直太过蹊跷了,蹊跷得都有些莫名其妙。这个人,就是赵文华。

王江泾大捷过后,加上俞大猷、卢镗等明军将领又接连打了一些胜仗,于是赵文华就给朝廷上疏,说是江南已经清平安宁,倭寇几无踪影,请求还朝面圣。而实际上,那个胡宗宪心里最清楚,倭患之势不过是暂时有所颓减而已，假以时日，大批倭寇定会卷土重来，赵文华此时请还，不过意欲向皇上邀功且推卸责任罢了。然而，嘉靖皇帝却信以为真了，尽管赵文华回朝之后江南兵败的疏报接踵而至，但经过严嵩的一番花言巧语之后，嘉靖皇帝不仅没对赵文华生疑，反而越发地信任赵文华了。以至于，当赵文华无端地诬陷吏部尚书李默言语中有诽谤圣上之意时，嘉靖皇帝二话没说，直接就将李默打进了锦衣卫的诏狱里等死，后来，李默还就真的如嘉靖皇帝所愿死在了狱中。嘉靖皇帝便认为赵文华是个忠心耿耿的好人，所以就提拔赵文华做了工部尚书，且加太子太保衔。后来，在严嵩的授意下，赵文华向嘉靖皇帝毛遂自荐，说是要再度巡视江南为皇上效力。嘉靖皇帝当然同意了。也是凑巧，赵文华此番刚一南下，那胡宗宪就除掉了徐海、陈东、叶麻及倭酋辛五郎等人。这么一个大功劳，胡宗宪当然不会揽在自己的身上，一股脑儿地将功劳全部塞给了赵文华。赵文华来者不拒，归朝后向嘉靖皇帝报喜。嘉靖皇帝一高兴，忙着祭告郊庙社稷，并加赵文华太子少保衔，还诏封赵文华的儿子赵慎思荫袭锦衣卫千户之职。这在别人的眼里，赵文华尽可谓是嘉靖皇帝眼前的红人了，既是红人，那前途定然也就是无限无量的。然而，有人却不这么看，他就是那个徐阶。徐阶得知，嘉靖皇帝虽然加封了赵文华父子，但是，当严嵩向嘉靖皇帝提议让赵文华入阁时,嘉靖皇帝却一口就回绝了。徐阶便看出,嘉靖皇帝对严嵩似乎已经不那么信任了,至少,嘉靖皇帝对赵文华并非是像表面上那么宠幸。既如此,如果乘着这个时机,率先将赵文华扳倒,则那个严嵩恐怕也就蹦跶不了多久了。而赵文华呢,对此几乎一无所知,仗着嘉靖皇帝的一时青睐,他越发地作威作福,甚至连严嵩的儿子严世蕃都有点不放在眼里了。更有甚者,有一回,嘉靖皇帝着人去唤赵文华,赵文华喝得烂醉,居然忘了对嘉靖皇帝的使者行礼。还有一回,嘉靖皇帝把赵文华进献的丹药吃完了,再派人去找赵文华索药时,赵文华却说没有了。一天,嘉靖皇帝有些烦闷,便领着徐阶等一干大臣登高望远,有意无意中,嘉靖皇帝看见西长安街上矗立着一座又高又大的楼阁,便问这楼阁是谁的住宅,一个大臣回答说:"这是赵尚书的新宅。"徐阶见机言道:"工部调运来的木材,大半都用在了赵尚书的新宅之中,正阳门楼恐再也无木可用了。"因为皇宫内新近发生了一次火灾,烧毁了正阳门楼,嘉靖皇帝已经下旨重修正阳门楼,可是工程进度却异常的缓慢。这下好了,嘉靖皇帝算是找到工程进度缓慢的根源了,所以,嘉靖皇帝就把赵文华召来,责令其限期完工。赵文华当然没法子完工,只好去找严嵩帮忙。严嵩虽然对赵文华的日益跋扈有所不满,但碍于义父义子情面,还是跑到嘉靖皇帝的跟前为赵文华说情,说是赵文华因为长期南征，感染了热症，应该好好地休息一段时间。嘉靖皇帝随口就说了一句道："依卿所言，文华既有疾，令回籍休养。"《明史》中说，听闻嘉靖皇帝令赵文华回籍休养的消息后，"举朝相贺"。可见满朝文武对赵文华已经痛恨到什么程度了。然而，慑于严嵩的淫威，当时并没有什么言官趁此状告赵文华，这让嘉靖皇帝很是失望。嘉靖皇帝可是喜怒无常的主啊，有一回，嘉靖皇帝一怒之下，无缘无故地就将都给事中谢江以下六个言官全部廷杖削籍。恰好，赵文华的那个在锦衣卫做千户的儿子赵慎思要请假送赵文华回家，嘉靖皇帝的怒火便又爆发了，立刻就下旨，废黜赵文华一切功名，其子赵慎思贬谪烟瘴之地。这下子赵文华可谓伤心欲绝了，连义父严嵩也帮不了什么忙，只得孑然一身地乘着一只小船走上了回老家的道路。还真的是回老家了，那一天，赵文华躺在船舱之内，忽然觉得肚子有点不舒服，于是就伸手在肚皮上抚摩，蹊跷的事情就此发生了，他抚着摸着，他的肚皮突然裂开了，裂开了好大一条缝儿，他的五脏六腑全部都从那条缝儿里挤了出来。赵文华就这么莫名其妙地死了。赵文华死了，可他惹下的事情却远远未完，那徐阶眼见得时机大好，忙着暗中怂恿给事中罗嘉宾等人给嘉靖皇帝上书，弹劾赵文华生前侵吞军饷，数额高达十万多两白银。嘉靖皇帝更为恼火，下令抄没赵文华全部家产以抵赃款。多少有点奇怪的是,赵文华家的全部财产叠加在一起也凑不够十万两银子。嘉靖皇帝可不管这一套,谕令赵文华生前侵吞的军饷由赵文华的子孙来代赔。这可就害苦了赵文华的子孙了,这笔钱一直赔到了万历十一年(公元 1583 年)才仅仅只赔了一半。有的大臣实在是有点于心不忍了,就向当时的万历皇帝朱翊钧(嘉靖皇帝的孙子)建议,能否免去赵文华子孙的债款,然而,万历皇帝朱翊钧也不是什么善茬,一直谨记着爷爷的旨意,特地就此敕令天下:赵文华的子孙必须接着赔款,除非赵文华的子孙全部死光了就不需要再赔了。也许,这个万历皇帝真的有点太过狠心了,但是,如果从那个赵文华的角度来考量,他生前的所作所为,岂不是早就埋下了害人害己的种子?

赵文华一死,朝中上下几乎是欢声一片。只有徐阶对此结果好像并非十分满意,因为,徐阶已经看出,赵文华虽然没了,但严嵩仍在,最主要的是,嘉靖皇帝似乎并没有将赵文华与严嵩联系在一起,严嵩依旧在朝廷上呼风唤雨、威风八面。如此看来,想趁此机会将严嵩一并扳倒的想法,未免显得有些幼稚了,他徐阶还需要时间,更需要有几个得力的帮手。

汤克宽当然不知道徐阶的心思。他知道的是,歹毒心肠的赵文华最终以那么一种怪异的方式死去,应该就是一种十分恰当的报应。所以啊，在听说赵文华死后的当天夜里，汤克宽就缩在监牢的一角，双膝跪地，面向南方，非常虔诚地拜了又拜。他拜的是张经大人，还有李天宠大人。两位大人的在天之灵，应该能够得到些许的安慰了吧！

可是，就在赵文华死后不久，大概只有一年多的时间，汤克宽从狱卒们的口中又得知了一个人的死讯。这一回，汤克宽的心中除了莫大的痛楚就是莫大的悲怆了。他痛楚得泪流满面，他悲怆得心如死灰。因为，王忬死了。

前文提及，王忬因为一幅画而得罪了严嵩和严世蕃父子，被迫由浙江提督改任山西巡抚。后来，王忬还升任了苏辽总督一职，专门负责抵御蒙古各部落的南下侵扰，立下了许多功勋。然而，严嵩却始终对王忬耿耿于怀，必欲置之死地而后快。加上杨继盛冤死之后，王忬出于一时义愤，出钱帮助杨家办理后事，这样一来，严嵩对王忬就更加地恨之入骨了。嘉靖三十八年（公元1559年），俺答汗（蒙古名字叫孛儿只斤·阿勒坦，明代蒙古土默特部首领，成吉思汗黄金家族后裔）率军进犯潘家口长城（此段长城现已湮没，位于今河北省宽城满族自治县境内的潘家口水库里），滦河以西（滦河的源头是今河北省与内蒙古自治区的分界处，滦河以西指的是当时的遵化县、迁安县、蓟州和玉田县一带）全线告急，京师震动，朝野上下惶恐不安。那严嵩觉得除掉王忬的好机会来了，便授意御史王渐、方辂上疏弹劾王忬等人的失职之罪。一开始，嘉靖皇帝虽然大怒，且下旨严厉斥责了王忬，但也只是令王忬停俸思过。然而，是年（嘉靖三十八年）五月，严嵩指使御史方辂再次上疏弹劾王忬，这样一来，嘉靖皇帝终于沉不住气了，下令立即逮捕王忬，并将王忬投入锦衣卫诏狱。王忬的命运就此算是完结了。王忬的长子王世贞与其另一子王世懋得知此事后一起辞官赶赴京城，每天拜伏在严嵩家的门口，涕泣求饶，未果，两人又穿着囚服长跪在大道旁，拦住朝中大臣的车驾乞求援助。有一个刑部的官员认为王忬过去抗倭、抗虏皆有功，便大胆地向嘉靖皇帝建议，是否可以判处王忬戴罪戍边。然而嘉靖皇帝置之不理，铁了心一定要砍下王忬的头。终于，第二年（嘉靖三十九年）的冬天，王忬被锦衣卫斩于西市。王世贞和王世懋兄弟二人一边哭泣着一边抱着父亲的尸体回家了。一直到隆庆元年（公元 1567 年）的时候，在王世贞和王世懋兄弟一再上书为父亲喊冤的情形之下，朝廷这才勉为其难地为王忬平了反。王忬，冤哉！

王忬之死，对汤克宽的打击无疑是巨大的。很显然，没有王忬，他汤克宽就不可能踏上抗倭的战场，踏不上战场，汤克宽就不可能代父亲汤庆了结平生杀倭的夙愿。

不说别的，只王忬这一份恩德，他汤克宽也就足以铭记终生、不可淡忘。虽然，似乎也正是因为上了抗倭的战场，他汤克宽才终究获得了这么多年的牢狱之灾，但汤克宽始终认为，自己的这番遭遇，与那王忬毫无关联。与之有关联的是，那王忬是他汤克宽的人生伯乐，是他汤克宽的人生知己。可是，这么样的一个伯乐和知己，现在竟然就这么样的死去了。于是，汤克宽有时候就想啊，王忬既然不在了，我还有继续苟活下去的必要吗？

汤克宽显然是起了死念。这是真的，汤克宽真的很想随王忬大人一起共赴黄泉。到了黄泉，他汤克宽不仅可以见到王忬大人，还可以见到那位张经大人。从某种意义上来说，那张经又何尝不是他汤克宽人生旅途中的又一位伯乐和知己呢？所以啊，有一天晚上，汤克宽就在监牢的中央位置站了好长时间，一动也不动。他在想事情，他在想着该如何了结自己的性命，是用衣带上吊而死，还是用头颅撞墙而亡？想来想去，一直到天快亮的时候，汤克宽终于瘫坐在了地上。他没有去死，而且他也不再去想着寻死了，因为，他忽然想到了几个人，正是因为这几个人，让汤克宽一下子就失去了寻死的气力。一个是汤克宽的母亲，一个是汤克宽的妻子，还有一个，是汤克宽的儿子。汤克宽都有些糊涂了，那个素未谋面的儿子，今年多大了？但汤克宽还有些清醒，他的儿子现如今肯定是能蹦能跳的了，最起码的，自己的那个儿子，肯定是能够叫爹叫娘的了。他多么希望自己能够亲耳听到儿子叫他一声爹啊！

汤克宽不想死了，但有点矛盾和奇怪的是，他似乎也不想再这么继续活下去了。他除了吃饭和喝水之外，其余的时间都蜷缩在两堵墙壁的夹角处，既不动弹分毫，也不面露任何的表情。他不再那么关心外面世界里发生的任何事情了。有的时候，几个同他早已混熟了的狱卒，实在闲得无聊了，便会主动地走过来告诉他，说是又有哪个很有地位的人在什么时候什么地方被锦衣卫砍死了，可是，狱卒们发现，汤克宽就像是一个死人一般对他们所说的话毫无反应。以至于，有一回，两个狱卒看见，汤克宽直直地趴在地面上，看模样很像是死了，两个狱卒多少有点紧张，赶紧打开牢门来探视。狱卒发现，汤克宽的两颗眼珠子虽然长时间地停滞不动，却还有微弱的气息。

汤克宽还活着，但他与死亡之间的路程恐怕也就只有一条小河那么宽了。那条小河，应该就是他家乡邳州北面的那条小河，紧挨着那条小河的，就是那座形如半戈的半戈山。半戈山的山坡上，有一个叫汤庆的总兵官，以及汤庆的列祖列宗，他们都长眠于此。

事实是，汤克宽身陷囹圄的日子里，好像并没有梦到过他的父亲汤庆。他倒是很想能够梦到过父亲一回，甚至,他还想在梦中能够见一回他的那个七世从祖汤和。见着汤和了,然后就跟在汤和的身边,为国为民,南征百战,屡立功勋。然而问题是,汤克宽一直未能如愿。因为,他现在连做梦的力气都快消散殆尽了。在那些狱卒的眼中,汤克宽跟死人已经没什么两样:蓬头垢面,形销骨立,甭说是站立了,就连坐在地上也已经坐不稳当了。也就是这些个狱卒还知道这个人不像人鬼不像鬼的东西就是汤克宽,若是换了别人,哪怕是原本与汤克宽关系十分亲密的人,如果见到了汤克宽的这副模样,那也是绝对不敢轻易相认的。

比如那个俞大猷吧,在狱卒的殷勤导引下,慢慢地推开了牢门,慢慢地走进了牢内,慢慢地看见了蜷缩在墙角的那个汤克宽。可是,在汤克宽的面前,俞大猷足足站立了有一盏茶的时间。俞大猷呆住了,他呆呆地张大着眼睛,他简直不敢相信,眼前的这个人,竟然就是自己日牵夜挂的好兄弟汤克宽。最后,还是汤克宽率先有了反应。汤克宽眼珠一轮,轮出了俞大猷的影像。汤克宽傻傻地问道:“兄长？是兄长你吗？兄长是来看望小弟的吗?”俞大猷再也把持不住了,一个箭步冲过去,一把将汤克宽死死地抱在怀里道:“是我,是为兄我……贤弟,你真是受苦了啊!”汤克宽突然咧嘴笑了一下,口里依然傻傻地言道:“兄长？是兄长你吗？兄长是来看望小弟的吗?”俞大猷控制不住自己了，眼泪哗哗地就流淌了出来："贤弟，为兄不是来看望你的，为兄是来接你出去的。贤弟你知道吗，外面还有那么多的倭贼等着你去杀呢……"有谁知，听到"倭贼"二字，汤克宽原本浑浊的眼睛猛然间射出一道灼热的光芒来。俞大猷见状，赶紧缓缓地松开了手。汤克宽呢，居然缓缓地站直了身躯。是的，汤克宽终于清醒过来了，他终于明白，俞大猷是他的兄长，兄长不会骗他，他汤克宽不仅还活着，而且还可以重新站在抗倭的战场上。

这是嘉靖四十三年（公元1564年）暮春季节发生的事情。掐指一算，汤克宽已经被监牢锁系了整整十年。这一年，汤克宽已经五十二岁了。

第七章　只要活着就杀敌

汤克宽本以为，他此番之所以能够九死一生，一定是兄长俞大猷找到了那个锦衣卫指挥使陆炳，然后由神通广大的陆炳上下活动，最后让他汤克宽死里逃生了。可后来汤克宽才知道，他得以出狱重返战场，完全是俞大猷始终不渝努力的结果，与那个陆炳关系不大，因为，早在四年前，也就是嘉靖三十九年（公元 1560 年）的时候，陆炳就离开了人间。

为了汤克宽能够出狱，俞大猷可谓是一直在努力。除了拼死与倭寇交战之外，剩下的时间，俞大猷几乎只在做两件事。一件事是，只要有人北上了，他就一定会拜托那个人捎些银两交予汤克宽的母亲和妻子；另一件事是，只要逮着合适的机会了，俞大猷就给相识的朝中大臣写信，一封接着一封地写，为汤克宽鸣冤，为汤克宽叫屈。很显然，尽管这个过程曲折又艰难，但俞大猷最终还算是成功了。

当然，汤克宽得以活着出狱，还有一个因素也相当重要，就是那个坏事做绝、恶贯满盈的严嵩，终于垮台了。

严嵩的垮台既出人意料，却也在情理之中。其原委大致上是这样的。嘉靖四十年（公元1561年）的时候，吏部尚书吴鹏退休了。吏部可是朝廷中至关紧要的一个衙门，位居六部之首，所以严嵩就指使朝廷推举他的小舅子欧阳必进继任吏部尚书一职。客观而言，欧阳必进虽然是严嵩的亲戚，但他跟严嵩不尽相同，至少，他为明王朝甚至为后世都做出了很大的贡献。比如，欧阳必进任工部尚书时，主持重修了皇宫中的午门、天安门以及太和殿、中和殿和保和殿，使得这一宝贵的世界文化遗产得以流传至今；又比如，欧阳必进在任郧阳（今湖北省十堰市郧阳区）巡抚时发明的耕地机成为中国历史上的第一台人力耕地机。嘉靖皇帝原本对欧阳必进这个人还是很欣赏的。欧阳必进任刑部尚书的时候，严整法纪，廉洁奉公，日理万机，夙夜不懈，被嘉靖皇帝赞誉为“端慎老成”之人。然而，嘉靖皇帝可是一个翻手为云、覆手为雨的高手，他的心思似乎谁也猜不透，有时候，他翻脸真的比翻书还要快。所以，也不知道是为了什么，嘉靖皇帝突然就对那个欧阳必进厌恶起来，还不是一般的厌恶，是那种极端的厌恶。因此，待朝廷把推举欧阳必进担任吏部尚书的奏折进呈给嘉靖皇帝的时候，嘉靖皇帝刚一瞅见欧阳必进的名字便勃然大怒，然后将那份奏折狠狠地掷在地上，转身就离去了。严嵩当然不死心，就给嘉靖皇帝上了一道密折，说那欧阳必进确实是我的姻亲，我现在老了，如果没有一个人当朝执政，我以后恐怕就老无所依了。嘉靖皇帝呢，许是碍于往日的情面吧，最后答应了严嵩的请求。可有谁知，仅仅过了几个月的时间，嘉靖皇帝突然又下旨命欧阳必进致仕回家。此事在一般的朝臣看来，不过是嘉靖皇帝的又一次反复无常的举动而已。但是，那个徐阶不这么看。徐阶比那些朝臣看得远、看得深。徐阶看出来了，嘉靖皇帝当初将举荐欧阳必进的奏折扔在地上，并非完全是出于对欧阳必进的厌恶，其中也包含着对严嵩的不满。现在，嘉靖皇帝突然勒令欧阳必进退休，其实就是在给严嵩一个大大的警告。既然如此，那就说明，一举推翻严嵩当朝的时机已经成熟了。巧合的是，嘉靖四十一年（公元 1562 年）的时候，徐阶的得意门生张居正告诉了徐阶一件事，说是山东有一个叫蓝道行的道士以善于扶乩占卜而闻名于燕京（燕京指的是现在的北京一带，因古时为燕国都城而得名）大地。徐阶眼珠子滴溜溜地一转，连忙让张居正速速把蓝道行找来，然后与蓝道行如此如此地密谋了一番，接着便将蓝道行郑重地介绍给了嘉靖皇帝。嘉靖皇帝笃信此道，只不过，自嘉靖三十九年（公元1560年）那个术士陶仲文仙逝了之后，嘉靖皇帝就再也没有逢着既能让他开怀又能让他舒心的道士了（陶仲文于嘉靖三十六年也即公元1557年的时候因病乞请还山，待嘉靖皇帝恩准之后，陶仲文把历年来嘉靖皇帝所赐予的莽玉、金宝、法冠以及万两白金等都献还给了朝廷。据说，陶仲文之所以能够让嘉靖皇帝宠幸二十来年，主要是因为他研制出了一种叫固本精元汤的丹药，据说可以辅助嘉靖皇帝繁衍后代，所以嘉靖皇帝才得以一连串地生下了八个儿子和五个女儿。陶仲文死后，嘉靖皇帝伤心至极，追其谥号为荣康惠肃）。待得徐阶将那个道士蓝道行推荐而来的时候，嘉靖皇帝多少还是将信将疑的，所以嘉靖皇帝就特地让蓝道行当面算了几卦，有谁知，蓝道行不仅算得快，而且还算得无比精准，于是嘉靖皇帝就非常满意了，对蓝道行也就几乎言听计从。这就来到了那一日，嘉靖皇帝正在饶有兴致地观摩和欣赏蓝道行的精彩表演呢，突然，蓝道行大呼一声，跟着神色立变，仿佛有一个何方的神灵附在了他的身上。嘉靖皇帝急忙问道："真人，此为何故？"再看蓝道行，脸也白了，眼也绿了，双唇一个劲儿地直哆嗦。嘉靖皇帝正待追问，就听蓝道行补了一句："今日，必有大奸臣来此向皇上奏事。”嘉靖皇帝本以为蓝道行说的是一句玩笑话,可有谁知,蓝道行的话音刚落,真的就有一个人走过来向嘉靖皇帝奏事了。这个人不是别人,正是严嵩。把嘉靖皇帝气得啊,直勾勾地瞪了严嵩好长时间,然后一摆手,硬生生地把严嵩打发走了。从此,严嵩便再也见不着嘉靖皇帝的面孔了。到了是年(嘉靖四十一年)五月,一直在苦苦等待的徐阶终于等到了嘉靖皇帝的旨意:奸臣严嵩去职,勒令回乡;严嵩之子严世蕃,谪戍雷州卫(雷州即今广东省雷州市,位于中国大陆最南端的雷州半岛中部,因地理位置险要,明朝在此设置了卫所)。严嵩就这么倒台了,严嵩倒台之后,徐阶自然而然地就成了嘉靖朝的内阁首辅。也就是在这个当口,有大臣向徐阶提及了汤克宽遭囚的事情。徐阶当时高兴,大手随便一挥,便将汤克宽挥出了暗无天日的监狱。

汤克宽低声对俞大猷道:“那个人被皇上赶回家了,王忬大人的在天之灵应该就会安息了……”俞大猷却缓缓摇了摇头道:“贤弟啊,那个人只是被赶回了家,还没有死,即使那个人真的死了,王忬大人恐也不会安息的。”汤克宽闻言微微蹙起了眉头。他好像没有听懂俞大猷话里的意思,但似乎又确实听懂了一些什么。

是呀,不管怎么说,严嵩的垮台终究是一件大快人心的事情。只不过,随着严嵩的垮台而引起的一系列变故,却又不免让汤克宽和俞大猷心有戚戚焉。比如胡宗宪不可避免地受到了严嵩一事的莫大牵累。因为胡宗宪是由严嵩的义子赵文华的举荐而屡屡升迁的，所以在很多大臣的眼里，胡宗宪就属于严嵩的党羽。于是这一年（嘉靖四十一年）的年底，在新任内阁首辅徐阶的暗中授意下，南京给事中陆凤仪以贪污军饷、滥征赋税、党庇严嵩等十大罪名上疏弹劾胡宗宪，这其中的每一项罪名都足以砍掉胡宗宪的脑袋。而嘉靖皇帝这时候最信任的人就是徐阶了，所以，很快地，嘉靖皇帝就下旨罢免了胡宗宪的一切职务，并将胡宗宪逮捕进京讯罪。然而，待胡宗宪被逮至京城之后，嘉靖皇帝好像忽然想起了胡宗宪抗倭的功劳，临时又改变了主意，并没有去惩治胡宗宪的什么罪过，而是传旨令胡宗宪回籍闲住。嘉靖皇帝这么决定了，那徐阶自然也不敢与嘉靖皇帝对着干。嘉靖四十二年（公元 1563 年）的春天，胡宗宪带着满心的不甘回到了绩溪县的龙川故里。再比如，那个卢镗，与戚继光等人一道，在胡宗宪的统一调度和指挥下，取得了抗倭的台州大捷，可是，随着胡宗宪的被黜，卢镗也受到了牵连，因为卢镗的副总兵一职正是胡宗宪向朝廷保荐的，所以有朝臣就将卢镗视为胡宗宪的同党，更有言官趁火打劫，以抗倭督师不力、作战失利等八大罪名状告卢镗，卢镗就这么也被逮治下狱了。不过，卢镗的结局还算不错，嘉靖皇帝后来赦免了卢镗的诸多罪名,只将卢镗遣归故乡丽水作罢。

汤克宽仿佛自言自语般地说道:“想那胡大人,为朝廷,为皇上,抗倭杀倭,立下诸多功勋,如今却这般结局,多少也是有些冤枉啊……”跟着又沉沉叹息一声,继而望着俞大猷言道:“兄长,你说,卢将军岂不是更加冤枉?嘉兴一别,再无相见之缘,本还指望着此番偷活之后能与卢将军再见一面,可现在看来,这只能是一种莫大的奢望了!”俞大猷轻轻回言道:“贤弟莫急,如果有了闲暇之日,我等一起去看望卢老弟也就是了。”然而,俞大猷口中的闲暇之日,好像一直没有到来过。

因为汤克宽的身子骨太过虚弱,所以俞大猷就向汤克宽建议派人去向两广提督吴桂芳禀报一声,让汤克宽暂且回家乡邳州休养,待身体调养好了之后再返前线杀倭不迟。然而汤克宽高低不同意。汤克宽不同意的理由听起来似乎也很充分。汤克宽这般对俞大猷道:“兄长,朝廷放小弟出来是令小弟上阵杀倭戴罪立功的,如果小弟临阵脱逃回家休养,岂不是辜负了朝廷和皇上的莫大恩德?”汤克宽执意如此,俞大猷也就不好过于强求,只得小心翼翼地陪伴着汤克宽从京城一路南下。而实际上呢,俞大猷之所以要劝汤克宽回乡,不单单是因为汤克宽的身体羸弱,其中还另有其他的隐情。只是这个隐情到底该不该同汤克宽言说,俞大猷还没有最终拿定主意。

也就是在这次南下的途中，汤克宽从俞大猷的口中第一次听到了戚继光的名字，待俞大猷将戚继光在抗倭战场上的种种事迹一并描述之后，汤克宽十分感慨地对俞大猷道："兄长，如此看来，那戚将军真不愧为当世青年才俊也！"

汤克宽比戚继光年长十六岁，俞大猷又比汤克宽大上九岁。仅从年龄上而言，汤克宽和俞大猷确乎可以称戚继光是"青年才俊"。

戚继光的大名可谓无人不知无人不晓。他出生于山东登州（今山东省蓬莱市），祖籍濠州定远（今安徽省定远县），嘉靖二十三年（公元1544年）的时候，戚继光荫袭祖上职位，担任登州卫指挥佥事一职。嘉靖三十二年（公元1553年）的时候，在徐阶门生张居正的大力推荐之下，戚继光升任署都指挥佥事一职，管理登州、文登（今山东省威海市文登区）、即墨（今山东省青岛市即墨区）三营二十五个卫所，防御山东沿海的倭寇。嘉靖三十四年（公元1555年），在胡宗宪的举荐之下，戚继光被调任浙江都司佥事，并担任参将一职，防守宁波、绍兴、台州三郡，正式揭开了其御倭抗倭的序幕。而这正是汤克宽取得了王江泾大捷之后被赵文华诬告押解进京的时段，二人因此没有相遇。嘉靖三十六年（公元1557年），倭寇进犯乐清（今浙江省乐清市）、瑞安（今浙江省瑞安市）、临海（今浙江省临海市）等地，戚继光因为道路阻隔没有来得及率军前往救援犯了错，好在朝廷并没有因此而为难戚继光。后来，戚继光和俞大猷几番联手作战，颇有斩获。嘉靖三十七年（公元 1558 年），俞大猷得报，一股倭寇造好了大船准备驾船南逃，俞大猷和戚继光并军发动进攻，将倭寇的大船悉数击毁，然而，逃脱的一股倭寇又窜至台州一带烧杀抢掠。有一个叫罗嘉宾的给事中看不下去了，就上疏弹劾戚继光纵倭行凶，且有通倭的嫌疑。结果是，朝廷依旧没有追究戚继光的罪责。此事过后，戚继光到金华、义乌（今浙江省金华市和义乌市）一带招募了三千多农民和矿工，悉心指导，强化训练，终于将其练成了一支精锐之师，这便是威名远播且被后世所羡称的“戚家军”。而实际上，早在戚家军成军之前，俞大猷所统领的“俞家军”就已经名闻天下了。“俞龙戚虎”的名号也就是在那个时候传开的。然而殊为可惜的是，“俞龙戚虎”的名声如日中天的时候，汤克宽还在铁窗之内苦苦挣扎着。如若不然，嘉靖一朝的抗倭历史中，至少也有类似于“俞龙戚虎汤豹”的名号流传于世。

戚继光抗倭之后的成名之战发生在台州。嘉靖四十年（公元 1561 年）的仲夏季节，大批倭寇进犯浙江，倭船众达数百艘，倭寇达两万余。戚继光不畏强敌，敢打敢拼，同副总兵卢镗、参将牛天锡等其他明军将领一道，与倭寇连续作战，九战九捷，共斩得倭寇首级一千四百余。战后，戚继光的俸禄被一连提升了三级。嘉靖四十一年（公元1562年），从倭国本土来的一批新倭寇袭击兴化府（今福建省莆田市），但围攻了好几个月都没有攻下来，最后，倭寇换上明军使者的服饰骗开城门攻陷了兴化城。嘉靖四十二年（公元1563年），朝廷任命俞大猷为福建总兵官，任命谭纶为福建巡抚，共同率军前来围剿倭寇。而倭寇在打死了明军都指挥欧阳深之后又趁机分兵占据了平海卫（旧名南啸，今福建省莆田市平海镇）。俞大猷和谭纶一时疲于应付。是年（嘉靖四十二年）四月，戚继光奉谭纶之命率领浙江兵马前来支援。戚继光到达后，巡抚谭纶立刻就发动了对平海卫倭寇的总攻，以参将戚继光为先锋，以戴罪总兵官刘显为左军，以福建总兵官俞大猷为右军，他自己亲领中军，大举围攻平海卫，一战而胜，斩倭寇首级两千余颗。接着，俞大猷与戚继光等人乘胜追击，又斩杀倭寇三千多人，一举收复了兴化府。战后，谭纶给朝廷上疏，以为戚继光功劳最大，俞大猷等人功劳次之。朝廷令下：着戚继光代替俞大猷为福建总兵官，俞大猷调任南赣（今江西省赣州市，辖境屡有增减，至嘉靖四十五年即公元1566年后成为定制，辖江西南安、赣州，广东韶州、南雄，湖广郴州，福建汀州等地）总兵官。嘉靖四十三年（公元1564年），朝廷又命俞大猷调任广东总兵官。俞大猷此番得以进京迎接汤克宽，就是调任广东总兵官之后奉两广提督吴桂芳之命进京公干的。

汤克宽嗫嚅着对俞大猷道："兄长，戚总兵神勇如此，当可喜可贺，只是，小弟说句玩笑话，在小弟看来，若与小弟相比，戚总兵的命运要比小弟好了许多……"

汤克宽这是把自己的人生遭遇归结为命运的捉弄。他的这种归结好像也并非完全没有道理。想他汤克宽，自嘉靖三十一年（公元 1552 年）被王忬任命为参将，仅仅过了一年左右的时间便脱颖而出，晋升为副总兵，然而当了副总兵之后却屡遭贬斥。贬斥了两年之后，终于把他贬斥到锦衣卫的诏狱里去了。再看戚继光，自嘉靖三十四年（公元 1555 年）正式南下抗倭，也只用了八年的时间，便一跃成为与俞大猷平起平坐的总兵官了。这等境遇，自然殊为难得。而在汤克宽看来，这一切应该都是命里注定的。所以，汤克宽说完了之后就定定地看着俞大猷的脸，仿佛要在俞大猷的脸上寻找到答案。而俞大猷呢？什么话也没说，只是若有若无地笑了一下，笑得很勉强，也笑得很含蓄。

俞大猷从来就不相信什么命运，他相信的是人事。在俞大猷看来，戚继光之所以能有如此成就，根本就不是什么命运的安排，而是人事使然。这个人事主要包含两个方面的内容，一是戚继光个人确有军事上的才干，二是戚继光的背后有一股巨大的人脉。这种人脉，俞大猷也很想拥有，但一直未曾拥有过。

戚继光背后的人脉究竟有几许？有些说法当然不足信，但似乎也有一定的道理。《明史》中说戚继光“与大猷均为名将，操行不如”，应该也不全然是空穴来风。“操行”者何事？巴结权贵也。权贵者何人？张居正也。虽然，许多书中的记载未必属实，但戚继光与张居正之间的关系密切确是毋庸置疑的。或许，戚继光正是汲取了朱纨、张经、王忬包括胡宗宪和汤克宽在内的一干抗倭将领的经验教训，这才想方设法地攀上了张居正这么一个关系。尽管，当时的张居正还没有正式入阁，但戚继光的眼光老到而深邃，戚继光坚信，张居正绝不是什么井底之蛙，而是海底的蛟龙，假以时日，必将腾飞九天。事实证明，戚继光押对了宝。那徐阶为了搞倒严嵩，一直在暗中培养自己的亲信。徐阶首先培养的人叫高拱，于嘉靖三十一年（公元 1552 年）将高拱推荐给了裕王朱载垕做师傅，后来朱载垕做了嘉靖皇帝之后的明朝第十二任皇帝。高拱也于嘉靖四十五年（公元 1566 年）三月，由徐阶荐举，以礼部尚书兼文渊阁大学士身份正式成为内阁成员。当然，徐阶最为着力培养的人物还是自己的学生张居正。徐阶故伎重演，于嘉靖四十三年（公元 1564 年）举荐张居正为裕王朱载垕的师傅，张居正于隆庆元年（公元 1567

年)以裕王府旧臣的身份擢为吏部左侍郎兼东阁大学士进入内阁,开始了他伟大的政治家生涯。而实际上,徐阶也好,高拱也罢,对那戚继光都可谓关怀有加,只是相比较而言,张居正对戚继光的关怀程度更深罢了。这就是屡有言官弹劾戚继光而戚继光一直都安然无恙的最大原因。《明史》中有云,守卫北京以北边关重镇的明军统帅(包括那个王忬在内),十七年间共有十人去职,且“率以罪去”,甚或丢了性命,而戚继光不然,他在此坐镇了十六年,不仅安然无恙,还屡获升迁。原因是何?“赖当国大臣徐阶、高拱、张居正先后倚任之,居正尤事与商榷,欲为继光难者,辄徙之去。”徐阶、高拱二人如何善待戚继光且不说,只那张居正一人,但凡有人要为难戚继光了,张居正就肯定想方设法地将那人弄走。如此一来,戚继光自可以放开手脚大显才干、大展宏图了。一直到了万历十年(公元 1582 年),时任内阁首辅张居正病逝,张居正的政敌开始攻击张居正,戚继光不免受到了牵连。万历十三年(公元 1585 年),给事中张希皋等人再次弹劾戚继光,戚继光遭到罢免,黯然回乡。三年后,戚继光凄凉地逝去。从上不难看出,戚继光的这种“操行”,尽可谓之为一种高明的人生策略,如若不然,戚继光也极有可能会成为另一个汤克宽。换言之,戚继光在操行上的某些所谓的瑕疵,终也掩盖不了他作为有明一朝民族大英雄的万丈光辉。

是年(嘉靖四十三年)四五月间,汤克宽随着俞大猷一起终于走进了潮州城(时为潮州府治所,今广东省潮州市)。本来,俞大猷的总兵府与吴桂芳的提督府均设在广州城(时为广州府治所),因倭情突然发生变化,大批倭寇屯集在了潮阳(今广东省汕尾市潮阳区)和揭阳(今广东省揭阳市)附近的海滨,吴桂芳就临时谕令俞大猷改镇潮州。刚一至潮州城,俞大猷颇为担心的那件事情还是发生了。南下的路途中,俞大猷几次开口,欲对汤克宽说出实情,却又因为此事干系重大,生怕汤克宽经受不住,所以俞大猷就一直将此事憋在肚子里。有谁知,那个黄猛乍一见着汤克宽,就当着汤克宽的面将那件事情一五一十地全抖搂了出来。前文曾提及,嘉靖三十五年(公元1556年)五月的时候,黄猛和刘黑虎在俞大猷的斡旋之下,终于得以进京去兵部监狱探望汤克宽。从京城返回的时候,遵照俞大猷的嘱咐,黄猛和刘黑虎二人又特地绕道回了一趟家乡邳州,准备将一些财物交予汤克宽的母亲和妻子。可有谁知,黄猛和刘黑虎看见,汤克宽母亲的双眼全瞎了。听汤克宽的两个兄弟说,母亲的眼睛是整天整夜地哭瞎的,是为汤克宽的儿子哭瞎的。因为,汤克宽的儿子,因病夭折了。

在潮州城见到汤克宽的时候,那个刘黑虎还留了一个心眼儿，没敢告诉汤克宽这件事，可黄猛太过粗直、太过鲁莽，居然毫无隐瞒地全说了出来。汤克宽瞬间就懵了，跟着两眼一直，两颊一抖，哇地就喷出一大口鲜血来。喷血之后，他半晌没言语，半晌没喘气。唬得黄猛和刘黑虎二人差点就晕厥了过去。俞大猷见状，痛苦地摇摇头，然后走到一边暗自垂泪。

汤克宽病倒在了床上。他本来身子就弱，这回更是气如游丝，一眼看上去，汤克宽几乎是奄奄一息了。这也难怪啊，汤克宽与妻子吴氏前后共生过两个儿子，可现如今，两个儿子全没了。还有那个老母亲，都快七十岁的人了，现在又双目失明，她又该如何活下去呢？

那时的汤克宽，确实动了回家的念头，但最终，他却没有将这一念头付诸行动。个中主要原因是，潮州一带的倭寇越来越多了。汤克宽抗倭的执念一点一点地将回家的念头给慢慢打压了下去。

就在数年以前，广东的倭患还算不得很严重。倭患主要是集中在浙江和福建两地。胡宗宪做了浙直总督之后，领着俞大猷、卢镗（后来还有戚继光）等明军将领将侵扰浙江的倭寇打得魂飞魄散，倭寇在浙江待不下去了，就南下福建掳掠，一开始还频频得手，可待到谭纶巡抚福建，加上俞大猷和戚继光兵合一处，福建的倭寇再次被明军打得焦头烂额。倭寇只得继续南窜，这一窜就窜到广东潮州一带了。

那一日，俞大猷站在汤克宽的病床前，故意微笑着对汤克宽道："贤弟啊，看来为兄与倭贼颇有缘分啊！我在浙江，倭贼跟到浙江，我换防福建，倭贼又跟到福建，现如今，我驻防于此，倭贼又马不停蹄地跟过来了。"

俞大猷这般说话当然是想逗汤克宽开心的。然而，汤克宽好像一点也不想笑。身染疾病无力发笑、无心发笑也许是其中一个原因，但更重要的原因在于，汤克宽当时已经听说了，潮州一带的倭情越来越严重了。从福建流窜至广东的倭寇本来就有上万人，加上又从倭国开来了万余倭寇，两万多名倭寇纠集在一起，在广东各地奸淫掳掠，犯下了滔天罪行。亏得那两广提督吴桂芳着实是一条抗倭的好汉，把两广境内的所有武装力量，包括广西的土兵，全都集中在一起使用，因指挥得当。与倭寇几番鏖战下来之后，明军虽然有较大的伤亡，但倭寇也被打得四散奔逃。最大的一股倭寇有万余人，最后逃聚到了邹塘（今广东省潮州市境内，具体地点不详，或云"邹塘"即"邹堂"，在今广东省揭阳市榕城区地都镇东部）一带，构筑起了数十个大大小小的巢穴。吴桂芳传令俞大猷：倭贼人数众多，切莫轻举妄动，待我等大军齐聚，将倭贼一举击溃。但是，俞大猷却另有想法。俞大猷对汤克宽道："倭贼虽势众，然初来乍到，几无防备，如若出其不意而击之，定能收事半功倍之效。机不可失，时不再来，为兄万不可错失杀倭良机也！”有谁知，俞大猷话音刚落，令人大感意外的事情就发生了。原本软绵绵、蔫怏怏的汤克宽，突然从病榻上跳到了地面上，而且还在俞大猷的跟前站得笔直笔直，就像是插在沙场上的一根长矛。俞大猷大为惊讶道：“贤弟，你这是做甚？”汤克宽响亮地回答道：“小弟愿与兄长一道阵前杀倭！”俞大猷苦笑道：“贤弟心愿，为兄自然知晓，然贤弟伤病缠身，需在此静养，待贤弟完全康复之后，再论上阵杀倭也不迟啊！”只见汤克宽，唰的一声就抽出了一直搁在床头的那把长剑，那长剑嗖地闪过一道刺目的寒光。寒光中，汤克宽坚定地对俞大猷道：“兄长，只要小弟还有一口气，小弟就一定要上阵杀倭！”见汤克宽决意如此，俞大猷也就只好默默同意了。同意毕，俞大猷与汤克宽二人便开始精心地谋划起来。待谋划完毕，俞大猷特地将那黄猛和刘黑虎二人叫到身边吩咐道：“你家少爷并未痊愈，战端一开，尔等务必好生保护于他，你家少爷若稍有差池，我俞某决不轻饶尔等！”俞大猷说得一本正经的，黄猛和刘黑虎二人赶紧屏气肃立，只顾点头，连大气都不敢呼一口。

这就来到了是年（嘉靖四十三年）五月底的那个晚上，微风徐徐，月明星稀，一派祥和宁静的景象。俞大猷开始向盘踞在邹塘的倭寇发起猛攻。说是猛攻，其实也并非是一味地乱攻。俞大猷身边的兵马不多,如果不顾一切地盲目进攻,与倭寇拼消耗,那俞大猷就要亏蚀老本了。俞大猷玩了一个小技巧。数天以前,他平定了一股海盗,还擒获了两个海盗的头目,其中一个叫伍端的海盗头目愿意立功赎罪,为俞大猷效命,所以俞大猷就在向邹塘发起进攻之前,令伍端领着百余人冒充海盗前往邹塘与倭寇周旋。倭寇没有防备,打开了巢穴的大门。说时迟那时快,俞大猷高吼一声,他的俞家军就像是离弦的弓箭一般,迅疾地射进了倭寇的巢穴。倭寇一下子被打蒙了,也不知道究竟来了多少明军。加上俞家军的官兵也着实勇猛,只管刀砍剑劈,砍得倭寇忘了放铳放箭,劈得倭寇只顾掉头乱跑。从晚上到天明,只一夜的工夫,俞大猷和他的俞家军就连破倭寇的三处巢穴,斩杀倭寇四百余人。待得天色完全放亮,倭寇虽然瞧出了俞大猷兵力的虚实,但却已经失去了反击的机会。那两广提督吴桂芳,还有南赣提督吴百朋,率着数万明军像潮水一般地涌向倭寇的各处巢穴。倭寇害怕了,不敢应战,在三个矮矬倭酋的统领下,且战且退,最后退到了海边一个叫甲子门(甲子门在今广东省陆丰市东部甲子镇一带)的地方,准备夺船入海。数千名倭寇,挤在一两百艘打鱼的小船之上,那等混乱的场面,也着实是颇值得一观的。然而更值得一观的是,待倭寇们好不容易乱哄哄地上了船,抬头朝东边那么一看,倭寇们的心顿时就拔凉拔凉的了。东边的海面上,百余艘明军的广船和福船正严阵以待,其中一艘广船的船头之上,昂首挺立着一位明军大将,虽然看上去瘦削无比,却处处透露着无比的杀气。若不是亲眼所见,谁也不敢相信这位将军就在几天以前还有气无力地躺在病榻之上,还在极力忍受着失去儿子的巨大痛苦。这位将军当然就是汤克宽了。

按照战前与俞大猷的约定,汤克宽没有参与邹塘的陆战。汤克宽与俞大猷对战局的看法基本一致,二人都以为,此番明军战力强劲,加上吴桂芳统领有方,倭寇定然不敢在陆地上与明军硬拼,最终定然会夺船下海。俞大猷对汤克宽道:“贤弟素擅海战,截住倭贼海上退路,实非贤弟莫属啊!”汤克宽向俞大猷保证道:“兄长放心,如若让一个倭贼脱去,小弟绝无脸面再见兄长!”

想要堵住倭寇的海路,首先需要的就是大批战船。这倒不是什么难事。潮州一带就是船多,而且大都是广船和福船,俞大猷早就准备停当了。问题的关键在于,明军的火炮不多,尤其是汤克宽已经使用习惯的那种无敌神飞炮数量极少。汤克宽明白,海上战事一开,如果一击而不能将倭寇的船只大半摧毁,那数量众多的倭寇就极有可能夺路而逃。若是让倭寇逃到了深海里,那明军就只能望洋兴叹了,即使不顾一切地在海洋深处穷追,那也是不可能将逃脱的倭寇全歼的,且明军还会遭受很大的损失。所以汤克宽就拖着虚弱的身躯,领着黄猛和刘黑虎等人,把能找到的所有的火炮,也不管是什么类型的,几乎全都搬上了船头。这其中,就有数十门铜发矿火炮和佛郎机火炮。就说铜发矿火炮吧,每门重约五百斤,一次发射铅子一百颗,每颗铅子重约四斤,若是让这样的炮弹击中,无论何物,几无幸存者。但是,这种火炮的威力虽然巨大无比,却往往只在攻城时使用,因为这种火炮的后坐力实在是太过猛烈。在过往的战争中,汤克宽曾经做过实验,把一尊铜发矿火炮架在一艘战船上发射,炮弹是发出去了,可那只战船却被火炮的后坐力震得直往后退,且船身咯咯直响,差点就散了架。那还是一艘比较大的战船,若是换了小型战船,估计当时就沉没了。然而,军情紧急,汤克宽也就顾不了那么许多了。

汤克宽发号施令了。他吩咐身边的黄猛等人道:“只管发炮,不管船只,只要船只未沉,就继续发炮!”

汤克宽的各种火炮一起喷射出了愤怒的火焰。只这一次齐射,倭寇们的船只就被摧毁了二十多艘。汤克宽也不管其他了,挥舞着长剑高呼道:“开炮!前进!前进!开炮!”

也活该这批倭寇灭亡,刚刚被汤克宽的炮雨砸得晕头转向,还没有回过神来呢,海面上突然就刮起了一阵狂风。真的是狂风，若是在陆地上，用飞沙走石来形容一点也不为过，现在海面上，那就只会掀起滔天的巨浪。甭说是倭寇的那些小渔船了，即便是汤克宽的那些高大的战船，也被这阵狂风吹翻了好几艘。倭寇们的船只几乎全倾覆在了海水里。这也许是老天爷在故意惩罚这些披着人皮的畜生。倭寇们嚎啊叫啊哭啊喊啊，在水面上绝望地扑腾着、挣扎着，然后又绝望地坠入了海底喂海龟了。只有殿后上船的一批倭寇，距离岸边较近，且那三个矮矬的倭酋恰好也在里面，这三个倭酋虽然体矮身矬，但水性很好，硬是乱叫着领着这批倭寇爬上了岸。上岸之后的倭寇惊魂未定，不知道往哪儿逃。西边有吴桂芳和俞大猷的明军正在赶来，东边有汤克宽的水军正虎视眈眈。三个倭酋争吵了一番之后，最后决定朝南边跑。汤克宽见状哈哈一笑道："倭贼，尔等的死期到了！"随即急命黄猛道："弃船登岸，穷追不舍！"

倭寇们哪里会知晓汤克宽的心思。如果这批倭寇当时改道向北，或许还能跑出一条生路来。但汤克宽料定，倭寇不可能向北逃窜，因为北方不远就是潮州，是俞大猷的总兵府，明军定然防范森严，故而汤克宽事先就在南边埋下了一支伏兵，为首者就是那个刘黑虎。当然，为周全计，汤克宽理应在北边也设下伏兵，穷凶极恶的倭寇在走投无路的时候是有可能不按常理出牌的，但汤克宽手头的兵马不富裕,他只能以现有的兵力与倭寇赌上一把。结果是,汤克宽赌赢了。

倭寇在前面死跑,汤克宽在后面猛追,这一追就追到了是年(嘉靖四十三年)的六月初。倭寇们跑到了一个叫作海丰(海丰即今广东省汕尾市海丰县)的地方。倭寇们不跑了,因为有一支明军挡住了他们的去路。这自然就是刘黑虎所率的那支明军了。如果仅从人数上来看,刘黑虎应该是挡不住倭寇的冲击的。倭寇多达两千余众,刘黑虎只有一千多人。但是,有两个因素决定了这批倭寇难以冲破刘黑虎的堵截。一个因素是,这批倭寇早已经成了惊弓之鸟,被汤克宽一顿猛轰不说,还淹死了那么许多人,倭寇们实在是没有多少心思再战了;另一个因素是,刘黑虎尽管人马较少,但他一直谨记着汤克宽的嘱咐,始终把那些极具威力的一窝蜂火铳带在身边,且还时不时地加以改良。这下子就热闹了,这批倭寇在那三个倭酋的催命下,一窝蜂地冲向了刘黑虎的战阵,但旋却就被刘黑虎的一窝蜂火铳给打倒了一大片。而实际上呢,当时倭寇的火力也不弱,鸟铳、弓弩应有尽有,甚至还有一些虎蹲炮,只是倭寇们急于夺路而逃,似乎忘却了手中的火器,只不顾一切地挥舞着双刀往前冲,这就给刘黑虎的一窝蜂火铳提供了极佳的展现舞台。倭寇冲上来一队,被一窝蜂火铳无情地打倒;倭寇再冲上来一排,一窝蜂火铳照样不留情面,照旧悉数打倒。待倭寇终于回过神来,准备改变战术的时候,汤克宽的人马已经将他们团团合围了。倭寇们知道此番已经在劫难逃,反而变得更加疯狂起来,一个个不要命地迎着明军官兵就肉搏厮杀了起来。汤克宽见状,急忙指着那三个矮矬的倭酋对左右言道:“尔等听着,这三个倭贼,谁都不许擅杀,违者军法从事!”

汤克宽当然不是想保全那三个倭酋的狗命,他好像还从未生起过这样的念头。他不过是想要亲手了结那三个倭酋的性命而已。铁窗十年啊,汤克宽的手脚都有些不灵活了。他要用这三个倭酋的污血来唤醒他杀倭的雄心和壮志。所以汤克宽就手握长剑一步一步地走上前去。再看那三个倭酋,似乎也读懂了汤克宽的心意,很快并成了一排,像三节木桩似的迎着汤克宽挪将过来。慌得那个黄猛连忙吩咐左右道:“若情形不对,立刻冲杀过去,汤将军汤大人万万不可有闪失……”

汤克宽与那三个倭酋面对面地站住了。率先冲过来的那个倭酋不仅身短,且还肥胖无比。这倭酋似乎是急于来送死,也不言语,腆着肚皮、挥着双刀就滚到了汤克宽的近前。汤克宽也没客气,避开刀锋,瞅个破绽,一剑便戳穿了那个倭酋的肚腹。眼见着,那个倭酋的肚子就迅速地瘪下去许多。激动得黄猛大喊大叫道:“少爷,刺得好,刺得好!”

第二个冲上来的倭酋手里只有一把刀,不过这把刀并非是传统的倭刀,它既长又重,很像是江湖上的某种兵器。这倭酋好像瞧出了汤克宽的短板,上来之后就照着汤克宽一顿猛砍,砍得速度还非常之迅疾。汤克宽一时反应不及,只得硬碰硬地连接了几招。这倭酋的力道简直太大了,加上汤克宽本就元气不足,几招下来,汤克宽面红耳赤、气喘吁吁,有些难以招架了。那黄猛看得真切,舞刀就要上前助阵。就在这当口,汤克宽身形一飘,居然飘到了倭酋的身后,待倭酋急欲转身之际,汤克宽手中的长剑早已经洞穿了倭酋的背脊。

再看那第三个倭酋,见势不妙,掉头撒腿就跑。汤克宽实在是没有气力追赶了,于是就将长剑扔了出去。这长剑扔得也太准了,恰好贯穿了那个倭酋的脖颈。那倭酋猛然间定住了,竟然直直地立了好长时间,黄猛上前推了一把,这倭酋才喷溅着血柱栽倒在地上。倭酋没了,倭众瞬间就变成了没头的苍蝇,四处乱窜。待明军参将王诏奉俞大猷之命领着一支明军赶来支援时,这批两千多人的倭寇已经被斩杀大半,残余的倭寇悉数被擒,一个也没有漏网。汤克宽不觉呼出一口长气,扑通一声跌坐在地面上,兀自喘息不已。汤克宽实在是支撑不住了,他已经累得虚脱了。

海丰一役过后，广东沿海的倭患基本上被平息了。两广提督吴桂芳十分高兴，连夜将海丰大捷的消息奏与那嘉靖皇帝知晓，吴桂芳还在奏疏中特别重点提到了汤克宽在此役中的表现和功劳。嘉靖皇帝呢，接报后自然也很是高兴，在与徐阶等人简单地商讨了一番之后，于是年（嘉靖四十三年）九月下诏谕令吴桂芳：叙吴桂芳以下各职官功，包括总兵俞大猷、巡抚吴百朋、参将王诏等人，各赐银币；汤克宽所立功勋，暂不评判，敕令御史复核上奏。“复核上奏”四个字说明了什么？说明那个嘉靖皇帝对戴罪之人汤克宽所立的功劳至少是半信半疑的。吴桂芳便觉得很有些对不住汤克宽，所以就在俞大猷等人的鼓动之下，再次上疏为汤克宽说情邀功。还别说，吴桂芳这次的上疏有了明显的成效，一个月之后，朝廷令下：添设广州惠（惠州）、潮（潮州）海防参将一员，由汤克宽任之。也就是说，汤克宽又当上参将了。十二年之前，汤克宽初踏抗倭战场，那王忬大人任命他为参将，十二年之后，汤克宽历经磨难，转了一大圈之后，终于重新成了参将。汤克宽实在是弄不清，由参将而参将，这是对他抗倭行为的一种安慰还是一种嘲弄？汤克宽能够弄清楚的是，从此以后，他汤克宽又可以名正言顺地上阵杀倭了。

只不过，安慰也好，嘲弄也罢，这样的事情好像永远都不会停止。整整一年之后，也就是嘉靖四十四年（公元

1565年)的十月,在俞大猷的不懈努力下,在吴桂芳的大力支持下,嘉靖皇帝的又一道旨意再次飘荡在了广州城的上空。嘉靖皇帝诏曰:原福建巡抚谭纶转巡陕西,不日赴任;原惠、潮参将汤克宽升任副总兵,提督狼山等处。狼山应该指的是今天江苏省南通市南郊一带,古称狼山镇,汤克宽此职的全称应该是"提督狼山副总兵"。不过狼山距离广东过于遥远,而汤克宽在升任副总兵之后一直在俞大猷等人的麾下抗倭杀贼,所以,汤克宽应该只是挂了一个狼山副总兵的头衔,并未真的移镇于狼山。

想当年,汤克宽做参将之后一年左右时间就升为了副总兵,现如今,他重为参将之后也只是过了一年的时间便又升为了副总兵。故而俞大猷对汤克宽戏言道:"所谓世道轮回,其谓贤弟之境遇乎?"汤克宽却冲着俞大猷深深地施了一礼道:"没有兄长关照,何来小弟今日?兄长大恩大德,小弟难以回报……"俞大猷赶紧也对着汤克宽回礼道:"我等兄弟,你这般如此,岂不是太过见外?"

俞大猷口中的"世道轮回"四个字好像不单单指的是汤克宽一个人。几乎就在汤克宽重为参将的同一个时段,汤克宽和俞大猷闻知,严嵩的那个宝贝儿子严世蕃被嘉靖皇帝投进了锦衣卫的诏狱,并且,就在汤克宽升为副总兵的那个时候,严世蕃被锦衣卫砍下了头颅。

应该说,严世蕃的这种结局是他自找的。两年前,嘉靖皇帝手下留情，没有处死他，而是令他谪守雷州卫。而严世蕃呢，早就听闻雷州是一处烟瘴之地，是有得去没得回的所在，所以他实在不敢前往，他不想把自己的小命丢在那么一个荒无人烟的地方，于是，他就在南下雷州的路途中偷偷潜回了江西老家。潜回也就罢了，他还一点也不消停，生怕别人不知道似的，不仅大肆扩建府第，还与从前的党羽罗龙文（就是曾经帮助胡宗宪招降海盗徐海的那个著名的墨工）眉来眼去、暗中串联密谋。时间一长，这事就让徐阶得知了，徐阶赶紧指使一个叫林润的御史给嘉靖皇帝上疏弹劾严世蕃，说严世蕃违逆圣意，潜回老家，并与罗龙文勾结在一起，暗通倭寇、图谋不轨。嘉靖皇帝顿时就火冒三丈，再也不想手下留情了，立即下旨将严世蕃和罗龙文逮捕下狱，并旨令将严嵩削籍为民、家产尽抄。第二年，也即嘉靖四十四年（公元 1565 年），严世蕃和罗龙文一同被处斩。据当日观摩者说，临刑前，那严世蕃和罗龙文二人抱头痛哭，哭声凄凉又凄厉，一只眼的严世蕃居然流出了大把大把的泪水，把地面上的一大片灰尘都打湿了。再后来，汤克宽和俞大猷又听说，严世蕃死后的第二年，也即嘉靖四十五年（公元 1566 年）的五月，无家无室，一直寄宿在妻子墓舍（坟地上供祭扫之用的房舍）的严嵩（严嵩的妻子欧阳淑端，早在严嵩尚未失势时便故去，有点意思的是，欧阳淑端不仅长相一般，且还有半脸的麻子,然而严嵩一生就娶了这么一个妻子),在八十七岁的关头,终于也死了,死得贫病交加,既买不起棺木,也无一人吊唁。然而,颇有点讽刺意味的是,相传,严嵩在临死前,曾艰难地写下了十四个大字,这十四个大字是:平生报国惟忠赤,身死从人说是非。客观而言,这两句小诗写得还是很有水平的。

看着严嵩父子相继死去,汤克宽和俞大猷的心里终归是有一些喜悦的。可是,也不知为何,只要一想到严嵩那么大的一把年纪,最后一个人孤独而死的情状,汤克宽的心中就总会泛起一层难以言说的悲凉。有一回,他甚至由此联想到了他自己,他汤克宽,最终会有一个什么样的结局呢?会不会也像那个严嵩一样,孤身一人凄凉地死去?当然了,汤克宽是不会把自己的这种联想告知俞大猷的。他实在不想让自己的兄长再为自己操心了,他汤克宽已经活了大半辈子,已经让兄长操碎了心,如果真有可能,如果真有那么一天,他宁愿自己死去,也不愿兄长再为自己伤心。

然而,伤心的事情总是难以避免的。当又一个人的死讯传到汤克宽和俞大猷的耳边时,俩人竟相对无言,且沉默了很长的时间。这种沉默,算不算也是一种伤心的表现呢?若是,那汤克宽和俞大猷就是在为胡宗宪伤心了。因为胡宗宪死了,而且是自杀身亡。

胡宗宪因为受到严嵩父子的牵连，被嘉靖皇帝从抗倭前线逮至京城，可能由于嘉靖皇帝一时心软，念及胡宗宪抗倭的功劳，胡宗宪才得以保住性命，被革职回家。回家后的胡宗宪自然心灰意冷，发誓从此不问政事，只一心在故里诗酒相伴，了此余生。但是，这只不过是胡宗宪的一厢情愿。原本想彻底搞掉胡宗宪的那些人根本不想就此罢手，他们一直在等待和寻找时机再给胡宗宪以致命的一击。终于，胡宗宪的麻烦来了。那个严世蕃和罗龙文被嘉靖皇帝弄死，还分别被抄了家，正是这抄家给胡宗宪抄来了灭顶之灾。据说，在抄没罗龙文家产的时候，有个御史意外地发现了胡宗宪被弹劾时写给罗龙文贿求严世蕃作为内援的信件，如果，仅仅是只有这封信也就罢了，因为嘉靖皇帝早就知晓胡宗宪与严嵩的关系，但问题的严重性在于，那个御史在奏疏中言之凿凿地指出，在胡宗宪给罗龙文的那封信中，还附有假拟的圣旨一道，且假拟之人正是胡宗宪。胡宗宪这下子便彻底玩完了。假拟圣旨之罪，胡宗宪即使有一百个脑袋也不够嘉靖皇帝砍的。果然不出所料，嘉靖皇帝龙颜震怒，胡宗宪于嘉靖四十四年(公元 1565 年)十月再次被锦衣卫押解至京。有人说，胡宗宪曾在狱中写下了上万字的《辩诬疏》，条分缕析地为自己的所作所为进行辩解。可是，朝中上下再也无人敢替胡宗宪说话求情了。胡宗宪呢，也终于忍受不下去了，是年（嘉靖四十四年）的十一月初三日，他在写下“宝剑埋冤狱，忠魂绕白云”的诗句后，自杀身亡，时年五十四岁。一直到了隆庆六年（公元1572年），大明朝廷才为胡宗宪平了反。

胡宗宪死在严世蕃之后，又死在严嵩之前，这是不是冥冥之中自有定数？反正，在得知了胡宗宪的死讯后，汤克宽叹息着对俞大猷道：“那个胡大人，许是性情过于刚烈了，倘若，他再隐忍些时日，待圣上明察之后，或许圣上就会宽恕于他……”俞大猷却凄然一笑道：“贤弟啊，即使圣上有宽恕之念，恐胡大人此番也在劫难逃啊！”汤克宽闻言一怔，好像没听明白，但最终，汤克宽还是似懂非懂地点了点头。

第八章　英雄魂断泪空流

嘉靖四十五年正月，汤克宽与戚继光终于在抗倭战场上有了交集。然而，有了交集之后没多久，汤克宽就吃了一次败仗，吃败仗的地点叫凤凰山。只不过，要说清楚这场败仗，首先就得说一说明军的南澳之战。

所谓“澳”，本来指的是江海边的凹陷处，后来引申为港湾之意，意指海边弯曲可以停船的地方，多用于地名，比如澳门之名就是这个意思。再后来，澳的意思有些扩大，大凡水边之地皆可称之。只是南澳这个地名似乎有些特殊，它确实是在水边，也确实有几个港湾，但它本身却是一个小岛的名称。它位于今天广东省饶平县（今隶属潮州市）南部的大海之中，是闽、粤二省的交界地，所以当时也就成了倭寇由福建进入广东的咽喉之地。它东西长四十多里，南北最长处有二十余里，岛上森林茂密、土地肥沃，四周有深澳、隆澳、云澳等重要港湾，可以停泊船只。其中，深澳港的形势最为险要，入港处水道狭窄，大船无法通过，小舟也只能鱼贯而入，是一个易守难攻的港口。大海盗、大汉奸吴平看中了这里，把自己的大本营设在了这个地方。

吴平是福建诏安梅岭（梅岭即今福建省漳州市诏安县梅岭镇）人，作为海盗，他的名声虽然不能与那徐海、王直二人相提并论，但作为汉奸，其行径与徐海、王直相比，却也是不落下风的。又何况，那徐海和王直二人早已被胡宗宪除掉了，所以吴平的海盗名声便一天天地响了起来。吴平早年为盗，路线与徐海和王直差不多，摇尾从倭，竭尽走狗之能事。后来自立山头，势力一度发展至万人规模，横行肆虐于闽、粤交界一带，祸害百姓，作恶多端，并且，他始终不忘其走狗本性，始终与倭寇互相勾结、狼狈为奸。等到了嘉靖四十三年（公元 1564 年）的夏天之后，福建的倭寇被戚继光和俞大猷等人剿得差不多了，而广东的倭患也基本上被俞大猷和汤克宽平息了，吴平一时势单，感到孤立无援，便露出了海盗的狡诈本性，行朝云暮雨之举，时而归降明朝，时而又无端背叛。至嘉靖四十四年（公元 1565 年），吴平一边暗中大肆收罗各地零散的倭寇和海盗，一边修造战船百余艘，自以为有了足够的实力了，便以南澳为据点，率众四处掠劫，进而公然攻击明军，逐渐成了广东沿海的一大祸害。于是，朝廷令下，命福建明军和广东明军兵合一处，一举剿灭吴平，以绝后患。基于此，为了更好地联合作战，福建总兵官戚继光和广东总兵官俞大猷就凑到一起召开了一个战前军事商讨会。汤克宽作为副总兵，自然也参加了这次会议。这应该是汤克宽和戚继光的第一次谋面。谋面之时，汤克宽由衷地夸赞戚继光的抗倭功绩，戚继光呢，虽然贵为总兵官，却也对汤克宽表示了应有的尊敬。汤克宽夸赞戚继光是抗倭战场上的一匹无敌的骏马，戚继光则尊称汤克宽是抗倭战场上的一头伏枥的老骥。总体而言，汤克宽和戚继光的这次碰面还是十分融洽的。这次军事商讨会议最后决定，闽、粤明军两路出击、两面夹击，水陆相应、水陆并进，捣毁吴平的老巢南澳。具体点说就是，先由俞大猷率广东水师从北、东、南三面围攻南澳岛，将吴平由南澳的西边逼上岸，再由戚继光率福建的明军在饶平（明朝前期并无独立县制，本属海阳县管辖，成化十三年，即公元1477年始设县制）、澄海（明朝中期前并无独立县制，本也属海阳县管辖，嘉靖四十二年正月二十八日始设县制，今为汕头市澄海区）一带设伏，将吴平围而歼之。汤克宽呢，与参将李超等人领一支人马作为预备队和机动队以防万一，万一那吴平漏网，则由汤克宽等人负责追击。汤克宽本不想去干什么预备和机动的差事，他想和俞大猷一起去直捣吴平的老巢，但碍于和戚继光第一次合作，实在不便多言，所以也就愉快地接受了任务。

总体来说，明军的南澳之战打得还是很不错的。俞大猷不仅如愿地攻上了南澳岛，消灭了一批倭寇和海盗，把吴平逼过了海峡、逼上了岸，而且还在南澳岛上救出了一千八百多名被劫持的百姓。接着，俞大猷又马不停蹄地与戚继光一道，水陆并进、两面夹击，在饶平、澄海一带将吴平打得溃不成军、抱头鼠窜。但是，此战也有一个很大的缺憾，那就是，那个吴平带着数百名倭寇居然冲出了明军的包围向着北边逃跑了。因为此处属于广东的地盘，所以俞大猷就和戚继光商定，由戚继光领军占据南澳岛，将吴平的老巢彻底焚毁以绝吴平后路，而追击吴平的事情就由俞大猷的广东兵马负责。

俞大猷当然没有足够的时间去追击吴平，这一任务理所当然地落在了汤克宽和参将李超的身上。汤克宽原以为，身边有上千的兵马，且大都还是能征善战之人，加上李超也是一名敢打敢冲之将，以此来追击落荒而逃的吴平，岂不是一件手到擒来的事情？然而，汤克宽没有想到的是，那个吴平虽然不是本地人，但盘踞在南澳已有多年，且过往常常跟着倭寇深入潮州等地一路烧杀，对这里的地形地貌非常熟悉。相反，汤克宽来此只有一年多的时间，那李超本又是浙江台州人，加之潮州一带的地形多为山地和丘陵，山地和丘陵的面积占全市总面积的百分之六十五，且主要还都集中在潮州的中部和北部，也即汤克宽追击吴平的路线上。如此复杂的地形和地貌，自然就给汤克宽追击吴平带来了极大的困难。有困难就会有麻烦，待那黄猛和刘黑虎领着先头部队追击到凤凰山的山脚下的时候，不幸中了吴平的埋伏，损失了一众官兵不说，黄猛还被鸟铳击中肩胛，身负重伤。待汤克宽和李超赶到之时，那吴平早已消失在凤凰山的丛林和乱石之中了。

凤凰山位于潮州城的北方，两地相距有八十里。凤凰山山势巍然，雄伟壮丽，终日云雾缭绕，银瀑飞泻，苍松翠柏覆盖其上，奇花异草点缀其间。凤凰山的主峰凤凰髻是粤东地区（潮州、汕头、揭阳三市）的第一高峰，海拔一千四百九十七点八米，站在顶峰环视四周，群山匍匐脚下，潮州城尽收眼底，真有一种心旷神怡的感觉。只不过，当时的汤克宽全无心思观赏山景。他只有一个念头，尽快地冲上山去，抓住吴平，为战死的弟兄和受伤的黄猛报仇雪恨。

汤克宽第一个冲上了凤凰山，李超在他的左边，刘黑虎在他的右边，其余将士紧随其后。不知不觉地，汤克宽率众冲入了山坡上的一片小树林，小树林里荆棘密布、烟霭重重，不仅伸手不见五指，且几乎寸步难行。汤克宽觉得不妙，刚要下令撤出，却已经有些迟了，砰砰的鸟铳和嗖嗖的箭矢径直朝着小树林里射来。危急关头，汤克宽大吼一声，硬是带着众人杀出了小树林。然而，到了小树林外面一看，那吴平却不见了踪影。李超向汤克宽禀报：吴平带着残余的倭寇逃上了凤凰髻。汤克宽下令：全军并进，齐攻山顶，杀死倭贼，活捉吴平。可是，山路崎岖，灌木丛生，吴平的鸟铳手和弓箭手就埋伏在凹凸处和灌木里，打了汤克宽一个冷不防。虽然汤克宽及时地改变了策略，由李超和刘黑虎等人各领一队人马，分兵合击，逐步争夺，杀死了许多的倭寇，但是，待得汤克宽等人终于杀到凤凰髻的顶峰时，那吴平却早已经消失得无影无踪了。汤克宽气得咬牙切齿，恨得顿足捶胸，然终也无可奈何。是呀，不管怎么说，他汤克宽此番是打了一场败仗了。他是主将，他要为此负全责。

不过话也要说回来，汤克宽虽然吃了败仗，但整个南澳之战，包括汤克宽的凤凰山之战在内，明军的战果还是很值得骄傲的。经战后清点，除去烧死、淹死的数百名倭寇和海盗外，明军共擒斩了一千五百多名倭寇和海盗，且还救回了那么多无辜的百姓，战果也算得上辉煌。然而，令汤克宽倍感意外的事情发生了。朝廷不仅没有嘉奖参战的一干明军官兵，反而剥夺了俞大猷的总兵官之职，令其戴罪立功，并着令戚继光以福建总兵官兼管惠、潮二府讨贼事宜。这究竟是怎么一回事呢？原来，闽、粤各路言官纷纷上疏，弹劾俞大猷作战不力，致使贼酋吴平脱身于海上，继续勾结倭寇，为非作歹。对此，汤克宽很是不解地对俞大猷道："兄长，此战若论有过，那也是小弟之责，何故令兄长为小弟戴罪？"俞大猷却淡淡一笑道："此番朝廷没有追究贤弟之误，为兄已是极为开心。此等后果，为兄早有心理准备，贤弟也就不必多费心思了。"俞大猷一副轻描淡写的模样，着实令汤克宽费解了很长时间。好在不久之后，俞大猷因为平定了山民李亚元的聚众劫掠之事（广东山民李亚元，聚众攻占惠州河源、和平等县，两广提督吴桂芳令夺职闲住的俞大猷领兵平叛，俞大猷先施离间计抓捕了一干起事首领，而后亲自督兵捣毁了叛军的营垒，活捉李亚元，俘斩万余人，夺还被裹胁的男女百姓八万余人），朝廷便又恢复了俞大猷的总兵官之职。只有所不同的是，朝廷此番任命俞大猷为广西总兵官。也就是说，俞大猷调往广西去了。这样一来，汤克宽便成了戚继光的手下一员。

对汤克宽而言，不管在谁的手下，只要能够上阵杀贼就行。又何况，戚继光英勇善战，汤克宽本就十分地佩服。汤克宽最大的希望，就是戚继光不要让他坐冷板凳，不要让他错失杀敌的机会。而戚继光呢，似乎很能理解汤克宽的心思。是年(嘉靖四十五年)三月,戚继光传令汤克宽:即率水师向安南海域进发,会剿盗贼吴平。听得“吴平”二字,汤克宽立马就兴奋起来。不说别的,是他汤克宽在凤凰山放跑了吴平,因为放跑了吴平,才有了俞大猷被革职的后果。汤克宽当时还能干什么呢?他只有一件事情要做,他要复仇。

安南就是今天的越南国了,吴平之所以往安南的方向跑,当然是因为在南澳和凤凰山被明军消灭了有生力量,他再也没有资本在福建或广东等地与明军周旋了。他前往安南的目的只有一个,就是找一个偏僻的所在苟延残喘、积蓄力量,以企卷土重来。可是他这一企图暴露了,被明军探得了消息。于是两广提督吴桂芳立即晓喻安南万宁宣抚司(当时明朝在安南境内设立了十三个宣抚司)速速派兵征剿吴平,同时传檄戚继光即刻派水师会剿吴平。戚继光没有怠慢,火速将这一任务交给了汤克宽,并令福建参将傅应嘉率一彪人马全力协助汤克宽。

汤克宽报仇心切,率领水师在海面上日夜兼程地向西进发,足足航行了一个多月。终于,打前站的刘黑虎回报:已经抵达安南附近海域,吴平的船队正停靠在万桥山澳(具体地点不详,有书籍记载为万桥山,应该指的是今越南北部海域的某个港湾)。汤克宽转对参将傅应嘉道:“晓喻部众,奋勇杀贼者立功受奖,临阵畏缩者决不轻饶!”傅应嘉异常响亮地答应了一声,一边将汤克宽的命令急速传达,一边就催动起自己的坐船,第一个向万桥山澳冲去。傅应嘉是嘉靖三十一年(公元1552年)福建武举人第二名,隆庆元年(公元1567年)去世,后被敕封为“昭勇将军”,可见其在沙场之上该有何等的勇猛。一直站在汤克宽身边的黄猛见状有些不服气,急忙对汤克宽道:“少爷,你看那傅将军,不在阵中指挥,只顾冲锋,他是想抢头功呢!”汤克宽微微一笑言道:“谁能斩杀吴贼,谁就是头功。”慌得黄猛赶紧找了一只小船,跟在傅应嘉的后面就向前冲去。

吴平当然也发现了汤克宽的船队。他本来是想在万桥山澳登陆的,却闻知安南万宁宣抚司的兵马正朝着这里开来,且人多势众,所以他一时间很是犹豫不决。就在这当口,他看见了傅应嘉和黄猛的船只正向他冲将过来,于是就心下一横,冲着左右大声喊叫道:“今日此时,不是鱼死就是网破!”

吴平的三十多艘战船立刻掉头转向,齐刷刷又恶狠狠地冲向了汤克宽。吴平这是要同汤克宽拼命了。汤克宽叫了一声“来得好”,接着便命令船队开炮放箭。吴平也不示弱,立即用火炮和鸟铳回敬汤克宽。汤克宽的战船数量虽然多于吴平,但彼此的火力几乎相差无几。一时间,万桥山澳东边的海面上,火焰四起、箭矢横飞,双方你来我往、互不相让。所谓狭路相逢勇者胜，就看谁能够顶得住对方猛烈的攻击了。就在这激烈的关口，汤克宽的好运突然到来了。从午后战至黄昏，海面上骤然刮起了大风，此风之大虽然不足以掀翻船只，但却是一直朝着吴平船队的方向吹去的。汤克宽不禁哈哈大笑道："天助我也，岂能有负天意？"急令船队不顾一切地抵近敌人，然后向敌人发射火箭。一支支火箭拖着火舌就像一条条火龙一般腾飞在了吴平的战船之上。仿佛只是一瞬间的工夫，吴平的三十多艘战船就至少有大半燃起了熊熊的火焰。在火焰吞噬之下，吴平的手下叽里哇啦地一个跟着一个地往海水里跳。之所以发出叽里哇啦的怪声，当然是因为吴平的那些手下大半都是倭国人。这就轮到傅应嘉和黄猛等人大发神威了，他们是最先冲到吴平船队近前的，眼见得一个个倭寇在海水里面扑腾挣扎，他们当然不会心生怜悯，他们只会用手中的刀剑将倭寇们提前打发回老家。打发来打发去，到最后，除了吴平的指挥船略无损伤之外，吴平的身边，也只剩下三艘小船还可以开动了。吴平这时真的慌了，慌得都有些六神无主了。眼见着明军的战船正在合围过来，吴平便很是无奈地对着手下人言道："我命休矣，尔等各自逃命去吧……"真是谈何容易，傅应嘉、黄猛和刘黑虎仨人各自攀上了一只倭船，砍瓜切菜般就将船上的倭寇给解决了。暂时还活着的吴平却似乎来了精神，三把两把拽去了衣衫，赤裸着身躯挺立在船头之上，一手挥着长剑，一手舞着倭刀，好像是在对着傅应嘉等人示威。气得傅应嘉、黄猛和刘黑虎各执兵刃就要往吴平的船上爬。汤克宽连忙高叫道："这等贼寇，不值得与他拼命。"傅应嘉明白了，即令部下开枪放箭。还别说，这时候的吴平倒是显露出了海盗枭雄的本色，明军几支射过去的箭矢居然被他手中的刀剑磕飞了。只不过，吴平能磕飞箭矢，却磕不飞射过去的子弹。明军的鸟铳将吴平的身躯射得血肉模糊，然而，吴平却依然站立在船头，双手的刀剑也依然在上下舞动着。吴平这副模样，直唬得几个胆小的明军士兵不觉尖叫起来。汤克宽当然不信这个邪，亲自划一只小船想去看看究竟。只是还没等到汤克宽靠近呢，那吴平的躯体就訇然倒下了，不过不是倒在船头上，而是倒在了海水里，并且，任明军官兵如何打捞、如何寻找，最终都没有发现吴平的尸体。这就给吴平最终的下落留下了一个谜。有人说吴平当时就死了，不是被鸟铳打死了就是被海水溺死了。却也有人说，吴平没有死，他从海水里潜逃了，逃到了一座荒岛之上，最后抱着一段枯树桩活活饿死了。与此相关的还有一个谜，那就是吴平财宝的下落。据说，是年（嘉靖四十五年）正月在俞大猷和戚继光水陆夹击吴平老巢之前，吴平就把财宝埋在了南澳岛的某个地方。这笔财宝的数量极其惊人，人们常常用“富可敌国”来形容它。因为它不单单包括吴平自己多年来的掠夺，它更包含着历朝历代诸多海盗抢劫来的财物。因为南澳岛的地理位置特殊，各朝各代、许许多多的海盗都把这里当作大本营，都把抢来的财宝埋在这里，而这些财宝竟然都被吴平给找着了。南澳岛埋有巨额财宝的传说从宋朝就开始流传，很多人去找都失望而归。自吴平下落不明后，这个传说更加地甚嚣尘上。有人说，当年的戚继光曾经去找过财宝，可是没找到，后来好多人都去找，还是一无所获。一直到今天，似乎还有人在南澳岛上努力地寻找，但除了找到“吾道向南北，东西藏地壳，水涨淹不着，水涸淹三尺，九坛十八缸，一缸连一缸，谁人能得到，铺路到潮州”这一寻觅财宝的谜诀外，就只看到过去的海盗天堂南澳已经变成一处风景迷人的旅游度假区了。

但不管怎么说吧，祸乱四方的吴平海盗势力终究被汤克宽率军彻底地打掉了。更为重要的是，因为吴平的手下大半都是倭寇，所以万桥山一战向来被看作是嘉靖一朝明军对倭寇的收官之战。从此，除了还有一些零星的倭寇时或骚扰之外，明朝沿海地区较大规模的倭患基本上消失了。

没有了倭寇，汤克宽也没有闲着，因为还有许许多多大大小小的海盗。自是年（嘉靖四十五年）六月起，汤克宽耗费了一个多月的时间，终于近乎完美地平定了一起为患多年的海盗作乱。

这起作乱的海盗头目有两个，一个叫林道乾，另一个叫梁有川。这两个家伙很是狡猾，他们原本也像其他的海盗一样，在闽浙沿海一带四处剽掠，待得俞大猷、戚继光和汤克宽等人将闽浙一带的倭寇都消灭了，他们觉得情形不妙，便迅速地撤到了今天的琼州海峡之中，在雷州和琼州之间时或登岸抢夺，使得海峡两边的百姓苦不堪言。时任广东巡抚李佑责令参将戴冲霄率兵征剿，可征剿了好长一段时间，戴冲霄不仅没有将海盗剿灭，海盗的势力反而逐渐地壮大了，林道乾和梁有川的部众最多时竟达三千余人。李佑无奈，只好如实向两广提督吴桂芳上报。恰好汤克宽征讨吴平得胜归来，所以吴桂芳就下令由汤克宽负责讨伐林道乾和梁有川，并令戴冲霄全力协助汤克宽。

汤克宽得令后，立即把戴冲霄召来询问海盗的具体情况。然而汤克宽明显看得出，这个戴冲霄已经被这股海盗给打怕了。在汤克宽的面前，戴冲霄一个劲儿地摇头叹息，反复强调海盗的船只太过庞大，且火器十分猛烈，实在是难以对付。后来汤克宽才得知，戴冲霄与林道乾和梁有川几番交手，几无胜绩，有一回，戴冲霄还中了林道乾和梁有川的圈套，差点命丧海峡之内。

汤克宽自然不会完全相信戴冲霄所言。他把黄猛和刘黑虎叫到身边吩咐道:“尔等前往侦察,切勿抵近交手。”数日后,黄猛和刘黑虎回报:海盗战船委实巨大,海盗火力委实凶猛。汤克宽依然不信,在一个月明之夜,他亲自乘着小舟在琼州海峡里游荡。游来荡去的,汤克宽终于发现了林道乾和梁有川的船队。汤克宽这才相信,那戴冲霄所言不虚。林道乾和梁有川的船队约有二十多艘战船,数量虽然不多,但有一多半都是那种极其高大的战舰,用“巨舰”来形容它一点也不过分。这种巨舰究竟高大到什么程度?广船和福船在它的面前只能是相形见绌了,且每艘巨舰之上,至少搭载着两门威力巨大的火炮。汤克宽从未见过这种巨舰,也从未见过这种火炮。但汤克宽知道,在这种巨舰和火炮面前,如果一味地强行进攻,只恐怕是凶多吉少。更何况,林道乾和梁有川在此海峡一带横行多年,于水情风讯等非常熟悉,如若不另想他策,想一举灭掉这股海盗真是谈何容易。

于是汤克宽就又把黄猛和刘黑虎叫来面授机宜:“你二人佯装渔民,日夜查看,不管其他,不顾时间,一旦摸清海贼出行规律即速速回报于我。”这真不是一件容易的事情,黄猛和刘黑虎此一去便是近一个月的时间,忍受了多少的饥渴、经受了多少的风雨且不说,他们还好几回差点就命丧于惊涛骇浪之中。不过结果还算不错,黄猛和刘黑虎圆满地完成了任务。汤克宽得报：林道乾和梁有川因为惧怕明军夜袭，不敢轻易停靠岸边，尤其是晚上，他们每天晚上都会将船队停泊在琼州以北的某处海面上，待得第二天破晓，他们才会起锚离开夜宿之地。

汤克宽的心中渐渐地有了一个想法，这个想法着实有些大胆。他把这个大胆的想法对那个参将戴冲霄说了，且对戴冲霄如此这般地叮嘱了一遍。戴冲霄听了，一句话也没说，只是不住地冲着汤克宽点头。

这是嘉靖四十五年（公元 1566 年）七月初的一天黄昏，汤克宽和戴冲霄带着向导各领一支船队从雷州以东的海面上悄悄地南下了。南下之前，汤克宽还特地前往十贤祠内瞻仰了一回。十贤祠建于咸淳十年（咸淳是南宋度宗赵禥的年号，咸淳十年即公元 1274 年），现位于广东省雷州市雷城镇雷州西湖公园内，是当地百姓为了纪念被贬谪到雷州或贬到琼州经过雷州的十位宋朝名宦，包括寇准、苏轼、苏辙、秦观和李纲等人而建的。也不知怎的，汤克宽去了一趟十贤祠之后，浑身竟然充满了无穷的力量。

汤克宽就是带着这种无穷的力量驱舟南下的。他没有带一艘广船或福船，当然也就没有带任何的火炮。他与黄猛和刘黑虎等人一样，乘的是渔船。这种渔船与一般的打鱼船不尽相同，它是专门为对付倭寇和海盗而设计出来的，船体非常小，依靠布帆行驶，每船只载三个人，一人执帆，一人划桨，另一人手执鸟铳之类火器。此船最大的优势有二：一是船体轻便，随波逐浪，进退自如，不易翻覆；二是船体甚小，随波上下，便于隐藏，难以发觉。有所不同的是，汤克宽在大半渔船上都放置了一两个火药桶，每个火药桶内都装着十数斤火药。汤克宽专门请人将这种火药桶的栓门进行了改造。过去，这种火药桶大都是从上往下扔掷的，在栓门处将引信一点，扔下去就爆炸了，特别适合大船对小船的攻击。而经过改造后的栓门，引信点着之后，不仅可以延时，且还可以防水。也就是说，汤克宽把这种火药桶改造成了一种水雷，他的那个大胆的想法，就是要用这种水雷去炸毁林道乾和梁有川的海盗巨舰。这当然非常冒险，一旦被海盗发现，前功尽弃不说，全军覆没也是很有可能的事情。所以黄猛和刘黑虎等人再三劝说汤克宽不要以身试险，但汤克宽不听，执意要亲率部众与海盗决一死战。

那一天午夜过后，前哨回报：林道乾和梁有川的船队就停泊在东方数里外的海面上。汤克宽看了看大海，又看了看星空，然后征求了一下向导的意见，跟着双手一挥，六十多艘渔船便按照事先的部署悄悄地向海盗的宿营地围拢了过去。就在这时，那刘黑虎划着小船急匆匆地前来向汤克宽报告：参将戴冲霄的船队并未按时到达指定海域。按照汤克宽的布置,戴冲霄的船队此时应该抵达了海盗宿营地的东边,一旦汤克宽的行踪被海盗察觉,戴冲霄的船队便向海盗发起进攻以掩护汤克宽,因为戴冲霄所率尽皆广船和福船,火炮、火铳应有尽有,虽不能与海盗抗衡到底,但为汤克宽等人争取足够的时间还是绰绰有余的。可是,那戴冲霄失约了。失约的原因当然也很简单,戴冲霄不敢与海盗正面交锋。

汤克宽愤而言道:"惧敌如此,何堪大任?"刘黑虎请示汤克宽下一步的行动。汤克宽一握剑柄言道:"不管他人,按原计划行事。他人惧敌,我何惧之有?"

刘黑虎得令而去。至黎明之前,也就是天色最为黑暗的那个时候,刘黑虎领着三十多艘渔船悄没声息地划到了林道乾和梁有川的船队近前,然后两手一摆,三十多艘渔船便分成了十来组,分别贴近林道乾和梁有川的那十来艘巨舰,在每艘巨舰的下方都安置了几个火药桶,并很快点燃了引信。接着,在刘黑虎的带领下,三十多艘渔船迅速地撤离到了安全地带。那林道乾和梁有川也许是太过大意了,居然什么都没有发现。

刘黑虎在焦灼地等待着火药桶的爆炸声。比刘黑虎更为焦灼的,当然是汤克宽。汤克宽的下一步计划是,只待海盗的巨舰被炸,他就会亲领三十来艘渔船立刻向其余的海盗小船发起进攻。然而,计划赶不上变化。那些火药桶一个接着一个地爆炸了，林道乾和梁有川的那些巨舰一个接着一个地燃起了大火，火光将这一片海域映照得无比通红，巨舰上的海盗一时惊恐万状，只得纷纷跳入海中。这一切自然都在汤克宽的意料之中，可令汤克宽没有意料到的是，海盗的那些巨舰刚一发生爆炸、还没有完全燃烧起来呢，那些海盗的小船就一个跟着一个地慌不择路地四散逃窜。此时天已放亮，如果以渔船去追击那些海盗小船，无疑是得不偿失的。气得汤克宽几乎是咬牙切齿地大叫道："兀那戴冲霄，一味贪生怕死，如若不然，海贼岂能如此脱身而逃？"可气归气，仗还是要接着打下去的。汤克宽下令：尽力擒斩落水的海盗，全力搜寻林道乾和梁有川的下落。

临近正午时分，此番海战已接近尾声。海盗的十来艘巨舰悉数被焚毁，明军共擒斩盗贼三百余人，盗首林道乾和梁有川也在海水里被明军抓获。

得胜归来之后，汤克宽将此番海战情形分别向两广提督吴桂芳和广东巡抚李佑如实地做了禀报。李佑向朝廷奏疏：副总兵汤克宽英勇善战，功宜褒录；参将戴冲霄畏缩怯懦，过宜罢免。不久，嘉靖皇帝旨下：李佑、汤克宽等人各赏银币有差，戴冲霄革任留用。

汤克宽将刘黑虎叫到身边吩咐道："皇上所赏银币，不敢独享，当与亲友一起分享。你把银币分成三份，速遣可靠之人分别送往邳州、梧州和处州，不得有误。”说完，汤克宽还不觉长叹了一声。刘黑虎心下明白，立即派了十几个心腹小校，一路向北至邳州，将一份银币交予汤克宽的母亲和妻子；一路朝西至梧州（今广西壮族自治区梧州市，时为广西总兵官衙门所在地），将一份银币送与那广西总兵官俞大猷；另一路往东北至丽水（时丽水县为处州府管辖），将一份银币交到那个赋闲在家的卢镗手中。待三路小校办完事后回到潮州向汤克宽交差的时候，已是这一年（嘉靖四十五年）的八月份了。就在这个乍暖还寒的季节里，汤克宽做了一件平生最为糊涂之事——他招降了海盗曾一本。

曾一本原是那个大海盗吴平的手下，吴平被汤克宽打得下落不明之后，曾一本着实是本分了一段时间，但是，他原本就不是什么本分之人，加之是年（嘉靖四十五年）入夏以来潮州一带米价飞涨，大批百姓无以为生，纷纷四散逃亡，曾一本便以为东山再起的机会来了，很快啸聚了数千流民，又网罗了许多林道乾和梁有川的手下，建造战船，添置火器，开始走林道乾和梁有川的老路，横行于雷州和琼州之间，攻城略地，为害一方。汤克宽得报后，本也想立即出征剿灭曾一本，可就在这当口，那个曾一本派人来向汤克宽请求招安了。汤克宽一开始并不相信曾一本所言，当即着人晓喻曾一本：如果不速速投降，那林道乾和梁有川就是你的下场。后来,曾一本又连续派人前来请降,说是愿意无条件地听从汤克宽的调遣和处置,还给汤克宽送来了许多的财物。汤克宽这时有些心动了,以为曾一本是诚心归顺,所以就在向两广提督吴桂芳禀报并得到了吴桂芳的首肯之后,一面令人将曾一本送来的财物悉数分发给手下的官兵,一面令人正式向曾一本下达了招安令。可惜的是,汤克宽太过于相信曾一本的为人了,曾一本请求将潮阳的一个叫下浍的地方作为他的居住之地,汤克宽同意了;曾一本又请求将他的一千五百名手下及四十多艘战船都带在身边,汤克宽再次同意了。这就为汤克宽的未来埋下了莫大的隐患。

潮阳本就是滨海之城,而那个下浍就位于海边。曾一本主动接受汤克宽的招安,只不过是权宜之计而已,一来是因为慑于汤克宽的威名,二来是由于那一段时间里曾一本的粮草弹药供给突然出了问题。所以在假意招安之后,曾一本就一边想方设法地找各种借口向汤克宽索要钱粮枪炮,一边指使手下开动战船肆掠于海上。到最后,曾一本下令,凡是经此过往的商船,无论是官商还是民商,一律要交钱才能通过,否则就扣船扣人。这就害苦了四方商户,他们以为是官府和明军故意刁难所为,所以就有两个盐商陈世荣、余乾仁纠集了一帮人开始叛乱了,且公然围攻揭阳县城。汤克宽得报后,本想亲自率军平叛，可那个曾一本主动请战，而且动作还非常迅速，汤克宽刚一同意，他就率众将陈世荣、余乾仁的叛军团团包围，最终，除了陈世荣、余乾仁二人漏网脱逃外，其余的数百人全部被曾一本残忍地杀掉了。此事一时引起了极大的轰动。广东巡按御史王同道立即上书朝廷，以为当地之所以发生民变，乃是因为汤克宽无端招安海盗曾一本所致，理应追究副总兵汤克宽失职之责。与此同时，广东巡抚李佑也向朝廷上疏，认为汤克宽自赴任副总兵以来，南征北战，东讨西伐，尽职尽责，功勋卓著，当地既无了倭患，也无了盗患，海晏河清，理应重赏。许是巡抚说话的分量重于巡按的缘故吧，最终，朝廷令下：复设广东总兵官一职，由原提督狼山副总兵汤克宽为之。这一年，汤克宽已届五十四岁。

因为广东沿海的形势也确如巡抚李佑在疏中所言，一时既无倭患也无盗患，所以汤克宽就在征得两广提督吴桂芳的同意后，决定带着黄猛、刘黑虎等人回家乡一趟。那俞大猷得知此事后，特地遣人送来了许多财礼，并叮嘱汤克宽一定要把他的这份财礼亲手交到汤克宽的母亲手里。汤克宽一时感动不已。汤克宽知道，俞大猷二十岁的时候，他的父亲就因病早早地离开了人世，没过几年，他的母亲也溘然长逝。现如今，俞大猷一直是把汤克宽的母亲当作是自己的母亲一样看待。

汤克宽就带着对俞大猷的万分感激回到了故乡邳州。自嘉靖三十一年(公元 1552 年)王忬任命汤克宽为参将之后,汤克宽就再也没有回过家乡。现在,他回来了,而且是以总兵官的身份回来的,所以沿途各地衙门争相邀请汤克宽亲往,并准备了许多礼物。只不过,汤克宽早有宣言:此次回乡只是省亲,无意打扰各方。所以,汤克宽除了礼节性地拜访了一回淮安府(当时邳州属于淮安府管辖,淮安府即今江苏省淮安市,府治时谓山阳县,即今淮安市淮安区)之外,并无过多的停留。汤克宽自然是思乡心切啊!

汤克宽终于见到了自己的母亲和妻子。虽然母亲早已双目失明,但汤克宽还是跪倒地下冲着母亲拜了又拜。拜毕,汤克宽又冲着妻子吴氏恭恭敬敬地施了一回礼,慌得吴氏一时有些手足无措起来。汤克宽正儿八经地对吴氏道:"你自然受得此礼,母亲大人如此康健,此功舍你其谁?"然后,汤克宽与吴氏搀扶着母亲缓缓地登上了半戈山,在父亲汤庆及列祖列宗的墓前十分虔诚地祭拜了一番。汤克宽的母亲虽然看不见,但脸上却充满了自豪,自己的儿子和自己的丈夫一样,都做了大明朝的总兵官了。祭拜过后,汤克宽便吩咐自己的两个弟弟汤克勤和汤克俭把邻近的父老乡亲们一起召来,摆了一场宴席款待,还特地邀请四方民间艺人前来会演,而且一演就是十天。

在前来会演的众多民间艺术形式中，汤克宽偶然发现了一种谓之“汤家落子”的舞艺，其舞时而文雅、细腻，时而又热烈、奔放，汤克宽一时很感兴趣，便在会演结束之后，收留了几位“汤家落子”艺人入驻家乡，并帮助他们搭班组社，让他们定居在了家乡的半戈山下。从此，“汤家落子”便在邳州扎下了根，后经世代传承，“汤家落子”渐由“下邳落子”（下邳，汤克宽家乡的别称，战国时期，齐威王封邹忌为下邳成侯，始称该地为“下邳”）形成了今日仍然深受当地百姓喜爱的“睢宁落子舞”了。

汤克宽在家乡拢共逗留了一个月左右的时间，临别前的那个晚上，汤克宽在妻子吴氏的陪同下，与母亲几乎说了一夜的话。待黎明到来，汤克宽红着双眼预备上路了。上路前，汤克宽含泪对母亲再拜不已，又含泪对妻子吴氏再三地施礼。最终，汤克宽抹干泪水与母亲和妻子依依惜别了。走出好远，汤克宽回头看去，母亲在妻子的扶持下，依然站在原地，一动不动地朝着他离去的方向张望着。是呀，母亲什么也看不见，她只是在心里默念着，何时才能再见自己的儿子一面？想到此，汤克宽的眼泪便哗哗地流了出来。

也就在此番匆匆返回广东的路途中，汤克宽闻听了一个惊天的噩耗：嘉靖皇帝突然龙驭宾天了。

嘉靖皇帝的驾崩确实很突然，坊间传言，嘉靖皇帝是在皇家避暑园林承德山庄遭雷劈而死的。至于如何遭到了雷劈,又有三种不尽相同的说法。第一种说法是,秋天来临了,嘉靖皇帝同明代历朝皇帝一样在承德避暑山庄进行每年例行的秋狩活动,活动期间,嘉靖皇帝患上了一种水土不服的疾病,上吐下泻,浑身乏力,所以嘉靖皇帝就没有再去野外狩猎,而是在山庄的寝宫里处理日常政事。那一日,嘉靖皇帝正在批阅奏章呢,一道闪电突然划破天空,直击寝宫,嘉靖皇帝就这么被雷劈死了。第二种说法与第一种说法略有差异,说是嘉靖皇帝到达避暑山庄的时候,早已经心痒难耐,迫不及待要去木兰围场狩猎,可奇怪的事情发生了,皇家猎场本是禁地,里面生活了各式各样的动物,然而这一天,嘉靖皇帝连一头长腿儿的东西都没有见到。嘉靖皇帝自然不悦,于是就传旨返回寝宫休息,就在这当口,原本晴空万里的猎场突然风云四起,跟着就是电闪雷鸣,说时迟那时快,一记白光突然从天而降,待白光散去,人们这才发现,嘉靖皇帝和他的坐骑被闪电劈中了,那匹坐骑毫发无损,但嘉靖皇帝摔落在马下,已经气绝身亡。第三种说法则多少有点污秽了,说是嘉靖皇帝阅遍天下女色之后,最终偏偏爱上了一个男宠,且这男宠还是宫中的一个小太监。为了避人耳目,嘉靖皇帝与这个小太监一直都是私下偷情,但大臣们还是知道了,于是有些大臣就旁敲侧击地劝诫嘉靖皇帝不能这样做，弄得嘉靖皇帝很是苦恼。那一日，嘉靖皇帝终于来到了避暑山庄，终于远离那些烦人的大臣了，所以嘉靖皇帝与那个小太监就开始有些明目张胆起来，两人经常在寝宫后面的一处假山之下做些龌龊之事。这一天，阴气沉沉的，嘉靖皇帝和小太监照例地在假山之下调笑取乐，突然，厚厚的云层中开始翻涌起雷电来，人们看见，一团火球降落到了假山的周围，待火球消去，嘉靖皇帝和那个小太监双双身亡。

坊间传闻自然不能全信。一般的看法是，嘉靖皇帝是因为长期服用丹药中毒而死的。前文中曾经提及，嘉靖皇帝在位期间非常喜欢炼制和服用丹药，所谓丹药，其实就是砒霜、水银、雄黄和朱砂等矿物质的混合物，具有很强的毒性。嘉靖皇帝年轻时似乎还能扛得住，但随着年龄的增长，嘉靖皇帝的身体就再也抵抗不了毒性的侵蚀了，他的身体一天比一天虚弱，终于，在嘉靖四十五年十二月十四日那天，嘉靖皇帝在乾清宫的龙榻上睡去之后再也未能睁开眼睛，终年六十岁，庙号为世宗。

嘉靖皇帝在位四十五年，做了许多让时人和后人摇头叹息的事情，这摇头叹息的事情里面自然就包含了汤克宽的诸多遭遇。但是，不管自己的遭遇如何，作为一个臣子，汤克宽在惊闻嘉靖皇帝归天的消息后，还是深深地感到了一种莫名的哀痛和莫大的悲伤。毕竟，他生活着的大明王朝已经开始改朝换代了。

带着这种莫名的哀痛和莫大的悲伤，汤克宽回到了潮州。现在已是隆庆元年（隆庆皇帝朱载垕在其父嘉靖皇帝死后的第二年改元隆庆，即公元1567年）的仲春季节了。两广提督吴桂芳曾建议汤克宽将总兵府迁到广州来，但汤克宽婉言谢绝，坚持坐镇潮州。汤克宽谢绝的理由是，潮州一带地形复杂，民风多变，随时都有可能发生意想不到的变故。还别说，汤克宽返回潮州不久，一桩意想不到的变故就真的发生了。这桩变故与去年的陈世荣、余乾仁的盐商叛乱息息相关。

陈世荣、余乾仁的盐商叛乱被曾一本血腥地镇压了之后，陈世荣和余乾仁二人并不甘心，更不死心，趁着汤克宽暂离潮州的机会，二人又联络了一个叫连思恭的盐商，共同纠集了两千余众，开始在揭阳和潮阳一带兴风作浪。他们利用一些明军惧怕倭寇的心理，将两百多名手下脑袋中间的头发剃掉，冒充倭寇。还别说，这一冒充真的起了作用，有一支明军奉命前来清剿，猛然见到那二百多名假倭寇，顿时吓得手脚发软、阵形大乱，被陈世荣、余乾仁和连思恭一举击溃，死伤惨重。

潮阳和揭阳就在潮州的西南方，相距很近。汤克宽接到两广提督吴桂芳的军情通报后，心中很是有些纳闷：陈世荣、余乾仁和连思恭联手作乱，那个近在咫尺的曾一本为何一直按兵不动？汤克宽立即派人前往下浍质问曾一本，曾一本的答复是：目前人手不足，弹药粮草也不充足，实在无力进剿叛军。把个汤克宽气得呀，立即将黄猛和刘黑虎叫到身边道："曾一本虚与委蛇，实在难忍，待我等剿灭叛乱之后，再回头与他好好算账！"

汤克宽平叛的这场战事进行得非常顺利。叛军虽然号称数千之众，其实不过是一群乌合之众，大半都是陈世荣、余乾仁和连思恭胁迫而来的。在经过十几天的侦察和准备之后，汤克宽决定对叛军开战了。首先，汤克宽亲率水军将叛军逼上了岸，然后，由埋伏在岸上的黄猛和刘黑虎对叛军两面夹击，没费两个时辰，叛军便作鸟兽散了，陈世荣被黄猛杀死，连思恭被刘黑虎杀死，侥幸逃到山中的余乾仁还被明军团团围住，最后只好摇尾乞降。此战，汤克宽共擒斩叛兵二百二十人。战后，汤克宽面对着俘获的十几个假倭寇，不禁哑然失笑道："此等假货，也能唬人，当真是滑天下之大稽啊！"

叛乱已然平息，汤克宽就准备去找那个曾一本算账了。可是，汤克宽得报，那个曾一本早已经悄悄地离开了下浍，一时不知所踪了。汤克宽预感到情况有些不妙，急令黄猛和刘黑虎等人四处探查，务必要找到曾一本的下落。然而，一连月余，黄猛和刘黑虎连曾一本的影子都没有查到。却原来，如前所述，那曾一本早就有反叛之心，他与陈世荣和余乾仁一样，也是趁着汤克宽离开潮州的大好机会，拼命地发展自己的实力，待汤克宽回转潮州的时候，他已经拥有部众三千余人、战船六十余艘。更主要的，曾一本不仅拥有像佛郎机和无敌神飞炮一类的火器，他还从葡萄牙人的手里购买了上百支火绳枪。顾名思义，火绳枪就是靠燃烧的火绳来点燃火药，枪长二至三尺不等，外形直，内有管，全由金属制成，内管贯通上下，底端封闭，枪身一侧装有曲杆，为点火之路。要知道，火绳枪的出现在火器发展史上具有里程碑意义，它是现代步枪的直接原型。伴随着火绳枪的进一步发展，人类战争便从冷兵器时代进入热兵器时代。可以这么说，曾一本当时所拥有的火力，已经超过包括汤克宽和俞大猷在内的任何一支明军的火力了。

尽管如此，曾一本对汤克宽还是很有点忌惮的。他也曾想着趁陈世荣和余乾仁叛乱的时机一起反叛，可还没等他最终拿定主意呢，陈世荣和余乾仁的叛乱就已经被镇压了。所以，曾一本就决定暂且避开汤克宽的锋芒，先给自己找一块稳定的大本营，然后再与汤克宽一决雌雄。

曾一本把目光瞄准了澳门。他想把澳门变为自己的大本营。虽然他自己并未去过澳门，但他的手下曾几次前往澳门买过火绳枪，对澳门的情况可谓了如指掌。尽管葡萄牙人早在十几年前就在澳门上岸，可是澳门的防御力量却一直都很薄弱。然而，令曾一本大感意外的是，他派了三十多艘战船、一千五百多人的队伍，一连几天都未能占领据说只有一两百个葡萄牙人防守的澳门，反而折损了好几百个手下。曾一本不敢再在澳门耗下去了，只好掉过头来，突然攻陷了澄海县，掳走了知县张俊，并残忍地烧死、砍死了周围数千百姓。不久，曾一本又突然侵犯雷州，明军参将魏宗瀚和缪印等率军迎战，大败，明军官兵阵亡八百多人，参将缪印被曾一本俘获。未几，明军再战曾一本，再次一败涂地，明军守备李茂材中炮身亡。一时间，曾一本所向披靡，明军一触即溃。洋洋得意的曾一本干脆把叛军直接开到了广州城下，虽然一时很难攻破广州城防，但这并不妨碍曾一本在广州城外肆无忌惮地抢夺财物、屠戮百姓。气得城内的两广提督吴桂芳一个劲儿地切齿扼腕，扼腕毕，吴桂芳不禁仰天长叹道："汤克宽，你在哪儿呀？"

吴桂芳这是在明知故问，他当然知道汤克宽现在什么地方，是他吴桂芳亲手把汤克宽送进提督府的监牢里去的。因为，一个叫欧阳一敬的兵科给事中给朝廷上疏，参劾汤克宽一意孤行、招降曾一本，不仅激起当地民变，还一味豢养曾一本，致使曾一本尾大不掉，终成祸端。很快，隆庆皇帝旨下：革去汤克宽广东总兵官之职，入狱听勘；广东巡抚李佑匿不以闻，戴罪供职。

汤克宽已经被打入监牢里听候处置了，那个吴桂芳再怎么长叹也是无济于事。在踏入牢门的那一瞬间，汤克宽的心中其实并无多少悲伤，他似乎已经习惯了在牢门这个地方进进出出。他的心中只是有一种深深的遗憾，他遗憾的是，他可能再也没有机会去抓捕那个曾一本了，曾一本是他倡议招抚的，现在，曾一本犯下累累罪行，这其实也就是他汤克宽犯下的罪过，如果，皇上和朝廷能够给他一个赎罪的机会，他汤克宽即使是粉身碎骨也在所不辞。然而，囚系在牢房里的汤克宽当时能做的，只是紧贴牢门，默默地张望着外面的世界。这一张望，就来到了第二年（隆庆二年，即公元 1568 年）的三月份。

那一日，黄昏时分，汤克宽在牢门前站得有些累了，便准备席地而坐以歇一歇腰杆，就在这当口，汤克宽看见，有两个人慌慌忙忙地朝他这个方向跑来，瞧那两个人跑路的架势，不是那黄猛和刘黑虎又会是谁？汤克宽一惊，正待要主动搭话，却冷不丁地发现，在黄猛和刘黑虎的身后，还有一个人正疾步如飞。那个人，岂不正是他汤克宽的好兄长俞大猷吗？就听俞大猷朗声叫唤了一声道：“贤弟，为兄来接你出去了……”汤克宽咬了咬牙，硬是没让两股热泪流淌下来。

后来汤克宽才从俞大猷的嘴里知晓，他此番之所以能够出狱，乃是因为兵部向隆庆皇帝上了一份奏折，兵部认为，盗贼曾一本的气焰日益嚣张，仅仅依赖广东一地的明军恐无力清剿，宜将广东、广西和福建的明军兵合一处，统一指挥，统一行动。兵部接着又向隆庆皇帝建议，接替吴桂芳的总督张瀚和福建总兵官李锡虽然已经抵达广东，但二人初来乍到，不谙敌情，而接替汤克宽的广东总兵官郭成迄今尚未抵达广东，为迅速瓦解贼势，宜令前总兵汤克宽戴罪立功，与俞大猷一道，克期剿灭曾贼。隆庆皇帝照准了。

汤克宽问俞大猷道："福建总兵官不是那个戚继光戚大人吗？"俞大猷淡淡地回答道："贤弟有所不知啊，那个戚大人早在一年前就调往蓟门一带练兵去了。"

蓟门指的是明代蓟镇长城的重要隘口黄崖关城，蓟镇又名蓟州镇，今名天津市蓟州区，为明朝九边重镇之一，明朝设置蓟镇的主要目的就是为了抵御蒙古各部落的入侵。而汤克宽更加有所不知的是，有一个叫吴时来的刑科给事中向隆庆皇帝上了一份奏疏，疏中以为，鉴于东南沿海一带倭患日渐减弱，建议让戚继光和俞大猷二人抽身北上，负责训练蓟门一带的士兵以抵御北虏南犯。然而，朝廷经过商议后由张居正拍板决定，只调任戚继光一人为神机营副将，专责训练蓟州、昌平、保定等地的士兵。神机营可是明朝京城禁卫军中三大营之一，是明朝军队中专门掌管火器的特殊部队,开启了世界上火器部队的先河。所以,戚继光虽然只是一名神机营的副将,但朝廷明确规定,当地总兵官以下的将官都得受戚继光的节制。为使戚继光更加方便行事,朝廷还将原蓟州总兵郭琥调往别处,由戚继光兼任蓟州总兵官。

汤克宽不明就里,便又问俞大猷道:“此地已略无倭患,唯有小股盗贼时或作乱而已,兄长胸怀大志,又素负威名,何不向朝廷请缨北上抗虏?”俞大猷呵呵一笑道:“为兄如若北上,岂能与贤弟在此相会?”闻听俞大猷如此一说,汤克宽便也轻轻地笑起来。

只不过,俞大猷的心里却是怎么也笑不起来的。他虽然久在沙场,但与汤克宽大不相同,朝中的事情他还是能够知晓个大概的。他知道,当今圣上自二十九岁登上大位之后,做出了一系列拨乱反正的事情,比如,嘉靖一朝时因言获罪的大臣全部召用回朝,已死之臣厚加抚恤并录用他们的后人为官,宫中术士王今、刘文斌等人一并逮捕,下狱论死,所有的道教仪式全部停止,还同意了福建巡抚涂泽民的“请打开对外贸易,变私下贩卖为公开贩卖”的疏议,宣布解除海禁,调整海外贸易政策,允许民间私人远贩东、西二洋(史称这一贸易政策为“隆庆开关”)等。但同时,圣上常常头晕目眩无法视朝理事。这样一来,朝政便旁落到了内阁大臣的手中,一开始,内阁首辅徐阶是理所当然的决策者，然而，时间不长，由徐阶一手提拔上来的那个高拱不乐意了，仗着自己有曾经当过隆庆皇帝老师的资历，高拱硬是将徐阶一天天地边缘化了，最后还将徐阶赶回了老家。而徐阶自然不会善罢甘休，徐阶还有一个学生张居正，张居正也曾当过隆庆皇帝的老师，所以，在徐阶的怂恿之下，张居正便与高拱明争暗斗起来，整个隆庆短短一朝，朝政你争我夺，几无消停之日。

当然了，俞大猷和过去一样，是不会把这些军国大事讲与汤克宽听的，不讲还好，讲了恐只会徒增汤克宽内心的烦恼。不管怎么说，能在广州城内与走出监狱的汤克宽相见，终究是一件无比快乐的事情。又何况，这还不是一次单纯的会面，在接下来的日子里，他们兄弟二人又将并肩作战，不把那个曾一本彻底歼灭就决不罢休。遥想当年，兄弟二人同为王忬大人举荐，一起步入抗倭的战场，勠力同心，出生入死，立下了功留青史的赫赫战绩，结下了天长地久的深厚情谊。想到此，俞大猷的脸上便显露出了真真切切的笑容来。

让汤克宽颇感意外又颇为高兴的是，在俞大猷精心准备的压惊晚宴之上，汤克宽见到了俞大猷的儿子俞咨皋。俞大猷就这么一个宝贝儿子，长得真可谓是端正大方、仪表堂堂。所以汤克宽就由衷地夸赞了俞咨皋一番。

俞咨皋很得意，一时口若悬河起来，但是，俞大猷却一直没言语。汤克宽本以为，兄长俞大猷默然不应肯定是怕触及他汤克宽的心中痛楚，毕竟，他汤克宽也曾有过两个儿子，只是这两个儿子全都没有存活下来。可有谁知，待那俞咨皋刚一转身离开，俞大猷却如此这般对汤克宽言道："知子莫若父，犬子实乃徒有虚表之人啊！好高骛远，志大才疏，为兄着实一言难尽啊！"汤克宽连忙言道："小弟以为，兄长过于苛求令郎了，纵使令郎有千般不足，在兄长调教之下，假以时日，令郎必为朝廷之重臣，社稷之栋梁！"俞大猷嘿嘿苦笑一声道："何谈的重臣与栋梁？犬子如能与你我一般，抗倭杀贼，为国效力，为兄也就心满意足了。"不曾想，俞大猷当年的担忧，后来竟然变成了事实。公元1627年（崇祯皇帝朱由检登基之年，次年改元"崇祯"），时任福建总兵官的俞咨皋，联合荷兰舰队，在福建铜山（今福建省漳州市东山岛东北部铜陵镇）围剿郑芝龙（民族英雄郑成功的父亲），几乎全军覆没，侥幸逃走的俞咨皋最终被朝廷斩首。后人常以此发出"将门未出虎子"的慨叹。

俞大猷为汤克宽准备的晚宴，既是为汤克宽压惊洗尘，更是为了与汤克宽一起谋划对付那曾一本的战略战术。汤克宽诚心对俞大猷道："曾贼这般祸乱，皆是小弟招抚所致，如今圣上宽大如此，小弟定当殚精竭虑助兄长一臂之力，以赎小弟之罪，以报皇恩浩荡！”俞大猷缓缓言道：“贤弟不必过于自责，想贤弟当年招抚曾贼，本也是出于公心，但闻曾贼竟有破竹之势，官兵屡败屡战、屡战屡败，实在不可掉以轻心。”汤克宽即刻言道：“如若兄长放心，再与曾贼交手之时，小弟愿为先锋，不破曾贼绝不回见兄长！”俞大猷拊手大笑道：“贤弟请为先锋，为兄敢不应诺？贤弟出马，凯旋指日可待！”于是，这兄弟二人接连碰撞了好几杯酒。汤克宽喝得兴起，高举酒杯起身言道：“兄长，且将今日之席，当作来日庆功之宴！”俞大猷也兴奋地站起身来高擎酒杯言道：“贤弟所言极是，我等兄弟联手，可谓无往不胜，既然如此，又何惧一小小曾贼乎？”好个兄弟二人，早已信心满满，似乎那曾一本马上便会手到擒来。可有谁知，直到隆庆三年（公元1569年）的六月二十六日，在广西总兵官俞大猷、广东总兵官郭成和福建总兵官李锡的合力围剿之下，曾一本才于莲澳（今位于广东省汕头市达濠岛东南海滨）战败被广东参将王诏擒获，不久病死，死后被枭首示众。

事实就是，围剿曾一本的漫长战事中并没有出现过汤克宽的身影。当日与俞大猷一起豪情万丈的那个汤克宽究竟去了哪里？汤克宽为何会缺席围剿曾一本的战事？莫非，在汤克宽的身上，又发生了什么变故？

变故是显而易见的。有一个叫陈邦颜的兵科给事中给朝廷上了一道奏疏，疏言洋洋洒洒，其中一个核心的内容是，汤克宽因为接受了海贼曾一本的重贿，假意招抚，实则纵盗为乱，祸国殃民，罪不可恕，宜正典刑。朝廷认为陈邦颜说得对，隆庆皇帝也认为陈邦颜说得对。于是，隆庆二年（公元1568年）九月的时候，隆庆皇帝旨下：将戴罪总兵官汤克宽逮系京城问罪。俞大猷闻知后大为震惊，急忙找到总督张瀚追问根由，并用近乎质问的语气对张瀚道："如此逮捕汤将军，究竟是朝廷之意还是圣上之意？"张瀚一点也没有生气，反而很是意味深长地回应道："俞总兵，此乃内阁所议，内阁之议，岂不就是朝廷之意和圣上之意也？"俞大猷听了，只能哑口无言，又只能带着满腹的怨愤去与那曾一本苦苦交战。待得终于将曾一本擒获归来之后，俞大猷便开始心无旁骛地关注汤克宽的命运了。可关注来关注去，一直到了第二年（隆庆三年）十月份的时候，俞大猷才终于得到了汤克宽的确切消息：汤克宽被隆庆皇帝判了死刑。因为有一个叫陈吾德的工科给事中给隆庆皇帝上了奏折，认为汤克宽纵贼贾祸、纳贿殃民，宜速正典刑，不当留狱。换句话说就是，前番兵科给事中陈邦颜认为汤克宽罪大恶极，应该判处死刑，此番工科给事中陈吾德则认为，汤克宽不仅要判死刑，而且还要立即执行。

俞大猷彻底地慌了神，但还没有完全地丧失心智。

就像十三年前王江泾大捷之后汤克宽被锦衣卫逮系至京问罪时一样,俞大猷动用了一切可以动用的资源,不停地给朝廷写信,不停地给位高权重的大臣们写信,然后命黄猛和刘黑虎等人马不停蹄地去送信、去打探。那一段岁月里,黄猛和刘黑虎几乎累得脱了一层皮,他俩的臀下,也不知骑垮了多少匹战马。这二人也毕竟是五十来岁的人了,俞大猷本是叫他俩派其他的心腹之人去送信,可他俩非要亲力亲为。有一回,刘黑虎星夜兼程去往京城送信,在返回的时候,居然迷了路,向东拐到了家乡邳州,而且居然碰巧在那半戈山下看见了汤克宽的妻子正在搀扶着汤克宽的母亲。那一瞬间,刘黑虎不禁泪如雨下,他当时突然萌生出了这么一种想法:如果少爷此番不幸遇难,他刘黑虎就一定会跳到半戈山下的那条小河里,追随主子而去。

只不过,刘黑虎跳河的愿望暂时没能实现。大概在汤克宽论死的第二年(隆庆四年,即公元 1570 年),俞大猷终于等来了一个好消息:朝廷赦免了汤克宽的死罪,并令汤克宽赴蓟镇戴罪立功。尽管仍是戴罪之身,但不管怎么说,汤克宽终究是又一次保住了性命。

汤克宽此番得以保命的原因也许很复杂,但是,俞大猷写出的那么许多的信件肯定是在其中起到了至关重要的作用。因为,俞大猷给朝廷、给朝臣写信,不单单只是为汤克宽求情,他是在为汤克宽作担保,他是在用自己的性命来担保汤克宽的性命。他曾连续给朝廷写了两封信,谓之《请保用汤克宽》和《再请保用汤克宽》。在信中,俞大猷向朝廷保证,如果免去汤克宽的死罪,如果能让汤克宽重返沙场,汤克宽就一定会立下奇功以赎罪,如若汤克宽让朝廷和皇上失望,没能立下奇功,他俞大猷甘愿与汤克宽同罪。也许,正是俞大猷对汤克宽的这份赤胆真情,才最终感动了大明朝廷上的那些重臣,进而打动了隆庆皇帝,汤克宽也就因此获救了。

刚一得知汤克宽获赦的消息,俞大猷便把黄猛和刘黑虎叫到身边道:“你家少爷已然脱难,尔等速去见他,好生看护为是。”又拿出几包银两财物交予黄猛和刘黑虎道:“蓟镇地偏物荒,万万叮嘱你家少爷切勿多虑,但以保重身体为要。”

是的,俞大猷很想能与黄猛和刘黑虎一道北上去见汤克宽,但现实却不允许他这么做。自平定了曾一本的叛乱后,俞大猷便调回了广西继续做他的总兵官了。当时的广西也是一处非常偏僻的所在,且人员构成极其复杂,只要遇着了天灾人祸,便常常会有不可预测的事情发生。

只不过,已届六十八岁高龄的俞大猷对这些已经看得非常淡了。他当时迫切需要知道的,就是汤克宽的处境。这么多日子过去了,他没有得到汤克宽一丁点的消息。他曾数次写信送往北方,然如石沉大海,什么回响都没有。俞大猷就在想啊,那个黄猛和刘黑虎,你们到底见到汤克宽没有啊?

事实是,黄猛和刘黑虎当然见到了汤克宽,只是因为汤克宽再三叮嘱,叮嘱他们从此不要再与俞大猷联系,所以他们才没有及时地将信息反馈给俞大猷。汤克宽为什么要这么做呢?理由好像只有一条,那就是,他汤克宽觉得平生亏欠兄长俞大猷的太多太多了,他不想以后再因为自己的事情再来拖累兄长了。而当从黄猛和刘黑虎的口中得知,此番为了他汤克宽能够保命出狱,俞大猷写了那么许多的信件、拜求了那么许多的朝臣之后,汤克宽就更加坚定了心中的这种想法。汤克宽好像直到这个时候方才悟出,如果不是受到了自己的牵连,兄长俞大猷的前途一定会比现在更加光明、更加灿烂。

汤克宽领悟得似乎有点迟了,不过他对现实看得还是很清楚的。现实是,他不在广东,更不在兄长俞大猷的身边,他是在大明王朝的北疆,在抗击鞑虏的最前沿。确切点说,他现在军事要地蓟镇。

蓟镇在明朝九边重镇中的地位非常特殊,因为地处京师不远,所以除了防备蒙古各部入侵、与京营起到相互照应的作用之外,还起着牵制九边其他边镇及京营、防备内部叛乱的作用。故而蓟镇管辖的范围就比较广泛，早先，包括蓟州、永平（时谓永平府，辖今河北省秦皇岛市和唐山市大部地区）、昌平（时谓昌平州，今北京市昌平区）、密云（时为昌平州辖县，因此地是京师的重要外围防守圈之一，明军在此设有大营，今为北京市密云区）等府、州、县都在它的管辖范围之内。后来，也就是嘉靖年间，明朝在昌平州的基础上设置了昌平镇，还又增设了真保镇（总兵府驻扎在今河北省保定市），至万历（明朝第十三位皇帝明神宗朱翊钧的年号，此年号共四十八年，为明朝使用时间最长的年号）年间又从蓟镇分出山海镇等，蓟镇管辖的范围有些缩小了，但蓟镇管辖范围内的明朝驻军人数在北边诸重镇之中依然还是首屈一指的。永乐（明朝第三位皇帝明成祖朱棣的年号）时期蓟镇驻军定员为八万五千余人，至万历年间增长至十万人。而当时的汤克宽，就是这众多明军官兵中的一员。准确点说，汤克宽只是众多明军士兵中的一员，而且还是极少数“戴罪立功”的士兵中的一员。只不过，与那些极少数“戴罪立功”的士兵有所不同的是，戚继光对待汤克宽的态度还是相当尊敬的。

戚继光当时不仅担任着神机营的副将，兼任着蓟镇的总兵官，同时还总理蓟州、昌平、真保三镇练兵事。这个“总理”可不是什么虚衔，也不是什么一般的职位，它大约相当于雄霸一方的总督了。可即便如此，许是出于对抗倭前辈的尊敬吧，戚继光见了汤克宽也还是一口一个的“汤总兵”相称，称呼得汤克宽很是不好意思。戚继光如此，那些参将、游击（位次于参将的武官职名）等职官对待汤克宽的态度也就可想而知了。

在和汤克宽第一次见面的时候，戚继光曾这般对汤克宽道：“戚某并无才干，实在有负朝廷重任，既要练兵，更要守边，分身乏术，竟至一筹莫展，汤总兵既来之，则戚某幸之甚也！昌平重地，事关紧要，戚某意欲交予汤总兵为之，但不知汤总兵意下如何？”汤克宽即刻回答道：“承蒙戚大人看重，在下当竭尽全力，定不负戚大人所托！”

戚继光是将守卫昌平镇的任务交给汤克宽了。昌平镇管辖的范围可不小，它以居庸关、八达岭为中心，西与山西大同镇相连，北到张家口，东到天津蓟县，东北到现在的怀柔（今北京市怀柔区）和密云。通俗点说就是，当时明朝都城北京的整个北部，包括西北部和东北部，都在昌平镇的防御范围内。戚继光把拱卫北京城的重担放在了汤克宽的肩上，也足见其对汤克宽的莫大信任了。

汤克宽接过重担之后一刻也没有耽误，带着黄猛和刘黑虎等人，花了两个多月的时间，将自己的防线认认真真地巡视了一遍。刘黑虎倒也没什么怨言，老老实实地跟在汤克宽的身后。只是那个黄猛，似乎很有点不耐烦。

他跑到汤克宽的身边，一个劲儿地倒苦水，不是埋怨此地戈壁黄沙、一无所有，就是念想江南山清水秀、碧海蓝天。汤克宽听了却哈哈一笑道："过去抗倭，现在御虏，安边保境，正合我意。"

汤克宽巡视的最后一站是古北口。古北口是当时明朝北部疆域的一大要塞，位于今天北京市密云区境内，距北京中心城区约为一百二十公里，为历代兵家必争之地，自古至今就是中原内地通向松辽平原和内蒙古草原的咽喉要地，素有"京师锁钥"之称，是明代长城诸多关口中最紧要关隘之一。那时候的蒙古各部落经常从这里南下侵扰明王朝，比如，发生在嘉靖二十九年（公元1550年）的"庚戌之变"（史又称庚戌虏变或庚戌之乱），蒙古鞑靼土默特部领袖俺答汗于是年八月十四日，就是先攻入古北口，然后杀掠怀柔、顺义（今北京市顺义区）等地，接着长驱直入，直达北京城下，一时京师戒严、朝野震动。

当时驻守古北口的明军统领是参将苑宗儒。苑宗儒也是一位极富血性的军人，他虽与汤克宽素未谋面，但早就听闻了汤克宽在东南抗倭的种种事迹，所以打心眼儿里钦佩汤克宽的为人。刚一见着汤克宽，苑宗儒就极其恭敬地施礼道："下官苑宗儒参见总兵大人！"慌得汤克宽赶忙回礼道："戴罪之身，岂敢岂敢……"礼毕，苑宗儒向汤克宽详细地介绍了古北口一带的情况，说是近几个月以来，只见风吹草动，不见北虏一人。汤克宽不禁感慨言道："现有如此局面，苑将军实乃首功之人啊！"

这倒不是汤克宽在吹捧苑宗儒。汤克宽说的是实话。那是隆庆四年（公元 1570 年）发生的事情，那个时候，汤克宽正走在前来蓟镇的路途上。那个时候的苑宗儒也不在古北口，而是在一个叫败胡堡（今天称作败虎堡或云石堡，是明长城大同镇的重要关堡，位于今山西省平鲁县境内）的要塞里担任守备一职。那一日，败胡堡外突然出现了十来个蒙古人，为首的一位少年自称是俺答汗的孙子把汉那吉，说是要归顺明朝。事出意外，苑宗儒一时不敢相信，但最终还是把那少年放进了堡内。那少年还真的就是俺答汗的孙子，且也是个性急之人，没等苑宗儒仔细地询问，他就一股脑儿地将原委和盘托出。却原来，这个叫把汉那吉的蒙古少年是因为一个女人而跟爷爷俺答汗闹翻了。把汉那吉有点苦命，自幼丧父，由俺答汗的妻子把他抚养长大，长大后的把汉那吉看中了一位姑娘，准备和她结婚，可有谁知，爷爷俺答汗知晓后从中横插一扛，硬是将把汉那吉的未婚妻许配给了另一个部落首领。把汉那吉一气之下，就跑到败胡堡外预备投靠明朝。苑宗儒情知此事干系重大，不敢隐瞒，立即禀报了朝廷。内阁大臣高拱和张居正虽然平日里针锋相对，但在把汉那吉这件事情的处理上，意见却惊人的一致，他们都认为这是一个在长城沿线化干戈为玉帛的大好机会，所以便用极为罕见的速度将把汉那吉召到京城进行封赏，并及时地把这一消息告知了俺答汗。俺答汗很高兴，立即派人与明朝约定在败胡堡外接回把汉那吉。约定的时间到了，俺答汗站在了败胡堡外。可是，左等右等，俺答汗一直没有等来自己的孙子。俺答汗急了，他的大儿子黄台吉更急，领着一支部队就要攻打败胡堡，战争一触即发。就在这危急关头，苑宗儒领着十二岁的儿子和两位弟弟走出堡外，向俺答汗表示愿为人质，同时告诉俺答汗，之所以没能按时交出把汉那吉，不是有意违约，而是因为在等待隆庆皇帝的旨意。苑宗儒这一英勇之举，深深地打动了俺答汗。俺答汗命令儿子黄台吉收兵，再等待些时日。果然，不久，身着明朝三品官服的把汉那吉走回了俺答汗的身边。俺答汗趁机向明朝提出了“通贡互市”的要求。隆庆皇帝恩准了，还册封俺答汗为“顺义王”。俺答汗指天发誓：永不犯大明。这就是明朝历史上著名的“隆庆和议”。而苑宗儒也因在败胡堡外的一番壮举而晋升为参将，并被调往古北口一带镇守。

在汤克宽看来，苑宗儒无疑就是一条铮铮的好汉，而在苑宗儒的心里，汤克宽则更是一位不折不扣、不屈不挠的大英雄，因为，苑宗儒不仅听闻了汤克宽抗倭的种种事迹，同时也闻听了汤克宽屡被贬谪的种种遭遇。这么样的两个人，相遇在那么样的一个古北口，彼此心灵间的距离自然就会愈拢愈近。苑宗儒把汤克宽看作是值得信赖的长辈，而汤克宽则视苑宗儒为可以倾心的伙伴。两个人就傍在一处斑驳的城墙旁边，席地而坐，大声地说着话，大口地喝着酒，似乎有说不完的话，似乎有喝不够的酒。从正午至黄昏，两人就那么说着，就那么喝着。对苑宗儒而言，这自然是平生极快乐的事情；而对汤克宽来说，这恰恰是近年来最美好的时光。这样的时光，他汤克宽已经有好长时间没有享受过了。

只不过，再怎么享受，汤克宽也不可能淡忘了正事。临别前，汤克宽特意对苑宗儒作了一番嘱咐。汤克宽以为，虽然那个俺答汗已经和朝廷达成了和解，但鞑虏大小部落众多，在众多的部落首领中，自然不乏心术不端、心怀不轨之人，而古北口作为扼守京城的咽喉之地，无论何时，防务都不能稍有松懈。苑宗儒立刻向汤克宽保证，只要他还有一口气在，古北口定然万无一失。

汤克宽自然相信苑宗儒所说的话。然而，说起来多少有些奇怪，在那一段时日里，汤克宽的心里居然冒出了一种别样的想法。说穿了，这种别样的想法其实就是一种期待，汤克宽期待着在古北口或者是其他的什么地方突然地就爆发了虏情，而且，还是那种非常严重的虏情。汤克宽就想啊，果真如此的话，他汤克宽就可以在戈壁荒漠之上尽情尽兴地驰骋杀虏了。

于是,汤克宽便耐下心来静等着自己的防线内可能出现的险情。这种等待很是熬人的,因为他不能轻易地向别人透露,即使是黄猛和刘黑虎二人,他也没有对他们言及。就这么着,汤克宽苦苦等待了许久,最终,他没有等来自己想要的消息,反而等来了一个极其重磅的噩耗:隆庆皇帝突然崩殂了。

前文曾提及,隆庆皇帝过于纵情声色,加上长期服食药物,他的身体每况愈下。隆庆六年(公元1572年)闰三月的时候,皇宫中就传出了隆庆皇帝病危的消息。两个月之后,隆庆皇帝又上朝视事了,可就在这当口,隆庆皇帝突然感到一阵头晕目眩,实在支撑不住,只得返回寝宫。隆庆皇帝知道自己大限将至,便急召高拱、张居正等人接受顾命,然后就溘然病逝在乾清宫内,终年三十六岁,谥为庄皇帝,庙号穆宗,葬于北京昌平昭陵。继位的就是隆庆皇帝第三子明神宗朱翊钧,系明朝第十三位皇帝,时年十岁,年号“万历”。

汤克宽当然不可能知晓圣上为何竟至如此短命,他知晓的是,听得隆庆皇帝宾天的讯息之后,他感到异常的伤心,这种伤心的程度,比六年前闻得嘉靖皇帝驾崩时的伤心程度明显地要浓烈许多。甚至于,在为隆庆皇帝伤心之余,汤克宽又突然地为他自己伤心起来。这种伤心的程度好像也非常浓烈,浓烈到他情不自禁地暗自向隅而泣起来。是呀,大明王朝又一次地改朝换代了,他汤克宽的境遇是否也会随之而有所改变呢?

似乎还真的有所改变了。那一天,那个苑宗儒急匆匆地跑来见汤克宽,说是戚继光大人令他速速转告汤克宽,有一个给事中正在酝酿一份奏折,要状告汤克宽,告汤克宽北上经年,碌碌无为、一事无成,实在有负朝廷厚意,应着即逮京问罪。汤克宽这才算是彻底地明白过来:不管天下发生什么巨变,他汤克宽的境遇永远都是坎坷波折。

于是乎,汤克宽便暗自决定,既然无人来改变他的命运,那就自己来改变自己的命运。因为,他汤克宽不能再这样继续下去了。当苑宗儒告知有人要参劾他汤克宽的时候,汤克宽并没有感到多么意外或惊诧。汤克宽当时的第一个念头甚至都不是想的他自己,他想到的是他的兄长俞大猷。也就是从这个时候起,汤克宽彻底知道自己应该怎么去做了。

几乎是在转瞬之间,万历四年(公元 1576 年)的六月就来到了。从五月下旬开始,汤克宽就一直驻守在古北口要塞之内,因为,他从苑宗儒的口中得知,蒙古朵颜卫都指挥佥事炒蛮,近来颇有些不安分,更有蠢蠢欲动的迹象。汤克宽十分高兴,急令那黄猛和刘黑虎留守密云大营，不得擅出一步，自己则日夜据守在古北口内，寸步不离。

朵颜卫是明太祖朱元璋于洪武二十二年（公元1389年）在蒙古地区所设置的三个卫所之一，牧地在今内蒙古自治区的绰尔河流域，属明朝大宁都司（全称为大宁都指挥使司，管辖范围为今河北省北部、内蒙古自治区东南部和辽宁、吉林、黑龙江西北部）辖制，因临靠朵颜山而得名。朵颜卫所属部众大都是成吉思汗的后裔，自明成祖朱棣时候开始，它与明朝就一直保持着通贡互市的关系，但同时，它也与蒙古本部及蒙古瓦剌等部落保持着密切的联系。到了明代嘉靖时期，朵颜卫在炒蛮的带领下逐渐强盛，不断蚕食周边土地，对大宁都司的指示阳奉阴违，大有与明王朝分庭抗礼之意。隆庆六年（公元1572年），在得知隆庆皇帝患病的消息后，炒蛮曾经联络了几个别族的首领，在古北口外聚兵，想伺机攻掠明境，只是眼见得汤克宽等明军官兵防守严密，这才悻悻作罢。

作罢当然只是暂时的。是年（万历四年）六月里的一个雨夜，雨水密密麻麻地一直下个不停，似乎是要淹没第二天的日出。汤克宽叮嘱苑宗儒等人道："此等境况，尤其适合夜袭，我等切勿掉以轻心。"没想到汤克宽一语成谶。就在距离古北口不远的一段早已坍塌的长城缺口处，一行人正在匍匐前行，为首者正是那个炒蛮。炒蛮果然如汤克宽所言趁着雨夜偷袭明境了。只是可惜，炒蛮率众越过古北口的时候，苑宗儒等人没有发现，汤克宽也没有察觉。等到汤克宽和苑宗儒发觉情况不妙时，那炒蛮已经在一个村落里杀了二十多个边民，抢掠了一大批财物。尽管汤克宽和苑宗儒等人对炒蛮进行围追堵截，但也只是围住了炒蛮的几十个部下，堵住了炒蛮抢夺来的财物，炒蛮本人却还是顺利地跑出了古北口。此时，天已放亮，雨水也渐收。

汤克宽对苑宗儒道："炒蛮脱逃，汤某之罪也，苑将军请在此留守，汤某去追逃脱之敌。"苑宗儒即刻言道："总兵大人何出此言？在下乃此处参将，若论有罪，那也是在下失职之罪，总兵大人既追逃敌，在下焉有留守之理？"然而，汤克宽执意如此，苑宗儒也就只好暂且作罢。

就这么着，汤克宽只身一人仗剑跃出了古北口，一路朝着古北口的左翼追去。追了大约半炷香的时间，汤克宽被一座绵延的小山峦挡住了去路。这座山，当地唤作十八盘山，山势并不算险峻，但山路蜿蜒曲折，路边杂树丛生。稍有一点军事常识的人都能够看得出，这条山路的两边非常适合埋设伏兵。汤克宽自然不会看不出，而实际上，早在炒蛮跑出古北口的时候，汤克宽就已经预料到，此番炒蛮夜袭明境，不是目的，只是一个诱饵，想借此把追击来的明军引进他预先设好的伏击圈里，不然的话，炒蛮的身边不会仅仅只带着一百多人了。那个时候，汤克宽便想着要独自去追击炒蛮了。换句话说就是，汤克宽此番是主动地寻死来了。

只见汤克宽在踏上山路之后，整了整身上的盔甲，提了提手中的长剑，昂起头，挺起胸，然后冲着对面的山谷大叫了一声道："兄长，小弟平生亏欠多也，亏欠甚也！从今往后，小弟再也不会牵累兄长了！今生亏欠兄长之情，容小弟来世再报！"言毕，汤克宽又冲着两边的杂树丛高声喊道："鞑虏小儿，快快现身，汤某已经恭候多时了！"

果不其然，炒蛮在此地设下了大批的伏兵。只不过，见着只有汤克宽一人追随而来，炒蛮多少有些失望，但炒蛮转念一想，如果能将这个汤克宽生擒活拿，那肯定也是一件很值得炫耀的事情。于是，炒蛮大手一挥，一帮手下就呼啦啦地钻出杂树将汤克宽团团围住。炒蛮在一旁大呼小叫道："我只要活的，我不要死的！"汤克宽当然全然不惧，一边只顾砍杀一边自顾大笑，杀声震天，笑遏行云。转眼间，汤克宽的脚下已经横陈了十几具尸体，其中还有两个炒蛮的心腹爱将。炒蛮心疼大怒，立刻就恶狠狠地朝着左右叫嚷道："砍死他！砍死他！我不要活的，我只要死的！"浑身是血的汤克宽哈哈一乐道："鞑虏小儿，生有何益？死又何惧？"跟着精神一抖，杀得更加兴起。

可是，令汤克宽大感震惊的事情发生了。那个参将苑宗儒，率着中军（中军官的简称，是主将的侍从武官，明代总督、御史身边的侍从武官也称中军官）傅楫千、千户高大朝和苏学以及百余名军士不知何时也跑到了这条山路上。那个苑宗儒一边跑一边还大喊大叫道："总兵大人，下官带援兵来了！"汤克宽见状，一时泪流满面。他就睁着那么一双热泪盈眶的眼睛，冲着苑宗儒等人跑来的方向，用尽全身的力气，喊出了他留在这个世间的最后一句话："苑将军，你们不该来的呀……"这一年，汤克宽六十四岁。

正午时分，雨过天晴。蓟州副总兵张臣领着黄猛、刘黑虎等一队明军终于赶到了十八盘山。那个炒蛮早已经溜走了。只看见，曲曲折折的山路之上，横七竖八地躺满了明军官兵的尸体，有戴罪总兵汤克宽，有参将苑宗儒，还有中军傅楫千、千户高大朝、千户苏学……几乎每具尸体都被刀剑砍劈得血肉模糊。殷红的血，似乎还在山路上汩汩流淌。

黄猛终于找到了汤克宽，一把将汤克宽死死地抱在怀里，一边痛哭流涕一边仰天大叫道："少爷，你为何要撇下我啊？"那个刘黑虎一边将汤克宽抢到自己的怀里一边失声对黄猛道："猛子，别哭了，我们送少爷回家吧，少爷好长时间都没有回家了……"

十八盘明军败绩之事瞬间传开。巡按御史刘良弼立即上疏兵部,谓戚继光作为蓟州总兵官,理应承担失职之罪。而兵科都给事中裴应章则认为,戚继光练兵数载,全无实用,理应"重继光罪"。然而,朝廷未加理会。没过多久,土蛮(蒙古族察哈尔部首领的称谓,也谓之札萨克图汗)入侵辽东一带,戚继光率军驰援打退了土蛮,被朝廷加封太子太保衔,且"录功加少保"衔。只不过,这一切都与汤克宽毫无关系了。与汤克宽很有关系的是,万历皇帝下了一道圣旨,恩赐汤克宽葬于家乡半戈山。

当然是黄猛和刘黑虎二人护送汤克宽的棺椁返回家乡邳州的。汤克宽的母亲还在,只是依然白发苍苍,依然双目失明。汤克宽的妻子也还在,只是已然白发斑斑,已然老态龙钟。真不知道这婆媳二人是如何相依为命地度过了一个又一个春夏秋冬的。

在汤克宽的两个兄弟汤克勤和汤克俭的帮助下,汤克宽最终奉旨葬在了半戈山上,葬在了父亲汤庆的身旁(现如今,汤氏父子的陵墓已经荡然无存,唯半戈山的一处山坡上还残留着两具残缺的石像)。葬毕,汤克宽的母亲和汤克宽的妻子吴氏并立在汤克宽的坟前,久久没有离去。那个黄猛离去了,两个刘黑虎也离去了,两人不约而同地走到了半戈山脚下的那条小河旁。黄猛问刘黑虎道:"你可知,那一天,少爷为何要把我等留在密云大营之内?"刘黑虎静静地回道:"我知道,少爷想让我等活着。"

说完，刘黑虎就一头扎进了波涛滚滚的河水里。黄猛嘿嘿一笑，自言自语地说了一句道："虎子，你比我还性急啊！"跟着也一头扎进了水里。那河水打了一个旋儿，依旧默默地向东流去。

第二年（万历五年，公元 1577 年），在浙江处州府丽水县，有一个家贫如洗的老头儿在寒风呼啸中凄凉地死去。这个人叫卢镗。据说，卢镗在临死前曾悲愤地喊出了一句话："武河兄弟，我来也！""武河"者何意？它是一个人的字，汤克宽，字武河。

又过了一年（万历六年，公元 1578 年），俞大猷连续三次给朝廷上疏，请求告老还乡。直到万历七年（公元 1579 年），朝廷才终于批准了俞大猷的请求。那一年，俞大猷已经整整七十六岁了，身体非常糟糕，几乎连走道的气力也微乎其微了。然而，得到了朝廷的恩准后，俞大猷并没有着急回故乡泉州，而是只身北上。他当然是去汤克宽的家乡邳州。他没能看见汤克宽的母亲，他看见了已经瘫痪在床的汤克宽的妻子吴氏。他在吴氏的面前黯然泣下，他在汤克宽的墓前老泪纵横。然后，他颤颤巍巍地写下了一篇《祭汤武河文》。该文开篇即云："呜呼！武河为臣死忠，死又何妨？"该文末尾有云："公抱经纶之才，负忠贞之节，未及尽施而至于是，而止于是。公之所自恨者此耳，予亦以此为公恨。后世同志之士，读史至此，亦不能无遗恨矣。”写罢，俞大猷雇了一只小船，循着半戈山下的那条小河，朝着故乡的方向而去了。回到故乡之后没几天，俞大猷在儿子俞咨皋的深情注视下，永远地合上了双眼。

参考资料

（1）张廷玉等.明史.中华书局.1974年4月版

（2）中国地方志集成·江苏府县志辑.江苏古籍出版社.1991年6月版

（3）查继佐.罪惟录.浙江古籍出版社.2012年4月版

（4）四库全书总目提要.河北人民出版社.2000年3月版

（5）郑晓.吾学编·皇明四夷考.续修四库全书影印本

（6）俞大猷.正气堂集.道光孙云鸿味古书室刻本

（7）邓士龙.国朝典故.北京大学出版社.2005年11月版

（8）采九德.倭变事略.上海书店.1982年5月版

（9）范中义仝晰纲.明代倭寇史略.中华书局.2004年

2 月版

（10）田中健夫.倭寇海上历史.社会科学文献出版社.2015 年 12 月版

（11）明实录.上海书店出版社.2018 年 7 月版

（12）郑若曾.筹海图编.中华书局.2007 年 6 月版

（13）张萱.西园闻见录.中华全国图书馆文献缩微复制中心.1996 年 5 月版

（14）上海军事志.上海社会科学院出版社.1994 年 8 月版

（15）嵇曾筠等.浙江通志.上海古籍出版社.1991 年 5 月版

（16）宋烜.明代浙江海防研究.社会科学文献出版社.2013 年 7 月版

（17）纪红建.明朝抗倭二百年.华文出版社.2006 年 10 月版

（18）谷应泰.明史纪事本末.中华书局.2015 年 8 月版

（19）郑茂.靖海纪略.上海书店.1982 年 5 月版

（20）徐学聚.嘉靖东南平倭通录.上海书店.1982 年 5 月版

（21）金其桢.中华抗倭史话.时代新媒体出版社.2015 年 8 月版

（22）崔嘉祥.崔鸣吾纪事.商务印书馆.1936 年 12

月版

（23）夏燮.明通鉴.中华书局. 2014 年 11 月版

（24）徐复祚.花当阁丛谈.广文书局. 1969 年 9 月版

（25）吴颖.潮州府志.汕头市地方志办公室编. 1996 年 12 月

（26）谈迁.国榷.中华书局. 1958 年 12 月版

（27）沈德符.万历野获编.中华书局. 1959 年 2 月版

（28）方孔炤.全边略记.内蒙古大学出版社.2006 年 10 月版

（29）陈贤波.明代中后期广东海防体制运作中的政治较量——以曾一本之变为例.学术研究. 2016 年第 2 期

（30）唐婷.明嘉靖时期抗倭文书研究.南京师范大学 2015 年硕士学位论文

（31）佟泽荣.汤庆墓志铭.东南文化.1990 年第 4 期

后　记

小书匆匆写就，有几点情况需要说明，是为后记。

1.小书是一篇人物传记，并非传奇，更非小说，而是历史。

2.小书所涉及大小事件及大小人物，均可在史籍中找寻，唯某些事件某些人物的某些细节，不免有虚构的成分；本书最大的虚构之处来自汤克宽的两个家将黄猛和刘黑虎，二人本也是历史中确有，只是黄猛早在盐湖保卫战中便以身殉国，而刘黑虎于史中语焉不详，下落不明，笔者为叙述的方便，有意篡改了二人的最终结局。

3.小书中汤克宽的家世渊源及生卒年龄，乃笔者考证得来，虽未必十分科学，却也自有道理，详见拙著《汤克宽抗倭事迹研究》，安徽黄山书社，2019 年 6 月版。

4.小书为抒写集中之故,只围绕汤克宽抗倭经历选材,其他方面内容基本无涉。

5.小书写作的动因(包括拙著《汤克宽抗倭事迹研究》的写作动因),可以俞大猷悼念汤克宽的话语来概括:读史至此,亦不能无遗恨矣。俞大猷为汤克宽如此一生而恨之,笔者亦不由恨之,于是便恨出了此书。

时间有限,囿于精力,更囿于才力,不妥之处多矣,唯简言浅思,无伤大雅,如若果真有言果真有思,足矣。

邹祖尧

2021 年 5 月 1 日 0 时

图书在版编目(CIP)数据

抗倭英雄汤克宽/邹祖尧著. —合肥：黄山书社，2022.6

ISBN 978-7-5737-0214-2

Ⅰ.①抗… Ⅱ.①邹… Ⅲ.①汤克宽(？-1576)-生平事迹 Ⅳ.①K825.2

中国版本图书馆 CIP 数据核字(2022)第 101051 号

抗 倭 英 雄 汤 克 宽

KANGWO YINAXIONG TANGKEKUAN

邹祖尧 著

出 品 人 贾兴权

责任编辑 朱莉莉

责任印制 李 磊

装帧设计 钱 昆

出版发行 黄山书社(http://www.hspress.cn)

地址邮编 安徽省合肥市蜀山区翡翠路 1118 号出版传媒广场 7 层 230071

印　　刷 安徽联众印刷有限公司

版　　次 2022 年 6 月第 1 版

印　　次 2022 年 6 月第 1 次印刷

开　　本 880 mm × 1230 mm 1/32

字　　数 300 千字

印　　张 9.25

书　　号 ISBN 978-7-5737-0214-2

定　　价 50.00 元

服务热线 0551-63533706

销售热线 0551-63533761

官方直营书店(https://hsss.tmall.com)